婚姻與家庭

林淑玲校閱

國立嘉義大學家庭教育研究所著

 濤石文化事業有限公司
WaterStone Publishers

國家圖書館出版品預行編目資料

婚姻與家庭／國立嘉義大學家庭教育研究所著.
－－初版－－嘉義市：濤石文化，2002【民91】
　　面　；　　　公分
　　ISBN 957-30248-3-7（平裝）
　　1.婚姻 2.家庭
　　544.3　　　　　　　　　　　　90016157

婚姻與家庭

校 閱 者：林淑玲

作　　者：國立嘉義大學家庭教育研究所著

出 版 者：濤石文化事業有限公司

責任編輯：林芳如

封面設計：白金廣告設計 梁淑媛

地　　址：嘉義市台斗街57-11號3F-1

登 記 證：嘉市府建商登字第08900830號

電　　話：(05)271-4478

傳　　真：(05)271-4479

戶　　名：濤石文化事業有限公司

郵撥帳號：31442485

印　　刷：鼎易印刷事業有限公司

初版一刷：2002年3月(1-1000)　初版二刷：2005年11月

I S B N：957-30248-3-7

總 經 銷：揚智文化事業股份有限公司

定　　價：新台幣600元

E-mail　：waterstone@giga.com.tw

http://home.kimo.com.tw/tw_waterstone

作者簡介

林淑玲　學歷：國立政治大學教育研究所博士
　　　　經歷：教育部訓育委員會幹事、專員
　　　　現職：國立嘉義大學家庭教育研究所教授兼所長
　　　　　　　國立嘉義大學家庭教育中心主任

鄭淑芬　學歷：美國西維吉尼亞大學外文研究所畢業
　　　　現職：高苑技術學院講師
　　　　　　　國立嘉義大學家庭教育研究所碩士班肄業

吳佳純　學歷：台灣大學中國文學系畢業
　　　　現職：國立嘉義大學家庭教育研究所碩士班肄業

李慧美　學歷：靜宜大學青少年兒童福利學系畢業
　　　　現職：國立嘉義大學家庭教育研究所碩士班肄業

陳思穎　學歷：國立嘉義大學家庭教育研究所碩士
　　　　現職：雲林縣立元長國中教師

陳怡吟　學歷：中興大學外國語文學系畢業
　　　　現職：國立嘉義大學家庭教育研究所碩士班肄業

戴靜文　學歷：輔仁大學教育心理學系畢業
　　　　現職：私立慈惠醫專教師
　　　　　　　國立嘉義大學家庭教育研究所碩士班肄業

戴美雲　學歷：輔仁大學社會工作學系畢業
　　　　現職：國立嘉義大學家庭教育研究所碩士班肄業

吳秋鋒　學歷：台南師範學院初等教育學系畢業
　　　　現職：嘉義市僑平國小教師兼輔導主任
　　　　　　　國立嘉義大學家庭教育研究所碩士班肄業

涂信忠　學歷：靜宜大學青少年兒童福利學系畢業
　　　　現職：國立嘉義大學家庭教育研究所碩士班肄業

許巧筠　學歷：台北大學社會學系畢業
　　　　現職：國立嘉義大學家庭教育研究所碩士班肄業

梁志彬　學歷：輔仁大學生活應用科學系畢業
　　　　現職：國立嘉義大學家庭教育研究所碩士班肄業

朱巽傑　學歷：嘉義師範學院初等教育學系畢業
　　　　現職：國立嘉義大學家庭教育研究所碩士班肄業

吳怡禎　學歷：淡江大學英文系畢業
　　　　現職：嘉義啓智學校教師
　　　　　　　國立嘉義大學家庭教育研究所碩士班肄業

郭榮文　學歷：東海大學社會工作學系畢業
　　　　現職：國立嘉義大學家庭教育研究所碩士班肄業

楊序

　　由於台灣地區人口的組成與家庭結構的轉變，都市化改變了國人生活的型態，加上資訊的革命，國人的婚姻關係與家庭生活產生了巨大的改變，導致不斷產生婚姻與家庭的問題，也提醒我們應注重有關婚姻與家庭的教育。新世紀伊始，我們探討家庭教育的相關課題，實具有重大的意義與時代價值。在迎接廿一世紀的關鍵時刻，如何重新尋找家庭的美境、創造幸福的家庭是許多人關切的話題。

　　絕大多數的人是生於家庭、長於家庭，而後透過婚姻關係建立自己的新家庭，家庭也常是個人最基本愛與信任感的發展根源，協助國人瞭解婚姻與家庭的真諦，並建立幸福美滿的婚姻與家庭，期能有助於社會之安定與和諧。大多數這一代為人父母者是在成為父母後，才開始學習如何做父母，在面對婚姻問題時才開始學習如何解決。婚姻與家庭相關知識與觀念的學習，最佳時機應在個人在學時期，目前許多大專院校皆因應此一需求開設通識課程，部分高職之學科亦設有婚姻與家庭之選修課程，提供在學的未來父母事先學習婚姻與家庭相關課題之機會，此舉對於未來社會國家安定具有相當之重要性。

　　本校家庭教育研究所為國內唯一專門研究家庭教育與培育家庭教育專業人才之研究所，自民國八十七年招收第一屆研究生以來，所上師生致力於家庭教育之學術研究與推廣服務，除每年辦理家庭教育學術研討活動，加強兩岸及國際間之家庭教育學術交流外，更鼓勵師生發表相關專論，前後集結出版公開發行者有「希望之愛」、「希望之鴿」等書。今更進一步合力撰寫本書以應各界所需，師生

努力於專業成長之精神值得嘉勉，未來能計畫繼續出版系
列之家庭教育專書供社會各界參閱，殷望本校家庭教育研
究所師生的共同努力，能促進台灣地區，甚至華人世界家
庭教育的專業發展，增進每一個家庭的幸福生活，進而建
立安和樂利的社會。

楊　國　賜　敘於

國立嘉義大學大學校長室

中華民國九十一年二月二十六日

目　錄

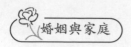

Chapter9　美滿婚姻與幸福家庭　453

郭榮文

第一篇　婚姻

Chapter 1

婚姻與家庭的本質

☆ 婚姻與家庭的意義

☆ 選擇婚姻與進入家庭的原因

☆ 婚姻與家庭的維繫

林淑玲

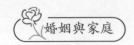

第一節　婚姻與家庭的意義

　　根據內政部的統計（內政部，民91），台灣地區二千二百多萬人口中，到88年底年滿15歲以上現住人口計1,735萬7,791人，其中有偶者1069萬2千人。在這些已婚者中，根據中央研究院社會學研究所「台灣社會變遷基本調查計劃」（中央研究院社會學研究所，民91）在民國八十三年第二期第五次的調查，1853位受試中有58.8%的人認為婚姻美滿對他的生活而言是絕對重要的，有21.7%的人認為婚姻美滿對他的生活是接近絕對重要的。換句話說，有八成的受試認為婚姻是否美滿對他的生活是接近絕對重要以上的；盡量維持住一個婚姻對69.5%的人是接近絕對重要以上的。在民國八十五年第三期第二次的調查中，對自己的婚姻感到很滿意的人佔1924人中的23.5%，如加上42.3%對自己婚姻感到滿意的人則有65.6%；但同時，常常想到要離婚的人有13.2%，有時候想到要離婚的人有21.8%。這些數據所呈現的含義是：現代人對於美滿婚姻的期望相當高，而且大部分接受調查的人希望盡量維繫一個婚姻，覺得自己的婚姻算是美滿的，但同時卻也有約三分之一的人會想到要離婚。如果婚姻真如同哲學家所言：在裡面的人想往外跳，而在外面的人卻拼命想往裡鑽，這中間的道理何在？何謂婚姻？我們該如何來面對婚姻呢？

　　所謂「婚姻」，根據【說文解字】的解釋，「婚」是指女方的家屬，「姻」則是指男方的家屬。【爾雅】中指出「婿之父為姻，婦之父為婚。婦之父母，婿之父母相稱為婚姻。」在早期中國，婚姻是家庭制度中很重要的一部分。婚姻本身是一種儀式，透過這種儀式，將原本不相干的兩個家族的人連在一起並產生親密的關係。而且在中國社會中，婚姻這一制度不僅是結婚之男女

雙方夫妻關係的結合，更重要的是兩個家族關係的建立。例如周禮中規範的婚禮包括納采、問名、納吉、納徵、請期、親迎等六個程序，每個程序必須依序完成而後男女雙方才算完成婚禮。在今日社會，法律並未明訂婚姻的定義，僅就婚約、結婚及婚姻之效力等進行規範，因此所謂婚姻，根據民法的相關規定，推定為男女雙方同意，符合民法中的相關規定（如男需滿十八歲、女需滿十六歲；尚未與他人結婚；本人親自為之），經公開儀式，有二人以上之證人，並辦理登記之關係。

　　在英文中所謂的婚姻（marriage），根據「婚姻與家庭百科全書」（Ihinger-Tallmay & Levinson ,1995）的界定，婚姻代表的是與夫妻兩性關係有關的某些規範和角色的穩定型式。它以社會認可與合法的方式結合了一個（或數個）男人與一個（或數個）女人，這種關係具有許多的社會功能。Shehan & Kammeyer（1997）則將所謂婚姻定義為「兩個人之間的個人承諾，同時也是一種法律上的承諾」，這種承諾可能因各地區的法律不同而異。這個定義可能適用在美國或其他已開發國家，但在不同的文化，因其結構、功能和互動關係的不同，婚姻的定義都可能不同。雖然婚姻的定義可能因文化而異，但在所有的社會，婚姻都具備有「合法的契約（文字或口頭的)」此一特點。

　　兩個人結婚後，通常我們稱他們的婚後生活建立的團體為家庭。「家」或「家庭」一詞對於多數人而言並不陌生，但在學術研究的用語中，由於與家庭有關的幾個詞常被交互使用，因此在進行有關「家庭」的探討之前，必須先針對幾個相似與相關的名詞加以澄清，而後才能進行討論。在相關的字詞中，最常被使用的應屬「家」、「戶」、「家庭」三詞個，而且它們的涵義也很接近。三個詞中最早出現的是「家」（蘇雪玉，民84）。周禮中提到「有夫有婦，然後為家」，說文則註「家，從宀，從豭之聲。」根據朱岑樓（民70）的說法，初民行畜牧生活，以牛羊豕最普遍。

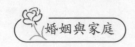

牛羊放之於野，豕則圈之於舍。放牧家族之所居必與豕為鄰，且初民生事有限，不能多營宮室，因此夜晚與豕同樓一室。由此可知所謂「家」，最早的概念應是豕與人共居的房舍。「家庭」一詞在中國早期的典籍中並不多見，但近代白話文中則對於居所中的空間或某種特殊的群體關係大多用「家庭」一詞，甚至成為正式的學術名詞，它應是「家」一詞的白話表達方式。「戶」在中國文字中為「門之單扇者」，後引申為「民居」。根據教育部重編辭典所述，「戶」也是戶口調查的單位，凡在一家或同一處所，同一主管人之下，共同生活或營共同事業者為一戶。

在英文中，Home、family，和Household三字的涵義類似中國文字中的「家」、「戶」、「家庭」間的關係。「Home」一詞指的是「家」、「住家」，通常是用以稱居住的房舍。Household指「戶」或「家眷」，也可以是指「一家人」或「家庭」。Family是由拉丁文轉化而來，原義是一個社團，包括父母、子女、僕人、奴隸等（蘇雪玉，民84）。

除了字典中對於「家」、「戶」、「家庭」的界定，法律上對「家」及「戶」有明確的定義，學者專家們則對「家庭」一詞的界定較多。茲臚列如下：

❀ 法律上的「家」

民法（法務部，民88）中對於家庭的法條包括：

1. 第1122條「稱家者，謂以永久共同生活為目的而同居之親屬團體。」
2. 第1123條「家置家長。同家之人，除家長外，均為家屬。雖非親屬，而以永久共同生活為目的同居一家者，視為家屬。」

3. 第1124條「家長由親屬團體中推定之；無推定時，以家中之最尊輩者爲之；尊輩同者，以年長者爲之；最尊或最長者不能或不願管理家務時，由其指定家屬一人代理之。」

4. 第1125條「家務由家長管理。但家長得以家務之一部，委託家屬處理。」

5. 第1126條「家長管理家務，應注意於家屬全體之利益。」

6. 第1127條「家屬已成年或雖未成年而已結婚者，得請求由家分離。」

7. 第1128條「家長對於已成年或雖未成年而已結婚之家屬，得令其由家分離。但以有正當理由時爲限。」

由上述民法中對家庭的觀點可知，家的要件包括：

1. 親屬團體或以永久共同生活爲目的同居一家之家屬。
2. 同居。
3. 以永久共同生活爲目的。
4. 個人成年或未成年但已結婚者，就可以另立一家。

❈ 法律上的「戶」

在戶籍法中對於「戶」的定義，但第3條「在一家，或同一處所同一主管人之下共同生活，或經營共同事業者爲一戶，以家長或主管人爲戶長；單獨生活者，得爲一戶並爲戶長。一人同時不得有兩戶籍。」

由以上定義可知，稱爲「戶」者，主要的辯識爲「處所」，因此一家人可以分設在多處戶籍中，但一個人不能同時有二個戶籍。在英文中與此對應的字爲「household」，常用以統計與家庭有關的訊息，但由於一「戶」不見得等於一「家」，因此在詮釋政府統計資料時要注意此一出入。

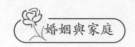

❋學者專家所謂的「家庭」

各界學者專家，因其研究或論著需要，對於「家庭」一詞的定義各異。

表1-1 家庭定義

定義者	年	定義內容
Stephen	1963	家庭是以婚姻與婚姻契約爲基礎的一種社會安排，其包括三個特性：（1）夫妻與子女住在一起；（2）承擔爲人父母的權利與義務；（3）夫妻在經濟上負有相互扶養的責任。
孫本文	民53	家庭是指夫婦子女等親屬所結合之團體。其成立條件有三：（1）親屬的結合；（2）兩代與兩代以上的親屬；（3）有比較永久的共同生活。
龍冠海	民53	家庭爲兩個或兩個以上的人，由於婚姻、血統或收養的關係所構成的一個團體。
朱岑樓	民58	家庭組成者包括至少有一對無血統關係而經由婚姻結合的成年男女，成人之婚生子女。最低限度之功能，須在情感需要方面給予滿足與控制，包括性關係和生育教養子女之社會文化情境。
楊懋春＊＊	民68	家庭是介於個人與大社會之間的基本社會單位，或一個初級團體。在中國文字中，「家庭」一詞包含著兩個部分，一是指父母與子女所形成的親屬單位爲家，也稱這樣一個單位所居住的房舍庭院爲家。「家庭」一詞正好包括了這個親屬小團體和它的住處。
謝繼昌	民74	家庭是一群由血緣、婚姻或收養關係的人所組成，經濟收支獨立且同住於一空間的團體，有繼嗣與傳承的權利與義務。
Light,D.J. &Keller, S. （林義男譯）	1985	是由一群人所組成的單位，這些人具有婚姻血統或收養的關係，並被社區認可爲構成單一、而具有扶養子女責任的住戶。

沙依人	民75	家庭為一種制度,也是一種規模最小,極久的社會組織,家庭中各份子的關係極為親密,是唯一負起生殖功能的組織。
謝秀芬	民75	家庭的成立是基於婚姻、血緣和收養三種關係所構成,在相同的屋簷下共同生活,彼此互動,亦是情感交流與互動的整合體。
藍采芬	民75	由結婚的配偶或一群成人親族同住在一起,並依性別而分工及養育子女。
黃迺毓	民77	家庭是一些人經由血緣、婚姻或其他關係,居住在一起,分享共同的利益和目標。
Boss	1988	家庭是藉著互相分享儀式及規則、具有人格互動且有患難與共的感覺之持續性系統,甚至成員在生理上也是在一起的。
Popenoe	1993	家庭是一個維持相當長久的社會團體(類似親戚關係的人),包括最少一個成人和一個依靠者。
Goodman	1993	家庭是由血緣、婚姻或收養關係將個人結合而成的一個相當持久的社會團體。
*Olson & DeFrain	1994	家庭係指兩人或兩人以上的個人互相許諾並且分享親密、資源、決策及價值。
Gells	1995	家庭是一個社會團體和一個社會制度,由各職位(如負擔生計者、兒童養育者等)形成可辨識的結構,擔任各職位的人彼此間有互動。這結構分工的功能由生物上、社會上定義為親戚者來實現。通常者些親戚分享一個居所。

資料來源:周麗端,民88,頁9-10

＊作者加入之資料

＊＊轉引自高淑貴(民80),P.6

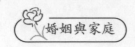

　　在學術上討論到「家庭」一詞者，大多是社會學方面的論著，其界定的核心概念通常是隨家庭變遷與社會現況而改變。綜觀以上不同時代學者專家對於家庭的定義，其中包含的核心概念主要為：

1.「家庭成員」：家庭中須有人，且通常是兩個以上的人。
2.「家庭成員關係」：家庭中的人應有某種關係，早期認為這種關係是由法律認定的，例如婚姻、收養等而產生，現今則認為不一定要有法律上的認可。
3.「家庭功能」：指家庭存在的目的，各家所認同的家庭功能不一。

　　由上述對於「婚姻」與「家庭」兩個名詞的解釋可以區辨出「婚姻」是過去傳統社會中形成「家庭」的主要形式。透過婚姻的媒合，男女結合成一個新的家庭，男性進入女性的家族，或者女性進入男性的家族。但是今日的婚姻與家庭關係，緣於人際互動形式與價值觀的改變，其定義已經不再如傳統教科書上所述，而是出現更為多元與不易歸類或區分的形式，例如「單身家庭」、「寵物與老人家庭」、「同性戀家庭」、「同居家庭」、「頂客家庭」、「同性戀婚姻」、「兩岸婚姻」等，瞭解婚姻與家庭的定義，有助於我們界定個人之婚姻與家庭的概念。

第二節　選擇婚姻與進入家庭的原因

　　在傳統社會中，「男大當婚、女大當嫁」這句話很少會被質疑，甚至到現在，仍有不少人因爲社會的壓力而選擇進入婚姻與建立家庭（莊慧秋、顧瑜君，民79），可見進入婚姻與家庭應是許多人的選擇，但是選擇婚姻與家庭的理由則可能因人因地而異。在美國，許多人結婚的理由是因爲—愛（Ihinger-Tallmay & Levinson, 1995），有些人結婚的理由是想要生育子女，有些人因爲懷孕而結婚，另外還有爲了經濟安全、逃避原生家庭，或者戀愛談久了而順理成章的結婚。不論結婚或成家的理由爲何，一般在討論結婚與建立家庭的理由不外是愛與依附關係的建立、經濟合作和消費、生育與教育子女，以及社會角色與地位的獲得等四項。

✵ 愛與依附的來源

　　根據Maslow的需求階層論，愛與依附是人類重要的需求。事實上，在今日飽暖的社會，基本生理需求的滿足已經不是絕大部分的人生活中最重要的考量，而Maslow的需求階層論中第二層—安全的需求、第三層—愛與隸屬的需求變成一般人生活中重要的需求。在個人一生發展中，愛與依附的關係能讓個人與他人建立良好的互動與相屬感，而相關研究也發現，人一生的依附關係發展並不是只有在嬰兒期與母親（或照顧者）間的依附而已，而是在不同時期與不同的人建立不同成份的依附關係（林淑玲，民81）。其間可以提供個人安全的愛與依附關係的對象包括父母親、主要照顧者、戀人、配偶或子女等都可能出現。因此婚姻與家庭

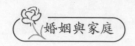

也是提供個人建立安全的愛與依附關係的來源之一。在婚姻關係中，夫妻之間的親密關係，透過學習與瞭解，建立的穩定而信任的關係是許多人進入婚姻與建立家庭的重要原因。

同樣的，家庭也是個人情感支持的重要來源。即使家庭不見得能提供個人多少保護，但是家仍然是許多人憧憬美滿生活的來源。就如吳瑾嫣（民89）以女性遊民為對象所作的研究中，遊民美玲的心聲：

「我對家算是一種，我覺得我對家是一種依賴，而且，我覺得家是一種每個人的避風港。我覺得在外面無論你受到什麼挫折的時候，你必須有個家讓你去擁有、去依靠，然後在你自己想哭的時候，你可以躲在那裡面哭泣。沒有人會嘲笑你，沒有人會看的見，我覺得這是我對家的看法...我覺得還是要有親人在，其實我喜歡爸爸媽媽姊姊弟弟住在一起，那才是一個完整的家。一個人可以給自己一個溫暖的小窩，但是那是一個窩，而不是家，我會覺得很孤獨。」

即使在遊民美玲的生命中，並沒有太多「甜蜜家庭」的記憶，然而，即便是被爸媽背棄後；即使她常常咬牙切齒、慷慨激昂指出弟弟是惡劣的人，她一輩子都不要跟他在一起；即使在她回父親家後發誓再也不要回去等等，談到家時，她仍希冀一個與家庭成員一起生活的安樂之家。（引自吳瑾嫣，民89，第102頁）

　　我們可以從這裡瞭解，其實家庭所代表的並不只是一個物理上的空間而已，還代表人類對於愛與依附的需要，代表個人對於來自親密的家人的愛的期望，而血緣所形成的家人關係，通常是最容易提供愛與依附的來源。

✳ 經濟合作與消費

　　在傳統上，未成家者通常不會被視為成年人，此外，未能立業似乎也未能獲得在社會與家庭中適當的地位，因此成家立業是中國人的人生中非常重要的階段。在中央研究院社會學研究所「台灣社會變遷基本調查計劃」（中央研究院社會學研究所，民91）在民國八十五年第三期第二次的調查，1924位接受調查的人中，有52.1%同意「經濟上有保障是婚姻最大的好處」，不同意及非常不同意的人只佔13.5%。在傳統社會中，家庭是經濟生產的主要場所，因此「克紹箕裘」（子承父業）是理所當然的。但在商業化與工業化之後，家庭不再是生產的主要單位，個人必須離開家庭投身更大的企業團體才得以謀生，但即使是如此，結婚建立家庭後，個人仍能在家庭中透過夫妻或家人的協助獲得經濟上的支持，甚至協助。尤其中國父母對於子女的付出，常常不只是生活起居的照顧而已，甚至當兒女成年要成家時，會協助其買房子或支助其婚禮的各項費用；而當家人之一有困難時，其他的家人往往是最重要的支援來源（陳舜文，民88）。

　　婚姻與家庭經濟合作的另一個涵義在於家庭內事務的分工與合作。在傳統家庭中，家庭內的事務通常是依性別來分工，男性擔任較粗重的生產事務，例如農田中的事務，而女性則分擔家庭中的養兒育女、煮飯洗衣事務。但在家庭生活改變之後，男性不再以家庭為經濟生產場所，男性成了家庭的麵包的掙取者，而女性則仍扮演家務的操持者居多，亦即大多數的家務是由女性擔任

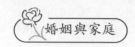

的，即使在一半以上的女性走出家庭在外就業的今天，家務分工的狀況也並沒有多大的改變（唐先梅，民88）。當然，男女兩性在家庭中家務分工與文化有相當的關係，在美國，男性平均每天花在家務事上的時間超過108分鐘，而日本男性則為11分鐘。家務分工代表的不只是男人與女人在家事的合作，以今日之家庭型式來看，家事的分擔還代表責任、愛心、關懷與照顧，因此婚姻中的男女學習如何平衡工作與家庭是今日談婚姻與家庭相當重要的課題。

✷ 生育與教育子女

中國人很重視生命的延續，而延續生命的方法就是順人之性而進行，也就是在合宜的年齡時必須結婚，結婚之後必須生養子女（楊懋春，民77）。在中央研究院社會學研究所「台灣社會變遷基本調查計劃」（中央研究院社會學研究所，民91）在民國八十五年第三期第二次的調查，1924名接受調查的民眾中，有53.4%的人同意「生育子女是成家的主要目的」；83.9%的人同意「想要孩子的人應該結婚才好」的說法。根據2001年6月26日公布之國情統計通報（行政院主計處，民90），到民國89年底，有偶人口平均子女數，全台灣地區平均為2.7人，其中15-29歲者1.2人；30-39歲者2.1人；40-49歲者2.5人；50-64歲者3.3人；65歲以上者3.9人。

個人結婚成家後生育子女是家庭制度對於社會的維繫相當重要的功能。社會學家相信，社會中的人口數目特質會影響到該社會的組織與結構。因此結婚成家的個人是否生育是社會學家相當重視的課題。為什麼要生育子女呢？根據美國學者Hoffman & Hoffman的理論，婦女生育的動機被歸納為九項：

1. 獲得成人的地位和家族與社會的認同：有子女之後，個人才像個大人，爲社會所接受。
2. 傳宗接代：有子女可使個人的生命與自我得以延續、家族得以延續。
3. 道德上的價值：提高個人在社會大眾心目中的道德性，包括勤奮工作、服從規範，表示個人不自私、能自我犧牲奉獻。
4. 親密情感的連繫：與子女建立親子關係，能滿足爲人父母的心理情感需求。
5. 子女可帶來愉悅和滿足。
6. 創造性及成就感。
7. 權力與影響力：個人可以塑造自己想像中的孩子，有子女可以提高個人地位與影響力。
8. 社會比較及光宗耀祖：生育子女以提升個人之競爭能力與名譽。
9. 經濟價值：生育子女以期未來在生產與經濟方面得到幫助，並養兒防老。

　　梁香、林淑玲（民90）以嘉義以南的婦女爲對象所作的研究發現，婦女生育子女的原因中以獲得「親密情感、愉悅和快樂」佔第一位，其次依次爲「個人生命擴展與延續」、「社會比較」、「道德上的價值」、「傳宗接代及社會認同」、「權力和影響力」，研究結果顯示現代婦女認爲生育子女可以獲得較多的親密情感、愉悅和快樂，而比較不重視傳統的養兒防老及傳宗接代的觀念。事實上婚姻與家庭賦予個人合法生育子女、教育子女並傳承家庭價值的權力與機會，因此生育與教育子女的動機或許會因爲社會變遷而異，但仍是婚姻與家庭制度的重要功能，也是各人步入婚姻與建立家庭的重要原因。

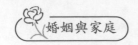

✳社會角色與地位的獲得

　　中國社會習慣把未婚子女都當孩子看，即使二、三十歲，甚至三、四十歲，只要沒結婚（甚至結了婚），父母仍希望他們留在家裡以便照顧飲食起居（劉凱申，民80）。結婚是中國社會中獲得社會地位與成人角色的重要指標，一般人對於不結婚的人或者不成家的人通常評價不高，也認為他們可能有某些身心的缺陷或違背社會的期望。換句話說，結婚或成家是社會對大多數人的期望，透過婚姻與家庭的建立，提供適當的社會地位以證明其為成人社會中的一員。

　　Hoffman ＆ Manis（1979）以1113名美國人為對象，請教他們認為自己成為成人、獲得成人社會地位的原因是什麼，結果發現有六個主要的理由，依序為：

　　1.成為父母。
　　2.結婚。
　　3.能賺錢養活自己。
　　4.找到工作。
　　5.畢業（不再就學）。
　　6.從父母家庭搬出去自己住。

　　其實，不只是美國人是如此感受，中國人大多也有這種想法，例如按照傳統，只要沒有結婚的就是孩子，過年還可以收到紅包；但是成了父母，即使年齡上未成年，也是成人了。

　　從另一個觀點來看，結婚或成立家庭，個人角色也從原先單純的子女或手足角色加上夫妻或父母的角色，角色的擴展通常也帶來社會地位的改變與獲得。例如成為父母之後，婚姻中的男女可能因為子女的關係與鄰里、學校或社區有更密切的互動，並從

中獲得新的角色與地位，如家長會的成員；也可能因爲孩子的成長、學習與發展因此與他人有更多的來往。

第三節　婚姻與家庭的維繫

　　Lamanna & Riedmann（民73，蔡文輝、李紹榮譯）認爲婚姻關係有二個重要的元素，一是永恆（permanence），是指對感情持久的期待；二是親密（primariness），是指對性的專一與夫妻角色的彈性。事實上，這兩個因素都是需要學習與不斷努力才能擁有的。

　　在傳統的社會中，婚姻是社會中重要的制度，用以規範男女之間的關係並據以建立家庭。隨著社會型態的轉變，造成婚姻的因素不再是因經濟或家族的考量，而是男女之間的愛情，但在白馬王子與白雪公主步入家庭後，是否就如童話中最後的那句話所說：「從此過著幸福美滿的日子」了呢？同樣的，家庭是傳統中國人文化最顯著的特色之一，家對中國人而言，絕不只是一個吃飯睡覺的地方而已。在離婚率越來越高的今日，婚姻與家庭關係的維繫成爲婚姻與家庭教育中非常重要的主題。

　　在建立家庭之初，婚姻關係的維繫關係到家庭是否能持續存在。而維繫台灣地區民眾婚姻關係的因素爲何？根據李良哲（民89）以台灣北、中、南部共454位成人爲對象所作的研究，結果發現：

1.彼此體諒、容忍是各年齡組的受試認爲是維繫婚姻關係的最重要因素。
2.彼此體諒、容忍、彼此尊重、信任、互相鼓勵、關心與瞭

解、責任感、相互照顧、彼此感恩是各年齡組受試共同認
為是維繫婚姻關係較重要的因素。

3. 有共同的興趣、話題與活動、有共同的信仰與價值觀、擁
有各自的生活空間與時間是各年齡組受所共同認為是維繫
婚姻關係較不重要的因素。

4. 年輕成年人認為溝通良好、表達愛情、性生活美滿在維繫
婚姻關係的重要性比中、老年人來得顯著的高。

5. 老年人認為表達情愛與性生活美滿是維繫婚姻關係最不重
要的因素。

6. 中年人認為為了孩子、責任感在維繫婚姻關係的重要性程
度比年輕成年人與老年人來得顯著的高。

7. 老年人認為相互照顧、彼此感恩在維繫婚姻關係所扮演的
角色比年輕成年人顯著的重要，也比中年人來得重要。

8. 男主外、女主內是年輕成年人與中年人認為是維繫婚姻關
係最不重要的因素，老年人比年輕成年人與中年人認為此
因素在維繫婚姻關係的重要性來得顯著的高。

上述研究結果呈現的結論是年輕人較重視的是「溝通良好、
表達愛情、性生活美滿」的兩人互動與愛情，中年人則強調為了
孩子、家庭應有的責任感，老年人重視的是互相照顧、彼此感恩
以及男女分工的婚姻關係。這個變化，可以用利翠珊（民86）的
研究加以佐證。

利翠珊訪問25對結婚6至26年的夫妻，以瞭解夫妻間親密關係
的形成與發展歷程，研究結論指出，就長期的婚姻關係來看，夫
妻之間的親密情感會隨著婚姻中的不同階段而發生變化；中國夫
妻在婚姻中的相互依存的情感連結，使得個人在婚姻中得以獲得
安全、幸福與滿足的感受，其形成的主要原因是個人對於婚姻與
家庭的付出，在生活較安定時獲得配偶的認同，而使對方衍生出

感激之情或欣賞之情；如再加上主動創造共同的生活經驗，會因
密切相處而產生親密之情，並進而因相互了解而產生契合之情，
其間的關係如下圖一。

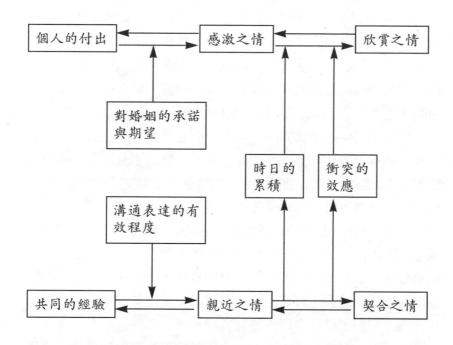

圖一　親密情感的發展歷程（引自利翠珊，民86，第118頁）

在上圖中，除了共同經驗與個人付出外，利翠珊的研究中還
指出個人對婚姻的承諾與期望會影響感激之情的產生、溝通表達
的有效程度會影響親近之情的形成，婚姻中的衝突可能破壞親密
情感的產生，也可能增加親近與契合之情。

綜合李良哲與利翠珊的研究結果，我們可以歸納中國人婚姻

關係的維繫，並不是一成不變，而是隨著個人年齡的增長而變化。在結婚初期，個人年齡尚輕，強調的是兩人世界的親密互動與愛意表達；當子女出生與成長，家庭責任加重後，夫妻間的關係因個人的付出與對婚姻的期望與承諾，發展出感激之情；到老年，因著相處時間的累積與溝通互動，子女長大離家後家庭責任的減輕，夫妻之間的情感漸轉變為除了感激之情與親密之情之外的契合之情與欣賞之情。換句話說，個人進入婚姻後，首先應對婚姻有相當的期望與承諾，願意為婚姻關係付出與努力，學習有效的溝通與表達，以及衝突的解決與因應。

在家庭關係的維繫方面，隨著社會的變遷，家庭功能漸為社會其他機構所取代，但即使如此，中國人對於家庭的眷戀與對家庭的文化理想卻是相當強韌而難以改變的（陳舜文，民88）。例如楊中芳（民77）針對以往學者在中國大陸、香港和台灣三地所做過有關家庭的研究所做的回顧發現，中國人家人間彼此的相互依賴性未曾改變，父母親不僅會竭盡所能地養育並照顧子女，子女們也會視孝敬父母為一種不容推辭的義務，願意在父母年老的時候奉養並照顧他們。當家人之一遭遇困難時，其他家人也會樂於伸出援手相助。這種中國人特有表現在家人之間的相互依賴、對父母的孝敬，以及父母對子女竭盡所能的養育與照顧情懷，余德慧稱之為「黏結」（余德慧，民81）。對中國人而言，這種黏（enmeshment）是理所當然的，家庭提供家人彼此無條件的支持，但同時也要求家人要接受控制。因此父母子女之間的關係是以一種「共合」的方式存在，絕對不允許「分離」的意識產生（余德慧，民79）。而這種黏離，在西方的文化中是不健康的，甚至認為如果家庭中的自我無法從家庭區分，這種黏連的狀態或有害家中成員的身心發展，甚至造成一些病態的人格（利翠珊，民86）。事實上，的家族主義有些變化，但是對於家庭的文化理想卻仍然相當強韌，難以改變。例如陳舜文（民88）研究家庭價值觀，將家

庭價值歸爲兩個因素：情感因素與規範因素。情感因素反應的是人們是否重視家庭成員之間的感情，以及表現出家庭情感的行動意願；規範因素表現的是人們是否重視家庭組織對於個人所作的規範要求，以及做出遵從這些規範的行動。研究結果發現年輕者較年長者重視「情感因素」，而年長者較年輕者重視「規範因素」。換句話說，台灣地區的民眾對於家庭仍有相當強烈的情感，這在前述吳瑾嫣（民89）的研究中也獲得證實。

想要建構一個健康的婚姻與有品質的家庭，筆者參考黃國彥與許文耀（民85）綜合許多相關研究所提出的觀點，再加上林淑玲與廖永靜（民88）針對台灣地區家庭成爲學習型家庭的建議，提出下列觀點供參考：

建立共同願景、價值相似或一致

健康或幸福的婚姻最重要的是維繫愛情與增進婚姻品質，因此夫妻雙方必須要有共同的理念，面對問題，願意一起去學習，並強調家庭的重要性。同樣的，建立健康家庭價值觀也很重要，幸福家庭的成員互動應以同理心爲基礎，並以利他爲相處之道，願意爲家庭成員付出、對家人的學習成長有期待，且對彼此的學習活動相互支持，相互扶持成長。

情感承諾、尊重體諒

建立幸福家庭與美滿婚姻，必須家庭成員對家庭規範與價值有著堅定不移的義務感，家庭凝聚力強，家人團結向心，這是發展家人共同願景的基礎。因此每一成員需要尊重與體諒彼此，並對婚姻與家庭有情感上的承諾，如此才能在數十年的婚姻與家庭生活中同行併進。

時間共享、維持愛情

要使婚姻長久，除了婚前的健康交往外，還需要婚後的行為意志力。所謂行為意志力是指，只要是使婚姻幸福的活動或行為，雙方都要努力去做，也就是對婚姻的承諾與正向期待。在家庭生活方面，要維繫良好的家庭關係，同樣也要花時間經營並為家庭付出，排除困難保有與家人相處的時間，如此婚姻與家庭生活品質才不會在不知不覺中走樣。

對話溝通、親密信任

親密感是要花時間相處，並開放個人才能獲得的。因此在婚姻與家庭中，要與家人建立親密無間的情感，個人必須學習放下身段，並花時間傾聽對方傾吐心聲，對話溝通。同時信任並感激家人的付出，共同面對問題並尋求最佳解決之道，如此婚姻與家庭才能維繫長久。

深入探討問題

一、除了書上所談的幾種典型的婚姻與家庭定義，就您所蒐集的資料，還有那些非典型的婚姻與家庭形式？

二、現代社會中，婚姻與家庭形式多元岐異，您認為造成的原因為何？

三、如果您選擇進入婚姻生活，您的原因為何？您認為婚姻可以提供予您的好處為何？

四、除了書上所陳述的婚姻與家庭維繫方式，您認為維繫婚姻與家庭還有那些應該重視的課題？

參考書目

中央研究院社會學研究所（民91）。「台灣社會變遷基本調查計
　　劃」，91年1月28日取自http://itst.ios.sinica.edu.tw/
　　sc1/index.htm。

內政部（民91）。內政統計資訊服務網：內政部性別統計資料：人
　　口數。91年2越3日取自http://www.moi.gov.tw/w3
　　/stat/home.asp。

行政院主計處（民90）。我國婦女社會生活趨勢分析。91年2月3日
　　取自http://www.dgbas.gov.tw/dgbas03 /bs2/bothsex/
　　lifetrend.htm。

余德慧（民79）。中國人心底的故事。載於余德慧策劃：中國人的
　　婚戀觀—允諾與嫁娶。台北：張老師出版社。

余德慧（民81）。中國人的父母經—黏結與親情。台北：張老師出
　　版社。

利翠珊（民86）。婚姻中親密關係的形成與發展。中華心理衛生學
　　刊，10（4），P.101-128。

利翠珊（民89）。婚姻親密情感的內涵與測量。中華心理衛生學
　　刊，12（4），P.29-51。

吳瑾嫣（民89）。女性遊民研究：家的另類意涵。應用心理研究，
　　8，P.83-120。

李良哲（民89）。維繫婚姻關係因素的成人期差異研究。中華心理
　　衛生學刊，13（3），P.61-87。

林淑玲（民81）。職業婦女親子分離焦慮之相關研究。國立政治大
　　學教育研究所未出版博士論文。

林淑玲、廖永靜（民88）。Senge學習型組織模式在家庭教育上的
　　應用—學習型家庭教育初探。教育部委託專題研究報告。嘉
　　義：嘉義師範學院。

唐先梅（民88）。從家務工作的本質談雙薪家庭夫妻家事分工。應
　　用心理研究，4，P.131-173。

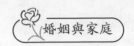

梁香、林淑玲（民90）。南部地區婦女生育動機之研究。載於國立
　　嘉義大學、嘉義市教育會主辦：2001兩岸家庭教育學術研討
　　會論文集，P.337-366。

莊慧秋、顧瑜君（民79）。為結婚而戀愛。載於余德慧策劃：中國
　　人的婚戀觀—允諾與嫁娶。台北：張老師出版社。

陳舜文（民88）。「仁」與「禮」：台灣民眾的家庭價值觀與工作
　　態度。應用心理研究，4，P.205-227。

黃國彥、許文耀（民85）。健康的婚姻品質觀。載於教育部社教
　　司、政治大學心理學系主辦：健康的婚姻觀研討會，P.131-
　　142。

楊懋春（民77）。中國的家族主義與國民性格。載於李亦園、楊國
　　樞主編：中國人的性格，P.133-179。

劉凱申（民80）。拒絕長的的龍族。載於余德慧策劃：中國人的養
　　育觀—付出與期待。台北：張老師出版社。

Hoffman, L.W. & Manis, J.D.（1979）. The value of
　　children in the United States:a new approch to the
　　study of fertility. Journal of Marriage and Family,
　　41（3），P.583-596.

Chapter

性別關係

鄭淑芬

前言

中國人常說：「在家靠父母，出外靠朋友」；英國詩人威廉布萊克（William Blake, 1757-1827）以其詩文闡述友誼的自然法則：「鳥有巢、蜘蛛有網、人類則有朋友情誼」（A bird a nest, the spider a web, man friendship）；學者馬蓮妮（Marlene Dietrich, 1904）則提到：「所謂朋友就是你可以在凌晨四點打電話找他，而他會當作一回事的人。」（It's the friends that you can call up at 4 a.m. that matter.）。非洲土著則說：「朋友就像是口和手一樣，手痛時用口去吹，口痛時用手去撫。」澳洲人則有句流行話說：「外頭有賢友，鏡子不必有。」西方有句諺語：「無友的人，雖在世上，猶如在曠野。」得見無論在中西方各種社會文化皆看重視朋友之間的獨特關係，也同時歌頌人我之間友誼的寶貴。

事實上，每個人在不同的人生階段中，都需要與其他人建立親密的關係，如：從出生到學齡前兒童時期，以建立家庭親屬關係為主；到了國小學齡時期及至青少年階段則以建立同性朋友關係為要；進入青年期之後，則開始發展異性朋友的關係；爾後漸漸發展所謂浪漫的愛情，以預備進入建立新的家庭階段，爾後，延續如旋轉木馬般循環不已的人生歷程。因此，如何與人建立良好的人際關係，並且發展所謂親密的友伴關係，對每個人而言，不分男女老少，都是平日生活及終其一生歲月中無可推諉的重要課題。好似一首國語老歌「友情」的內容所述，每個人都需要朋友的陪伴，人生旅途才不會孤單：

「友情，人人都需要友情，不能孤獨的走上人生旅
程；要珍惜友情的可貴，失去的友情難追；誠懇的相
互勉勵，閃耀著友情的光輝；永遠永遠讓那友情，溫
暖你心胸。」

　　然而，近年來，由於社會變遷快速，過去以農業為主
的社會形態，現在已漸漸轉向工商業社會。家庭的結構也
由大家庭或折衷家庭轉變為核心家庭，以致家庭的功能逐
漸式微；加上科技的發達及資訊的充斥，使得現代人的生
活步調更加快速、生活方式也更為自主及多樣化，人我之
間的關係也變得更為疏離。為此，很多人更加體認到人際
關係的重要性，同時也逐漸瞭解人們之間的友伴關係，或
多或少會受到「性別」（gender）的影響，例如，依據一
些研究顯示：女性的友誼關係比男性更加注重親密感，而
男性則是比較習慣建立以活動為主的友伴關係（Duck ＆
Wright, 1993）；至於異性之間的朋友關係則又與同性之
間的友誼關係有些不同，因為比較難以掌握到建立關係的
機會，而且還會面臨所謂性吸引力（sexual orientation）
等一些挑戰。（O’Meara, 1994）。
　　本章中，我們將分以下幾節討論人們依其不同的性別
特質，如何在同性及異性之間建立所謂的友伴關係（亦即
本章主題，所謂「性別關係」）：第一節、性別相關的概
念；第二節、性別角色發展的理論及影響的因素；第三
節、性別差異的解釋及其對關係建立的影響；第四節、友
誼關係發展的階段；第五節、同性之間的友誼關係；第六
節、異性之間」的友誼關係；第七節、新新人類，面臨性
別關係的難題；第八節、許一個新時代的願景。

第一節　性別相關的概念

首先我們將針對平日時常提到有關「性別」的一些概念，加以簡要的說明，以便在閱讀時可以更加清楚了解這些概念的意義及分辨其間不同的內涵。

✲ 性（Sex）

「性」（Sex）是生理學上的名詞，所謂「男女有別」是指在受精卵形成的時候，因為「男性」（male）和「女性」（female）第二十三對染色體XY與XX的不同，所以造成日後男女兩性在生理發展上的差異，如：嬰孩一出生可從第一性徵（指外顯的性器官）分辨其性別（Sex）的不同，進入青春期之後，則可從第二性徵（指性器官的成熟），顯示出男女兩性長大成熟之後迥然不同的特性。至於所謂「陰陽人」則是因為第二十三對染色體的突變，造成同時具有男女兩性特徵的人，因此，日後需要透過醫療的過程，才能確定其性別的發展。另外，還有所謂「變性人」是指透過手術過程，以改變個人原本已確定的性別，如男性變成女性、或女性變成男性即是如此。

✲ 性別（Gender）

「性別」（Gender）是心理學上的名稱，過去的研究比較強調人類受生理因素差異的影響，因此覺得男女在心理上有很大的差異，近年來研究者則發現人類不止受到生物方面的影響而已，其實環境的因素也很重要，因此，有人提出男女性在心理學上的共

同性更甚於差異性（鄭玄藏，民83），唯目前仍有四項客觀研究顯示男女之間仍存在的心理上的差異：男孩的攻擊性比女孩強；男孩的數理能力比女孩強；女孩的語言表達能力比男孩好；男孩的視覺、平衡感比較強（E. E. MaCoby & C. N. Jacklin，鄭玄藏，民83，柯淑敏，民90）。

✳ 性別角色（Gender Role）

「性別角色」（Gender Role）是指人類在社會化的過程中，由於社會結構對男女兩性所持有的權利及義務，有其特定的位置及期待扮演的角色，因此造成兩性之間在社會學上的差異。例如在家庭的單位中，男性擔任「先生」、「父親」、「爺爺」、「公公」等角色；而女性則扮演「太太」、「母親」、「奶奶」、「婆婆」等角色。另外，在家務工作上，也有所謂「男主外、女主內」的分野，或說男性需要在外面世界打拼、賺錢養家活口；女性則得在家中料理家務、相夫教子，如果真要在到外面工作，也只是為了補貼家用，所從事的工作類型也大多為照顧者或配合性的事務。然而，近年來由於工商業社會中，兩性接受教育的機會逐漸均等，雙薪家庭的比例越來越高，過去傳統的「性別角色」及「性別刻板印象」不免受到質疑及挑戰，所以才有所謂「新好男人」及「新時代女性」的標準，其無非是在重新界定合乎社會潮流的「性別角色」。有關性別角色的發展理論，我們下一小節會再詳加說明。

✳ 性別刻板印象（Gender Stereotypes）

「性別刻板印象」（Gender Stereotypes）乃是指對男性及女性所具有適當的特性抱持既定的信念及看法。一般人都認為男性

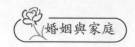

化的特質具有所謂工具性的特質（instrumental traits），如：
競爭力、理性和果決……等；然而，女性化的特質則為表達性的
特質（expressive traits），如：有同情心、敏感、溫暖、關懷
……等。從以下表格的內容，我們可以看到所謂男性化及女性化
人格特質的刻板印象：

　　另外，如果你（妳）想了解自己是否有性別刻板印象，建議
可以花幾分鐘作（附錄一）的專欄問卷。

男性化特質 (Masculine Traits)	主動、擔任領導者、具冒險性、具攻擊性、有野心、喜歡競爭、不輕言放棄、喜歡駕馭他人、自我優越感、頗能承受壓力、獨立、很容易作決定、不容易被別人影響、直言不諱、粗獷、自信、堅持到底。
女性化特質 (Feminine Traits)	覺察別人的感覺、體諒人、很容易掉淚、為他人奉獻自己、情緒化、在危機關鍵時刻容易激動、很容易受傷、溫和、以家居生活為主、仁慈、喜歡小孩、乾淨、需要別人的贊同、被動、靈巧、了解他人、與他人保持溫暖的關係。

資料來源：譯自Berk, Laura E.（2000），Child development, P.523

※ 性別認同（Gender Identity）

　　「性別認同」（Gender Identity）乃是指個體在認知發展及社
會化過程中，大多會先確認自己生理上的性別（Sex），然後，漸
漸體會與性別相關的行為及特性，進而認定自己不同社會結構
中，所當扮演的性別角色，最後在心理上認同自己的性別是男性
（male）或女性（female）。柯伯格（Laurence Kohlberg）曾提出
兒童在六、七歲以前，對自己的性別認同尚未定型，因此，他們

必須經過以下三個發展的階段，才能達成其對性別的一致性概念：性別標籤化、性別穩定性及性別持續性。

❋ 性別形成（Gender Typing）

「性別形成」（Gender Typing）是指個體發展與性別有關的信念、確認性別角色及對性別角色認同的過程。

以下表格說明性別形成過程中，不同年齡在性別刻板印象（Gender Stereotyping）及性別角色調適（Gender-role adoption）、性別認同（Gender Identity），還有在心智能力及人格特質的性別差異（Sex-Related Differences in Mental Ability and Personality）：

年齡（歲）	性別刻板印象與性別角色調適	性別認同	有關心智能立即人格特質的性別差異
1.5～5歲	＊呈現對「適合性別」遊戲的偏好及逐漸增強。 ＊發展有關活動、職業及行為的性別刻板印象。 ＊呈現找同性伙伴的偏好且逐漸增加。	＊以下述三個階段的順序發展性別一致性：性別標籤化、性別穩定性及性別持續性。 ＊這個階段結束時，發展出性別有關的自我評估。	＊女孩語言發展比較快，男孩隔年才跟上來。 ＊女孩出現更高的情緒敏感度，且持續到成年期。 ＊女孩的配合度和依賴性比較明顯，且持續到成年期。 ＊男孩有比較高的外顯攻擊性，女孩則具有比較高的合理攻擊性，且持續到成年期。

6～11歲	※性別刻板印象知識特別在人格特質及成就方式持續增加。 ※性別刻板印象變得更有彈性。 ※男孩當中出現大團體的遊戲。 ※女孩嘗試「異性」的活動，而男孩則比較喜歡「男性化」的活動。	※在男孩之間更強化「男性化」(masculine)的性別認同；而女孩的性別認同則更「兩性化」(androgynous)。	※女孩在閱讀方面的成績全學年都比男孩超越。 ※男孩在特定的空間概念能力比較好，而且持續至一生皆如此。
12～20歲	◎性別角色一致性在青少年前期增加，之後慢慢降低，尤其女孩更是如此。 ◎青春期之後，對同性友伴的偏好逐漸減弱。	◎男女兩性的性別認同在青少年早期比較傳統，之後，有逐漸減弱的趨勢，特別是女孩子。	◎男孩在數學推理方面較強。 ◎低潮的徵兆常出現在女孩當中，男孩子則比較少。 ◎男孩子比較高的外顯攻擊行為會轉向涉入反社會行為和暴力犯罪，尤以一些青少年為最。

資料來源：譯自Berk, Laura E. (2000), Child development, P.553。

第二節　性別角色發展理論及影響因素

　　有關性別角色的發展，我們可以用以下三種理論來解釋其發展的過程，首先請參閱下圖有關性別角色發展的不同解釋（以男孩為例），以大略了解三種理論各自基本的概念，然後，我們會再就每個理論加以詳述：（參劉秀娟，民87，兩性關係與教育，P.10-15）

理論	===起點 =============== 發展的歷程 =============== 終點				
Freud 心理分析論	戀母情節	忌父恐懼	閹割焦慮	認同強者	角色發展確定
Bandura 社會認知論	觀察行為	模仿行為	對模仿合乎性別之行為加強		角色發展確定
Kohberg 認知論	性別角色發展確定	學習同性大人的行為		對父親產生認同	

資料來源：修改自張欣戊，1990，性別角色的形成，P.223

※ Freud心理分析論（Psychoanalysis）

　　Freud心理分析理論強調性（sex）是個體生存及延續生命的本能，也就是生命的原動力，又稱「性力」或「性驅力」（Libido 或 Libidinal Energy），它也時刻存在於個體發展的過程中的每個階段，而且會促使個體尋求各種紓解的管道，以解決因為「性力」匯集所帶來的緊張不安，還有獲得滿足感。

　　以上表為例，男孩子在性別角色發展的過程中，剛開始在三、四歲至六、七歲左右會出現戀母忌父階段，也就是比較喜歡和母親親近，而且對父親與母親彼此親密的關係則會出現排斥及嫉妒的反應；然而，另一方面，男孩也感受到父親身為強者的壓

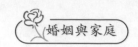

力，深怕自己過於渺小，無法對抗強大的父親可能會對他採取報復的行動，因此，產生有所謂「閹割焦慮」，同時也形成對父親「強者的認同」，此亦說明男孩「性別角色發展」的過程。至於女孩與父親性別不同，認同的歷程不會面對「閹割焦慮」，所以其性別角色發展的過程比較緩和，主要以認同母親為基礎，以取悅父親。

Freud的心理分析理論對性別角色發展的解釋具有某些程度的可參考性，然而，隨著愈來愈多不同學派的研究及創見，則提供更多方面的解釋，因此，Freud的心理分析觀點不可避免也會受到質疑及挑戰。我們接著繼續討論其他兩種理論。

❋Bandura社會學習理論（Social Learning Theory）

Bandura認為個體的行為表現乃是透過觀察和模仿而來，因此個體所模仿的行為是否可以確定，則要視個體的準備度及是否得到內在或外在的增強所影響。依此角度來解釋兒童學習合乎自己性別角色的行為，也是受到觀察後的模仿行為是受到增強有關。例如：凱心喜歡陪媽媽在廚房做菜，而且她還會邊看母親洗菜、切菜、作菜的步驟，有時候，還會幫媽媽端菜。有一次，她主動說要幫忙作晚餐，而且還親手炒一道菜，爸爸誇獎她說：「妳做的菜好好吃哦！這才像個女孩嘛！」從此以後，凱欣便認為學會做菜，才像個女孩，這也是她學會女性角色行為的過程。

❋Kohlberg的認知發展理論（Cognitive Theory）

Kohlberg以皮亞傑（Piaget）的認知論為基礎，並且認為以

Freud的心理分析論及Bandura的社會學習論來解釋性別角色的發展皆有所缺失，因此，他主張個體會去模仿或認同某一特定的性別，必定是在其意識及認同自己的性別之後，所以認知理論強調個體必須先達到性別角色發展確定的狀況之後，接著才能經由觀察發現自己和同性成人之間相似的地方，進而也才能藉由模仿以學習同性大人的行為，同時孩子會對同性父母（如：女兒對母親、兒子對父親）產生認同。例如：小明和爸爸親子共浴的時候，發現自己和爸爸一樣有陰莖，但媽媽沒有，而且媽媽的乳房比爸爸大，所以，他知道自己和爸爸是同一性別，因此，便開始觀察爸爸的行為，而且也會跟著模仿，例如站著尿尿、喜歡看球賽、剪短髮……等。

此外，除了上述三種有關性別角色發展理論以外，還有一些學者也提出其他的看法。例如以下兩派理論：（參晏涵文，民80，做個剛柔並濟的人，頁22-24）

☀ Block

認為性別角色的發展，是個體經由社會制約的過程，接受社會規範所賦予的性別角色，以建立自己內心自我批評的標準。直到青年期或成年期，個體會依舊扮演適合社會期待的角色，但同時也會批判傳統性別角色的合理性，經過一段時間之後，才會慢慢建立屬於自己性別角色的標準以為個人行為的原則。

☀ Rebecca等人

Rebecca等人則提到性別角色的發展會經歷以下三個階段：

未分化的性別角色期

個體未經過社會化過程之前,對男女兩性的角色期待及行為等概念,皆很模糊不清。

極化的性別角色期

個體此時被教導要符合所謂男性或女性的角色行為,因此,會循規蹈矩的接受原則行事,不敢有所違規。這也是學者Ben所提到傳統的男性化或女性化的角色。

超越的性別角色期

個體此時可以超越以前所接受的傳統男女性別角色規範的限制,而且也能夠隨著不同的情境,適時表現合宜的性別角色行為。此亦即學者Ben所謂的「兩性人」,也是我們後面會提到「剛柔並濟」的人。

再者,談到「性別角色」發展的影響因素,我們可能從個體社會化過程中,一般必然會經歷的家庭、學校及社會三個環境來看,因此,我們可以歸納以下幾個影響個體性別角色發展的因素:

家庭環境方面

個體第一個接觸的社會化環境就是家庭,因此,家中的成員—父母親及兄弟姐妹;還有若是在大家庭或三代同堂家庭長大的人,則還有祖父母、叔叔姑姑、堂兄弟姐妹……等,便成為個體學習性別角色行為可以觀察及模仿的對象。當然,父母親或是兒童的主要照顧者對個體性別角色發展影響最大,因為他們對兒童所表現的性別角色行為的反應,還有從事的職業及社經地位等方面的表現……等,都是個體性別角色行為及標準的主要因素。另

外，家中兄弟姐妹的人數及互動情形也都會影響個體的「性別角色」發展，尤其哥哥姊姊對弟弟妹妹在性別角色行為的學習，具有教導及楷模示範的作用，不可忽略。

學校環境方面

　　個體第二個接觸的社會環境即是學校，因此，校園中的人事物等，都是影響個人性別角色發展的主要因素。例如，在人方面，學校的校長、老師、行政人員及同學……等都是個人學習性別角色行為可以觀察及模仿的對象，尤其老師上課的方式及對待男女同學的反應……等更影響學生對性別形成的概念及行為的表現。同學之間的互動狀況及友伴關係的建立，也都會影響它們日後與同性或異性相處的情況。至於校園的事物方面，可從校園的建築及設備、課程安排及組織氣氛……等方面來看，這些都會提供學生形成性別角色概念的符號，當然對他們在性別角色發展上也會帶來一些影響。

社會環境方面

　　社會環境的變化不僅帶給家庭及學校不時的衝擊，同時也會對團體中的每個人產生影響力。例如：近年來由於大眾媒體的發達及網際網絡的流行，使得個人在性別角色的發展受到一些媒體公眾人物或是網路交友資訊等影響，甚至還比家庭環境或學校教育的因素有過之而無不及。這也為目前新新人類帶來一些學習性別角色的新課題，有關這個部份，我們會在第七節再作進一步討論。

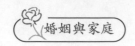

第三節　性別差異的解釋及其對關係建立的影響

　　我們針對人際關係中為什麼有「性別差異」的原因，一定會覺得很好奇，以下有一個表格，可以提供我們依照兩個向度來解釋其中的淵由：

```
              ＜社會化的解釋＞
           （指父母、老師、同儕、角色楷
            模及大眾媒體的影響造成性別
                   差異）
＜結構性的解釋＞------------------------＜個別性的解釋＞
（性別角色、環境的                      （個人的特質、特性、
 要求及需求及價值造                        期望、其他人的期望
 成性別差異）                            造成性別差異）

              ＜生物性的解釋＞
            （基因、荷爾蒙造成性別差異）
```

資料來源：譯自Winstead, Barbara A., Derlega, Valerian J. & Rose, Suzanna (1997), Gender and Close Relationships, P.5

※向度一：結構性的解釋對照V.S.個別性的解釋

結構性的解釋

　　強調個人的行為是制於外來的壓力、社會的期待及限制，以及環境的要求。學者Eagly（1987）提出社會角色來解釋社會行為

的性別差異，她提到男女性之間工作的區別性是主要的原因。舉例，女性大多扮演溝通的角色，如照顧者、提供服務者；而男性則從事主導性或工具性的工作，如家庭生計供應者、經理或主管。在如此的社會結構下，男人所從事的工作大多比女人來得更有權力而且地位更高，這種男女分工的當方式會對社會行為的性別差異導致以下兩方面的影響：（1）對男女性別角色有不同期待；（2）影響性別形成的技巧及信念。而這些因素會進一步影響男女性對自己角色認定的價值感及彼此互動的態度及模式。

個別性的解釋

則強調影響性別差異的因素主要還是與個人的動機、性格特質、生物學上的傾向……等屬於個別性的特質有關。因此，男女性對社會的要求或他人的期待本來就會有不同的反應，因為他們有不同的個人需求及性格，而且，彼此的成長經驗又大不相同。

以上兩種解釋各有其可取之處，也說明造成性別差異原因的多樣性及複雜性。接下來，我們繼續討論另一個解釋性別差異的向度。

※ 向度二：社會化的解釋對照V.S.生物性的解釋

社會化的解釋

強調家庭、社會及文化對個人特質的影響。學者Bem（1993）描述社會化的歷程是一種基模的學習或我們得以獲取看待世界及自我的鏡架。假如我們所取得的鏡架是性別極化（Gender Polarization）和男性主義者（andro-centricism），也就是我們

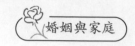

認為男女兩性基本上十分不同，而且任何人只要表現的不合乎其該有的性別行為，就會變得很奇怪。另外，所謂男性主義者則是認為男人比女人還要正常且優秀。譬如：他們認為成人就應該要有婚姻、為人父母、工作；而男人在社會上所扮演的主要三個角色（丈夫、父親及工作者）恰好都能塑造一個成熟和成功的男人形象，而女人僅只是男人的幫助者，不必面對社會的種種壓力。不過，如果我們所處的社會環境改變了對性別差異不那麼強調，而且可以接受男女兩性共同分擔家務、照顧孩子及在工作機會均等的話，那麼，男女兩性所具備的特質可能會比較均衡。

生物性的解釋

則著重男女兩性的基因及荷爾蒙不同，所以性別差異是不可改變的事實。但是對於男人是否優於女人、女人比較感性……等兩性比較的問題，卻不是生物性解釋討論的重點。因此，我們提供以下有關性別差異的一些信念（迷思）與事實的對照表，提供你檢視一下自己目前對性別差異的看法。

信念	事實
1.女孩比男孩更具「社交性」。	*基本上男女兩性對社交互動都有興趣，在同樣的回應、增強與可學的模範影響下，兩性的表現是相同的，男孩比女孩花更多時間與玩伴在一起。
2.女孩比男孩更容易接受他人的看法。	*許多研究指出男女兩性在自信上並無差別，然而，有時候當個人的價值觀和同儕團體衝突時，男孩比女孩更容易接受他人的建議與看法。
3.女孩比男孩有較低的自尊。	*由幼兒期到青春期，男女兩性在整體的自我滿意度及自信上都差不多，有部份男孩在青少年的自尊高於女性，不過這可能是因為男孩在成為男性（males）工具性角色中有較大的自由與勇氣容許所致。對青少年晚期的兩性來說，與自尊有關的性格特質並沒有差別。
4.女孩對操作簡單的物品較能勝任愉快，而男孩則在要求較高層次的認知發展物品操弄上略勝一籌。	*這是沒有任何研究支持或證據的說法。基本上，在學習、形式運思概念的發展上並沒有兩性差異。（個別差異在男女兩性中都存在）。
5.男孩比女孩具有分析能力。	*我們知道在認知能力上或許有些微的性別差異，但在分析及邏輯推理能力上並沒有差別。
6.女孩缺乏成就動機。	*這是極為荒謬的信念！男孩與女孩都有其個人成長發展及生涯的目標，只有目標會因人而異，在達成目標、實現自我的努力上，成就動機並不差別。

資料來源：劉秀娟，民87，兩性關係與教育，P.24-25；修改自
Shaffer,1996. Developmental Psychology. P.510.

　　有關「性別差異」對關係建立的影響，我們可以發現：在性別社會化的過程中，一般男性傾向比較獨立、喜歡競爭和具有主導性，而女性則學會互相依賴、合作及情緒上比較依賴別人。因此，男女兩性與他人建立關係的時候，兩者所使用的模式也有所不同。男性喜慣使用限制的模式（restrictive style），也就是用、減少說話內容或結束話題……等方式與他人互動，譬如用吹噓、製造矛盾、打斷它人說話或者威脅伙伴……等都是常見的實例，而這種模式正好適用於比較大又有階級組織的團體，像球隊或政黨……等皆是。至於女性則比較適應成全的模式（enabling style），也就是試圖讓自己和他人的互動可以持續下去，譬如用同意他人的意見、取得別人的認可和輪流說話等都是常用的方式。這種模式有助於建立比較親密的關係，也適合小團體的互動。

　　男女兩性使用的互動模式不同，彼此在友誼關係建立上也產生性別的差異，我們可以歸納以下五點：（參柯淑敏，民90，兩性關係學，頁119-120）

1. 女人的友誼是「面對面」，男人的友誼是「肩對肩」。
2. 女性比男性更善於自我表白，男性較不常自我表白，及較少有親密的說話內容。
3. 女性比男性更常和朋友有情感上的表現，男性在關係初期及維持親密友誼比較困難，女性比男性更常和朋友分享親密感及信任彼此，而且有更多非正式的溝通。（Hays, 1989）
4. 女性有較親密的同性友誼：女性對自己的同性友誼品質、親密度和樂趣上有較高的評價。男性的友誼通常是建立在共享的活動上，如球賽、玩牌……等；而女性的友誼是建立在情感的分享及支持。也因此才說男性的友誼是「肩對肩」，女人的友誼是「面對面」。

第四節　友誼關係發展的階段

　　對一般人來說，「朋友」的概念在他們童年時期就開始發展，而且隨著年齡的增長，概念愈來愈抽象。（Fehr, 1996）。例如學齡前的兒童認為所謂朋友有三個主要的解釋：可以陪伴玩耍的人、可能一齊共用玩具的人、不會打他（她）的人。到了國小二年級至六年級的兒童則認為好朋友有五個特點：支持（如：分享或協助）、一齊共渡時光、有親密感、彼此有相似之處（如：共同的嗜好或活動）、情感（Furman & Bierman, 1984）。到了青少年時期，人我之間的友誼特性顯得更加重要，特別是忠實（縱使朋友人不在此，也會挺他到底）和親密感，即共同分享彼此內心深處的想法和感受。（Bigelow & LaGaipa, 1980），而這種重視親密度及忠誠感的友誼特性會一直持續到成年時期。（Winstead, Derlega & Rose, 1997, P.314）

　　再者，如果以發展心理學的角度來看，每個人在不同的人生階段會發展出不同的友誼關係。因此，個人隨著年齡的成長，友誼關係的發展大致可分為以下五個階段：（參柯淑敏，民90，P.33-34）

無性期

　　兒童大約在四、五歲以前，對自己及他人的性別尚未有清楚的概念，他們雖然口中會對別人說："我是男生，她是女生"，但是並不十分了解男女的差異，玩遊戲的時候，對友伴的選擇並無特定的性別限制，所以這個階段稱為無性期。

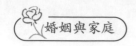

同性群友期

　　兒童大約在六歲至十一歲左右，也就是小學時期，他們對性別的差異已經有清楚的概念，所以他們喜歡男生一黨，女生一黨，彼此壁壘分明，各自玩屬於自己的性別遊戲，如男生喜歡一齊玩怪獸隊打擊；女生則喜歡在一起聊天玩洋娃娃或扮家家酒，故此階段稱為同性群友期。

同性密友期

　　青少年大約在十二歲至十七歲左右，也就是在國中到高中的階段，他們喜歡在同性群友中找到幾個比較談得來的朋友，成為所謂至友或死黨，姐妹淘或結拜兄弟，他們可能會利用週末休假一齊去出遊，或有共同的制服或暗語，彼此互通有無，相互分享與支持，他們很看重彼此之間的忠誠度及深厚的感情，因此，這個階段稱為同性密友期。

異性群友期

　　年輕人大約十七歲至二十二歲之間，也就是高中至大學時期，他們常會不分男女一齊辦一些活動，如小天使遊戲、班級或寢室聯誼會、郊遊烤肉、露營夜遊、好樂迪（KTV）高歌幾曲、逛街血拼（Shopping）、打保齡球……等，因此稱為異性群友期。

異性密友期

　　年輕人約在二十歲左右之後，他們會漸漸在異性朋友中，找到彼此特別互動吸引或是相處得十分愉快的人，成為所謂異性密友，進而開始單獨交往，進入戀愛的階段。

　　綜上所述有關友誼關係發展的五個階段，第一期（無性期）是個體受到性別在生理學上、心理學上、社會學上、種族文化上……等方面差異的影響，逐漸有「性別形成」、「性別認同」及「性別角色”的發展」，其中也可能因為各種因素的交互影響，以致產生所謂「性別刻板印象」，這些對於他們日後在第二、三階段（同性交友期）及第四、五階段（異性交友期）中建立「同性」及「異性」的友誼關係，會造成許多深遠的影響。這也是近年來教育部在各級校園中大力推動“性別平等教育”的主要原因。畢竟性別對每個人而言，不管是男女老少，在人生各階段中建立同性或異性友誼關係等方面所產生的影響，實在不容忽視。以下兩節我們將繼續討論有關同性之間及異性之間的友誼關係。

第五節　同性之間的友誼關係

　　有關同性之間友誼關係的維繫原則，大致包括以下六點：（1）為不在場的朋友辯護；（2）和朋友分享成功的消息；（3）表達情緒上的支持；（4）對彼此信任及充滿信心；（5）在對方有需要的時刻，自願幫忙；（6）努力在彼此相伴的時間，為彼此帶來歡樂。（Argyle & Henderson, 1984）。然而，如第三節所述，男人與女人在建立同性的友誼關係，確實有其不同之處，如研究顯示女人的友誼關係比男人更重視親密感，而男人的友誼關係則比較以活動為主。不過，談到男女兩性之間所建議友誼關係的差異，大致上還是需要考慮幾個重要的因素，譬如：應當評量那些行為及如何來做？性別差異的程度如何？是否有個別的差異性，如．性別角色認同及性傾向等？是否有一些情境因素，如．人生階段及文化的準則……等？

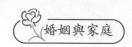

　　在我們開始討論男女兩性建立同性之間的友誼關係之前，我們提供以下一個有關「友誼生命線」的活動表，希望可以幫助你（妳）了解建立同性友誼關係的變化：

說明

　　這個活動可以幫助你（妳）了解自己在同性友誼關係上的變化，請用下面圖表以顯示你（妳）與親近的同性朋友何時開始建立友誼關係，以及何時結束。如下面圖表所示範的方式，你（妳）幫每一位同性好友都畫一條友誼線，同時標示出你（妳）們之間的友誼關係幾歲開始和結束，或用箭頭表示你（妳）們的友誼關係目前還在持續當中，最後，把代表每個友誼生命線的朋友名字寫在線條的上面。

討論問題

1. 看看你（妳）所建立及結束友誼關係的類型。你認為友誼關係改變的原因為何？（如：轉學、高中畢業、結婚、搬家……等等）
2. 寫下每段友誼關係結束的原因，和其他做這個活動的人互相比較一下。
3. 請一位異性的朋友也做這個活動，再看看你（妳）們當中是否有關不同？是否有性別的差異？
4. 你（妳）也可以針對異性朋友的友誼關係生命線，再做一次這個活動，然後比較一下和同性的友誼關係生命線有何不同？再注意自己發展同性友誼關係及異性友誼關係的時間有何不同？

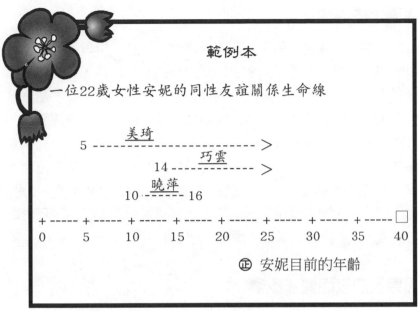

範例本

一位22歲女性安妮的同性友誼關係生命線

資料來源：譯自Winstead, Barbara A., Derlega, Valerian J. & Rose, Suzanna (1997), Gender and Close Relationships, P.122

※女性的「同性」友誼關係

　　如同第三節所述，女性的友誼是「面對面」溝通分享、重視信任及親密感的關係，因此，女性比男性擁有更多的同性友誼關係，其關係也比較具有正面的特質，如信任、忠誠、分享、照顧及依戀等。部份學者也提到女性的同性友誼多半比較深刻（Pierece, Smith & Akert, 1984），因此，當兩者友誼關係結束的時候，有可能比一段異性朋友關係更痛苦。（Basow, 1992）。然而，不可忽視的是女性的同性友誼關係發展還是會面臨一些阻礙的因素，我們參考劉秀娟的著作兩性關係與教育（民87），摘錄以下五點，以提供了解女性面臨同性友誼考驗之參考：

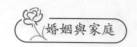

負面情緒的處理

女性在發展同性的友誼關係過程中，一旦出現負面的情緒，如憤怒或嫉妒……等，大多會感到十分傷心及挫折，但是，又礙於文化的禁忌，女性總是不習慣直接表達自己的情緒，不是隱藏自己生氣的情緒，便是找其他人傾吐，結果，便造成友誼關係的損害，還有「好朋友反而成為仇人」的遺憾，除此之外，有些女性會因為結交其他同性朋友，而忽視原來的好友，造成對方「被排斥」的感覺。因此，女性應該在同性朋友當中，學習在「依附」及「獨立」之間自我平衡，同時，也要學習處理及表達自己負面的情緒，也才能真正享受同性友誼的可貴。

因男性加入而關係改變

由於在傳統的社會中，女性學習到以「男性為主，女性為附屬」的自我看法，因此，女性在發展友誼關係的時候，只要一有男性出現，女性的友誼關係便會面臨一些考驗，她們很容易為了博得男性的注意而互相競爭，而破壞原來親密的同性情誼。另外，當女性有了交往的異性男友，或者是進入婚姻之後，也比較容易「自然而然」的忽視同性朋友關係，而以男性原來的家庭或人際關係為主。這也是現代女性必須要學習改變過去只是在人際關係中建立自我認同的習慣，或是以「男人為主」的依附關係，而是建立平衡且健康的「兩性關係」。

同性戀的恐懼

同性的友誼關係很容易被誤以為是發展同性戀情感的前兆，因此，女性在發展同性密友關係期間，也會擔心被誤以為同性戀者，所以大多會用劃清界線或保持適當距離的方式，與同性朋友

建立關係。或者,要是團體中同性朋友關係比較親近,也很容易遭到懷疑或是父母長輩的反對,而這些都不免會影響同性之間的友誼關係的發展。

核心家庭缺乏學習的環境

現今社會以核心家庭爲主要的家庭結構,在這種家庭成員鮮少的環境中長大的女性,缺乏與同性相處的學習對象及機會,或是女性進入婚姻家庭之後,很容易忙碌於家庭事務,而又沒有其他人可以協助,因此,縱使女性仍有友誼的需求,卻很難同時兼顧家庭及社交關係,這也是現代女性建立同性友誼面對的困難之一。

社會對女性刻板印象

社會向來把女性團體視爲「三姑六婆」、「七嘴八舌」不值得信賴,又彼此勾心鬥角的小圈圈,加上過去在專業領域方面,比較不受重視,因此,女性可以在同性友誼關係發展的程度,便常常受到限制。然而,近年來女性在專業領域上漸漸活躍起來,女性更可以在情感及專業工作中成爲彼此的支持及伙伴,社會中對女性的刻板印象,必定會漸漸改觀,這也是新時代女性當學習的新課題。

☀ 男性的「同性」友誼關係

男性的友誼關係是「肩對肩」,以一齊活動爲主,然而,因爲彼此習慣以開玩笑、互相調侃的方式互動,缺乏自我揭露及情緒分享的關係,所以,男性的同性友誼關係品質便不如女性的同性朋友關係良好(Basow, 1992；Stoltenberg, 1989)。此外,受到

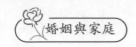

社會中性別刻板印象的影響，如：男人就應當要獨立、競爭、壓抑情感……等，因此，男性在發展同性的友誼關係，不免會受到以下一些因素的影響：

競爭情結

男性在社會化的過程中，已經被教導要懂得以行動來表現自己的能力，因此，他們學習在各類活動或比賽中，努力表現出自己最佳的實力，可以和其他人一比高下，如此，在男人之間所存在的關係，便很難脫除「競爭」與「比較」的情結，因而造成彼此關係十分緊張，無法互相支持及親近的困難。

壓抑情緒的必要性

男性在成長的過程中，被教導要懂得「壓抑情緒」，例如：「男兒有淚不輕彈」、「男人當自強」、「英雄本無淚」……等口號皆使得男性從小便得學習隱藏自己的情緒，及不可輕易表達自己的感覺。這些狀況則會造成男性之間建立關係的困難，使得他們很難獲得在友誼關係中的分享與回饋。

同性戀的恐懼

縱使社會愈來愈開放，可以接受同性戀的關係，然而，大部份的男性對於同性戀仍不免心懷恐懼，甚至比女性還強。其實造成這種現象的主要原因，乃是因為男性之間的親密關係及動作大部份受到壓抑及禁止，例如：父親很少擁抱及親吻兒子；男生不可觸摸同性者的「隱密處」……等，因此，很多人對同性之間親密的動作會覺得十分不自在，而這也反應社會對傳統性別角色刻板印象對男性之間建立友誼關係的影響。

缺乏角色楷模

從過去以來，男性之間同性友誼關係很少被注意及討論，因此，對於男性在同性的友誼關係發展中，便很難找到適合的實例，以為男性學習的楷模。這樣一來，男性也就只能用過去習慣「肩對肩」男性活動式的友誼關係，而無法真正學會彼此溝通、分享及扶持。這當然也會影響同性彼此關係的發展。

綜上所述，男女兩性在發展「同性」的友誼關係過程中，由於受到性別社會化及性別角色刻板印象⋯⋯等影響，難免會遇到一些阻礙的因素，譬如：女性受到負面情緒的處理、因男性加入而關係改變、在核心家庭中缺乏學習及傳統性別刻板印象⋯⋯等因素的挑戰；男性則受到競爭的情結、壓抑情緒的必要性及缺乏角色的楷模⋯⋯等因素的影響，而且兩者都有對「同性戀」恐懼的壓力，這也是現今社會中，新新人類所面臨「性別關係」的難題之一。有關這個議題，我們會在第七節繼續討論。以下讓我們先來討論有關「異性之間」的友誼關係。

第六節　異性之間的友誼關係

在第四節當中，我們曾提到友誼關係發展的五個階段，其中第四、五階段乃是異性群友期及異性密友期，也就是本小節中，我們想要繼續討論的主題。首先我們以學者吳秀碧（民82）所主講有關「異性交往」以不同的舞蹈比喻，分成以下四個時期（參柯淑敏，民90，P.34-36）：

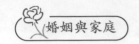

土風舞期

大團體約會期,此期男女兩性的交往是以團體和團體的互動為主,如:兩個班級或是社團一齊出去旅行烤肉。這個時期也是男女兩性學習了解異性的想法及交往相處禮儀的最好時間。

方塊舞期

小團體約會期,此期是以兩個男女小團體互動的方式為主,如:一群男女各自的死黨一齊相約去郊遊、烤肉、跳舞……等。這個時期中的男女兩性需要學習進一步交往及建立友誼關係的溝通方式及相處技巧。

宮廷舞期

不固定約會期,這個時期男女兩性尚未有固定的交往對象,因此好像跳宮廷舞一般,一直在換舞伴,因此有人稱此期為「逛櫥窗期」,只是逛逛,尚未找到中意的,彼此的關係十分模糊不清,所以需要給彼此更多的機會互相了解及認識對方。

華爾滋舞期

固定約會期,此時的男女性已進入穩定的一對一交往關係,如果要讓彼此跳雙人舞的時期,可以配合的很好,那麼就要先把前面幾種舞步練習得很熟悉,此時期雙方才可以互相尊重及體諒,也才可避免不必要的痛苦及傷害。

然而,我們發現異性友誼的發展,與男女兩性社會化過程中性別刻板印象有很大的關係,也就是男女兩性的互動模式十分不同,例如:男生被教導要用頭腦思考,不可以太感情用事;女生則

被提醒要注重外表，可以盡情表達自己難過的情緒。而這也是造成異性之間友誼發展的阻礙及挑戰，茲分述如下：

社會化歷程

由於男女兩性從小開始學習的活動及受教養的方式不同，如：男生玩機械戰士或模型汽車飛機，而女生則玩扮家家酒及洋娃娃，因此，造成男女兩性社會化經驗的不同。之後，若又進入兩性分隔的學校環境，如男女分校的教育，那麼兩性之間互相學習及認識的機會更為稀少。這些更造成男女兩性進入社會之後，不知當如何與異性相處及建立關係的困難。

異性戀

男女之間是否真的有所謂純友誼呢？多數人會懷疑異性的友誼關係，很難擺脫性的吸引力，最後還是會變調。畢竟，所謂純友誼和愛情都是從喜歡開始，因此，異性的友誼關係發展，所面臨的考驗更多了。研究指出異性友誼的形成，可能在結束一段浪漫的愛情史之後，或是彼此各有交往的對象，或者有一方明確表達不可能成為男女朋友……等情況。另外，也有研究指出異性關係中若有一方是同性戀，會比兩方都是異性戀時，其友誼關係的維持及發展更容易。最後，當一方或雙方結婚之後，異性友誼關係的維繫會更加困難，甚至很難被一般社會大眾所接受。

不同的溝通模式

男女建立異性友誼關係的另一個困難處，乃在於彼此溝通模式的差異，例如：女性可以用傾聽、支持及同理……等使彼此互動繼續延續下去，而男性則習慣用打斷、質疑及挑戰的方式，使

雙方的溝通很快陷入僵局。這種溝通互動模式的差異，必會形成男女雙方建立友誼的障礙。這也是男性之間很難發展親近及互信的同性友誼關係之困難所在。因此，近年來，整個社會趨向於不論男女兩性都應該改變過去極化的性別特質—所謂傳統的「男性化」及「女性化」特質，而應當朝向所謂「兩性化」特質，也是我們第八節所提到的「剛柔並濟」的人，也才能讓性別關係—不論同性或異性關係往更和諧及更彈性的方向發展。

第七節　新新人類面臨性別關係的難題

由於社會資訊的發達、家庭型態變小，以致功能減弱，還有學校教育制度漸朝向多元升學管道的變革方式，使得現在的年輕人（所謂新新人類）面臨許多新的考驗及挑戰，其中當然包括「性別關係」的難題。我們整理出以下幾個有關性別關係的問題，以提供你（妳）在學習與其他人建立友誼關係的參考：

✳人際關係的困擾

新新人類面臨的第一個「性別關係」的難題，其實就是最基本的人際關係問題，也就是如何在自我獨立及人我關係中找到一個平衡點。由於現在的家庭結構大多是小型家庭，家中人口簡單，大多只有兩個孩子，或只有獨子的家庭，缺乏與其他同儕相處的學習。因此，現在的年輕人進入學校及社會環境之後，或多或少會面臨一些人際的困擾，卻有不知如何解決。此時，如果可以多參與一些團體的活動，學習與其他人多多相處的機會，對增進自己的人際關係必有所幫助。

☀ 同性戀的疑惑

　　新新人類進入學齡時期及青少年兩個時期，正是發展同性群友期及同性密友期的階段，特別是在青少年時期由於同性之間親密的關係，很容易被誤以爲是同性戀的傾向，因此，這也會造成青少年對同性關係及同性戀的疑惑。我們在此綜合國內外學者（Gadpille, 1989；劉明倫，民89；劉安眞，民89；柯淑敏，民90，P.280）對同性戀的定義及判定的標準，共六個指標如下：

1.有一種無法抑制想要與同性有親密行爲的想法。
2.情感與慾望的對象只限於同性，對異性不感興趣。
3.渴望與同性的互動，包括：文字、書信、談話等，並爲之神魂顛倒。
4.經常會感到孤獨、較強的抑鬱，部份人尙有罪惡感、羞恥感。
5.是持續性，而非情境性或偶發性的行爲。
6.年齡已滿二十或二十五歲。

☀ 我們到底是朋友，還是戀人？

　　新新人類進入青少年及成年前期，便得面對「異性」交友期的課題，我們在上一節提到有關異性交友四類舞曲，可成爲你（妳）學習與異性交往過程的參考。然而，我們也曾討論過「異性友誼」發展的困難，無非與男女性社會化的歷程所學習的溝通模式及傳統的性別角色有關係，因此，所謂男女之間純友誼的關係，很難被社會大眾所接受，又特別是有一方結婚或雙方皆已婚者的異性友誼更難維持。以仕鼓勵男女之間最好先有一段純友誼的關係之後，再慢慢發展情侶的關係，則雙方關係會比較穩固。

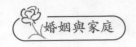

也許發現彼此不合適而需要分手的話，比較可以用更成熟的方式
處理，才不至於鑄成錯誤而深感遺憾。

性愛搖頭派對的誘惑

近年來，青少年集體活動，已經不再喜歡過去的烤肉、郊
遊、爬山……等單純的活動，時下新新人類喜歡比較具有聲光效
果的刺激活動，像是到KTV飆歌、大馬路飆車、參加偶像明星的演
唱會、來一場狂歡性愛派對……等。尤其，最近在青少年出沒的
場所或派對集會中，總會有人用上「搖頭丸」的禁藥，以致出現
各種奇怪的行徑，新新人類在享受好友幾人、狂歡作樂的時候，
也當學習保護自己的安全，免於陷入無謂的誘惑中，不得抽身才
是。

網路交友惹的禍

網路是現在青少年最常使用的交友方式，有人喜歡到網路咖
啡廳上網站聊天室，給未曾見面的網友寫信或是分享生活的點
滴，或是交換各地的資訊，有人還因此找到自己終身的伴侶，這
也是一件很好的事。然而，另一方面，也有一些宵小之徒，在網
站上亂貼一些性愛的廣告，或是約網友見面時，加以性侵害或是
約會強暴。這使得原先浪漫、可愛及充滿新奇的網路世界，變成
色情、犯罪及援助性交易的溫床，因此，新新人類在享受網路交
友現代感的時候，也要學習保護自己，免於淪為網路色情（一夜
情）、性侵害及性騷擾的受害者為是。

第八節　許一個新時代的願景

　　邁入二十一世紀的台灣社會，自去年（民國八十九年）五月份新政府上台以來，一再強調建立「兩性共治」的新社會；另外，各級學校及機關也逐漸重視「兩性平等教育」的課題；法律方面也針對過去不利於「性別平等關係」的條例加以修定。因此，我們可以發現台灣正邁向一個國際化的趨勢—亦即是重視「剛柔並濟」、「平等和諧」、「互助合作」的性別關係。也就是每個人不管其性別是男性或女性，都應當享有參與社會公共政策、接受教育、得到同等的工作機會及法律平等的保護及處置……等權利。如此一來，過去強調「男女有別」，「男主外、女主內」、「男尊女卑」……等有關男女兩性立足點不平等的關係，應當加以改變。還有過去傳統中對男女兩性的「性別角色」社會化學習過於刻板，以致造成陽剛的「男性化」或陰柔的「女性化」十分區隔性的教育模式也應該加以改善，如此一來，培養所謂剛柔並濟的「兩性化」特質是建立性別之間「平等和諧」、「互助合作」關係的基礎。也就是每個人需要先具備彈性的性別特質，才能發展「同性之間」或是「異性之間」的更加親近及信任的友誼關係。

　　最後，我們相信只要家庭、學校及社會共同努力，一齊建構一個強調「尊重個別差異」、「包容多元開放」及「去除歧視及偏見」的社會文化，我們必定可以許這個新時代一個全新的願景，也就是建立一個「剛柔並濟」、「平等和諧」、「互助合作」的性別關係。

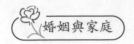

附錄一

專欄問卷：你有性別刻板印象嗎？

　　以下有關於男性與女性的描述，請依序寫下您個人對於各項描述之贊成或不贊成。「A」表示您對此項描述贊成的程度大於不贊成；「D」表示您對此項描述的不同意程度大於同意的程度。另外在左邊的空格中，僅依個人意見做評定，右邊的空格，請依您周遭之多數同性友伴的意見為評定依據。

一、有關男性的描述

———　———　a.男人是經由成就來肯定自己的。
———　———　b.男人天生具攻擊性。
———　———　c.男人有優越感的需求。
———　———　d.男人應比女人具有較多的社交自由。
———　———　e.男人應該時常表現其勇氣和強壯的一面。
———　———　f.男人應該要保護女人。
———　———　g.男人基本上會關心世界的活動。
———　———　h.男人應該使女人感覺到她的重要性。
———　———　i.男人應該是較為理性的，而非情緒性的。
———　———　j.男人有競爭力的基本需求。

二、有關女性的描述

———　———　a.女人天生具有生小孩及照顧小孩的需求。
———　———　b.女人應該要比男人較不活潑。
———　———　c.女人經由付出與對他人的照顧來肯定自
　　　　　　　己。
———　———　d.女人應該視家為其首要的工作。
———　———　e.女人應該使男人覺得他很重要。
———　———　f.女人如果事業危及家庭的話，不應該有自
　　　　　　　己的事業。
———　———　g.女人應該終其一生對男人忠實。
———　———　h.女人很容易受到傷害。
———　———　i.女人天生是比較情緒化，而非邏輯的。
———　———　j.女人不應該太有自己的主張，也不應該具
　　　　　　　攻擊性。

現在請比較您與其他同學的答案，有關男性與女性的描述，是否有許多不同的地方？接著，您們可以討論您們對於性別角色的態度，有多少程度是受外在環境的影響。然而，以上關於男女兩性的印象，其描述皆是迷思的觀念。

三、男女兩性的差異

—— —— a.女人比男人更容易被說服。

—— —— b.女人對具有壓力的情境，要比男人更情緒化。

—— —— c.女人比男人更為被動。

—— —— d.女人對「人」較有興趣，而男人對「事物」較有興趣。

—— —— e.女人比男人更依賴愛的關係。

—— —— f.女人對他人感受的覺察是比男人更為敏銳。

—— —— g.女人對非語言訊息的瞭，要比男人更正確。

—— —— h.女人對性的興趣不及男人。

—— —— i.女人較具孕育和養育的能力。

—— —— j.女人傾向較不具攻擊性。

以上是普遍的性別刻板印象，惠頓（Weiten, 1986）發現，有些研究結果支持「c」、「f」、「g」和「j」的描述，但不支持「a」、「b」、「d」和「e」、「h」、「i」的說法。惠頓（Weiten）說明，「性別刻板印象」（Sex role Stereotypes）可能導致錯誤的社會知覺，事實上，男女之間的同質性大於異質性。

資料來源：Corey, G. & Corey, M. S. (1990) I Never Knew I Had a Choice (4th ed.) CA.: Brooks/Cole Publishing Company. pp. 198-199. 引自黃天中著作生涯與生活，P.256。

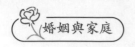

參考書目

丁大田（民84）。生物學上的女性。江漢聲等主編性教育。台
　　北：性林文化。P.101-120。

王天臺（民87）。高中校園中的兩性教育。輔導通訊。期56，
　　P.30-33。

王幼玲、呂政達（民79）。亞當與夏娃法則。台北：張老師出版
　　社。

王雅各（民87）。學校氣氛中的性別現象。兩性平等教育季刊。
　　期3，P.49-58。

司維璘、韓小瑩（民89）。「太平公主」靠壁站?!－引導青少年
　　學習建立相互尊重的兩性價值觀。兩性平等教育季刊。期
　　11，P.49-57。

江漢聲（民84）。生物學上的男性。江漢聲等主編性教育。台
　　北：性林文化。P.81-100。

江漢聲（民85）。男女性生理的發育與性教育的重點。陳皎眉等
　　著兩性關係。台北：國立空中大學。P.111-130。

余雲楚（民89）。後現代家庭模式與兩性關係。明報月刊。期
　　412，P.35-37。

吳蘭若（民89）。幼兒性別角色認同發展與兩性平等教育。兩性
　　平等教育季刊。期10，P.91-99。

李美枝（民80）。性別角色面面觀。台北：聯經。

李美枝（民83）。性別角色與兩性差異。心理學（修定版）。台
　　北：國立空中大學。P.271-290。

李美枝（民85）。兩性關係的社會生物學原型在傳統中國與今日
　　臺灣的表現型態。本土心理學研究。期5，P114-174。

周娟慧（民88）。如何推動兩性教育以建立相互尊重的人際關
　　係。翠崗學報，期2，P左2-8。

周淑儀（民90）。反應現狀，看見需求－國小教師性別角色刻板印
　　象與兩性平等教育進修需求之研究。兩性平等教育季刊。期
　　14，P102-107。

周麗玉（民90）。中小學兩性教育的困境與策略。兩性平等教育季刊。期14，P.120-129。

柯淑敏（民90）。兩性關係學續論。兩性關係學（Gender Relationship: Romance and Marriage）。台北市：揚智文化。

胡毓容（民86）。打破兩性不平等－從認知到行動。管理雜誌。期275，P.100-101。

韋雪琴（民87）。教室內外的性別教育－高級中學性別意識覺醒的必要及迷思。高中教育。期2，P.48-52。

孫蒨如（民86）。你到底想說什麼—淺談兩性溝通。學生輔導雙月刊。期48，P.82-87。

晏涵文（民81）。做個剛柔並濟的人—學習新的性別角色。台北：張老師出版社。

晏涵文（民88）。培養互敬互愛的兩性關係。兩性平等教育季刊。期7，P.28-31。

張秀蓮（民87）。兩性關係之互動與教育。訓育研究。期37，P.61-64。

張坤鄉（民87）。國中生身心發展與兩性平等教育。輔導通訊。期56，P.12-20。

張欣戊（民79）。性別角色的形成。在賴保禎等著發展心理學。台北：國立空中大學。P.205-231。

張春興（民80）。年輕人的感情世界。台北市:桂冠出版社。

張喬媚（民88）。以社會學角度探討溝通之兩性差異。國教新知。期45，P.78-87。

張湘君（民87）。童書的女性角色需要現代化。兩性平等教育季刊。期3，P.119-122。

張維安（民83）。生活世界與兩性關係。婦女與兩性學刊。期5，P.109-131。

張德聰（民81）。亞當與夏娃－談兩性的差異。學生輔導通訊。期19，P.4-11。

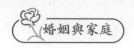

畢恆達（民89）。從兩性平等到性別平等：記葉永鋕。兩性平等
　　教育季刊。期13，P125-132。

許維素（民80）。相識滿天下，知心幾無人-淺談寂寞。測驗與輔
　　導。期103，P2062-2065。

許維堅（民87）。從發展心理學淺談正常兩性關係。臺灣衛生。
　　期361，P17-19。

陳怡如（民89）。男生急起直追-兩性平等教育新發展在英國。兩
　　性平等教育季刊。期13，P24-29。

陳貞鳳（民86）。青少年對於兩性互動的態度與看法研究。學生
　　輔導通訊。期48，P126-138。

陳皎眉（民84）。人際關係與人際溝通。教育部編印，光啓社製
　　作。

陳皎眉（民85）。青春期的兩性關係。兩性關係。台北：國立空
　　中大學。P.29-62。

陳皎眉（民86）。校園中的兩性關係輔導。「教育改革與學校輔
　　導工作」研討會論文。教育部訓育委員會，P.108-129。

陳皎眉（民88）。從性別差異看兩性平等教育。臺灣教育。期
　　583，P.3-9。

陳增穎（民87）。「我好，你也好」的兩性平等教育。輔導通
　　訊。期56，P.27-29。

彭懷真（民85）。婚姻與家庭。台北：巨流圖書。

曾素秋（民86）。性別角色的轉變與新兩性關係。教育資料文
　　摘。期232，P.64-71。

曾端真、曾玲岷譯（民85）。R. F. Verderber & K. S.
　　Verderber原著。人際關係與溝通。台北：揚智文化。

程淑華（民89）。兩性互動模式初探-軍校生對兩性關切認知之探
　　討。軍事社會科學學刊。期6，P.209-224。

陽琪、陽琬譯（民85）。婚姻與家庭。Norman Goodman（1993）
　　原著。台北：桂冠圖書公司。

黃政傑、張嘉育（民87）。消除性別偏見的課程與教學。兩性平
　　等教育季刊。期3，P.25-38。

葉錦如（民89）。進入課程，從心改造−美國德州高中的兩性平等教育實驗方案。兩性平等教育季刊。期13，P.51−53。

劉秀娟（民87）。兩性關係與教育（Gender: Relationships and Education）。台北：揚智文化。

劉秀娟、陳明寬（民85）。兩性關係。台北：揚智文化。

鄭玄藏（民81）。兩性角色。學生輔導通訊。期19，P.12−17。

謝臥龍（民85）。兩性文化與社會。台北：心理出版社。

謝曉雯（民90）。建立兩性平等的成長環境。師友。期407，P.59−63。

簡春安（民86）。婚姻與家庭。台北：巨流圖書。台北：國立空中大學。

藍采風（民85）。婚姻與家庭。台北：幼獅出版社。

嚴祥鸞（民86）。宰制與抗拒−講授兩性關係課程的經驗分享。通識教育。期4，P.25−33。

蘇芊玲（民87）。家庭−兩性平等教育的基石。兩性平等教育季刊。期2，P.105−118。

顧燕翎（民89）。變遷的兩性關係−檢驗二十世紀婦運成果。歷史月刊。期144，P.60−65。

Abbey, A. (1982) . Sex differences in attributions for friendly behavior: Do males misperceive females' friendliness? Journal of Personality and Social Psychology, 42, P.830−838.

Argyle, M., & Henderson, M. (1984) . The rules of friendship. Journal of Social and Personal Relationships, 1, P.211−237.

Bem, S.L. (1981) . Gender schema theory: A cognitive account of sex typing. Psychological Review, 88, P.354−364.

Berk, Laura E. (2000) . Development of Sex-Related

Differences and Gender Roles. Child Development, (P.521-555) . Massachusetts: Allen & Bacon.

Berman, J. J., Murphy-Berman, V., & Pachauri, A. (1998) . Sex differences in friendship patterns in India and in the United States. Basic and Applied Social Psychology, 9, P.61-71.

Bigelow, B.J., & LaGaipa, J. J. (1980) . The development of friendship values and choice. In H. C. Foot, A. J. Chapman, & J. R. Smith (Eds.) , Friendship and social relations in children (pp. 15-44) . Chichester, UK: John Wiley

Buhrke, R., & Fuqua, D. (1987) . Sex differences in same-and cross-sex supportive relationships. Sex Roles, 17, P.339-352.

Burnett, R. (1987) . Reflections in personal relationships. In R. Burnett, P. McGhee, & D. D. Clarke (Eds.) , Accounting for relationships: Explanation, representation, and knowledge (P. 74-93) . London: Methuen.

Candary, D. J., Cupach, W. R., & Messman, S. J. (1995) . Relationship conflict: Conflict in parent-child, friendship, and romantic relationships. Thousand Oaks, CA: Sage.

Clark, M. L., & Ayers, M. (1993) . Friendship expectations and friendship evaluations: Reciprocity and gender effects. Youth and Society, 24, P.299-313.

Derlega, V. J., Durham, B., Gockel, B., & Sholis, D. (1981) . Sex differences in self-disclosure; Effects of topic content, friendship, and partner's sex. Sex Roles, 7, P.433-447.

Dindia, K. (1994) . A multiphasic view of relationship maintenance strategies. In D. J. Canary & L. Stafford (Eds.) , Communication and relational maintenance (P.91-112) . San Diego: Academic Press.

Duck, S. (1991) . Understanding relationships. New York: Guilford.

Duck, S., & Wright, P.H. (1993) . Reexamining gender differences in same-gender friendships: A close look at two kinds of data. Sex Roles, 28, P.709-727.

Eagly, A. H. (1987) . Sex differences in social behavior: A social-role interpretation. Hillsdale, NJ: Lawrence Erlbaum.

Eagly, A. H., & Steffen, V. J. (1984) . Gender stereotypes stem from the distribution of women and men into social roles. Journal of Personality and Social Psychology, 46, P.735-754.

Eagly, A. H., & Wood, W. (1982) . Inferred sex differences in status as a determinant of gender stereotypes about social influence. Journal of Personality and Social Psychology, 43, P.915-928.

Ehrhardt, A. A., & Merer-Bahlburg, H. F. L. (1981) . Effects of prenatal sex hormones on gender-related behavior. Science, 211, P.1312-1318.

Epstein, J. L. (1986) . Frienship selection: Development and environmental influences. In E. C. Mueller & C. R. Cooper (Eds.) , Process and outcome in peer relationships (P.129-160) . New York: Academic Press.

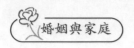
Fehr, B. (1996) . Friendship processes. Thousand Oaks, CA: Sage.

Fine, G. A. (1986) . Friendships in the workplace. In V. J. Derlega & B. A. Winstead (Eds.) , Friendship and social interaction (P.185-206) . New Yokr: Springer-Verlag.

Frable, D. E. S. (1989) . Sex typing and gender ideology: Two facets of the individual's gender psychology that go together. Journal of Personality and Social Psychology, 56, P.95-108.

Frable, D. E. S., & Bem, S. L. (1985) . If you're gender-schematic, all members of the opposite sex look alike. Journal of Personality and Social Psychology, 49, P.459-468.

Furman, W., & Bierman, K. L. (1984) . Children's conceptions of friendship: A multimethod study of developmental changes. Developmental Psychology, 20, P.925-931.

Hartup, W. W. (1996) . The company they keep: Friendships and their developmental significance. Child Development, 67, P.1-13.

Helgeson, V. S., Shaver, P., & Dyer, M. (1987) . Prototypes of intimacy and distance in same-sex and opposite-sex relationships. Journal of Social and Personal Relationships, 4, P.195-233.

Huston, T. L., & Ashmore, R. D. (1986) . Women and men in personal relationships. In R. D. Ashmore & F. K. Del Boca (Eds.) , The social psychology of female-male relations (P.167-210) . Orlando, FL: Academic Press.

Jones, D. C., Bloys, N., & Woof, M. (1990) . Sex roles and friendship patterns. Sex Roles, 23, P.133-145.

Josephs, R. A., Markus, H. R., & Tafarodi, R. W. (1992) . Gender and self esteem. Journal of Personality and Social Psychology, 63, P.391-402.

Kirkpatrick, L. A., & Davis, K. E. (1994) . Attachment style, gender, and relationships stability: A Longitudinal analysis, Journal of Personality and Social Psychology, 66, P.502-512.

Leaper, C., Carson, M., Baker, C., Holliday, H., & Myers, S. (1995) . Self-disclosure and listener verbal support in same-gender and cross-gender friends' conversations. Sex Roles, 33, 387-404.

Maccoby, E. (1988) . Gender as a social category. Developmental Psychology, 24, P.755-765.

Maccoby, E. E. (1990) Gender and relationships: A developmental account. American Psychologist, 45, P.513-520.

Maccoby, E. E., & Jacklin, C. N. (1987) . Gender segregation in childhood. In H. W. Reese (Ed.) , Advances in child development and behavior (Vol. 20, P.239-288) . New York: Academic Press.

Maltz, D. N., & Borker, R. A. (1983) . A Cultural approach to male-female miscommunication. In J. A. Gumperz (Ed.) , Language and social identity (P.195-216) . New York: Cambridge University Press.

McCloskey, L. A., & Coleman, L. M. (1992) . Differences without dominance: Children's talk in mixed and same-sex dyads. Sex Roles, 27, P.241-258.

Monsour, M. (1992) . Meanings of intimacy in cross- and same-sex friendships. Journal of Social and Personal Relationships, 9, P.277-295.

Monsour, M., Harris, B., & Kurtzweil, N. (1994) . Challenges confronting cross-sex friendships: "Much do about nothing?" Sex Roles, 31, P.55-77.

Nardi, P. M., & Sherrod, D. (1994) . Friendship in the lives of gay men and lesbians. Journal of Social and Personal Relationships, 11, P.185-199.

O' Connor, P. (1992) . Friendships between women: A Critical review. New York: Guilford.

O' Meara, J. D. (1989) . Cross-sex friendship: Four basic challenges of an ignored relationship. Sex Roles, 21, P.525-543.

O' Meara, J. D. (1994) . Cross-sex friendships opportunity challenge: Uncharted terrain for exploration. Personal Relationship Issue, 2, P.4-7.

Parks, M., & Floyd, K. (1996) . Meanings for closeness and intimacy in friendship. Journal of Social and Personal Relationships, 13, P.85-107.

Rawlins, W. K. (1992) . Friendship matters: Communication, dialectics, and the life course. Hawthorne, NY: Aldine de Gruyter.

Rawlins, W. K. (1994) . Reflecting on (cross-sex) friendship: Describing the drama. Personal Relationship Issues, 2, P.1-3.

Reid, H. M., & Fine, G. A. (1992) . Self-disclosure in men's friendships: Variations associated with intimate relations. In P. M. Nardi (Ed.) , Men's friendships (P.132-152) . Newbury Park, CA: Sage.

Risman, B. J. (1987) . Intimate relationships from a microstructural perspective: Men who mother. Gender and Society, 1, P.6–32.

Risman, B. J., & Schwaqrtz, P. (1989) . Gender in intimate relationships: A microstructural approach. Belmont, CA: Wadsworth..

Rose, S. M. (1984) . How friendships end: Patterns among young adults. Journal of Social and Personal Relationships, 1, P.267–277.

Rose, S. M. (1985) . Same–and cross–sex friendships and the psychology of homosociality. Sex Roles, 12, P.63–74.

Rubin, L. (1975) . Just friends: The role of friendship in our lives. New York: Harper & Row.

Rusbult, C. (1987) . Responses to dissatisfaction in close relationships: The exit–voice–loyalty–neglect model. In D. Perlman & S. W. Duck (Eds.) , Intimate relationships: Development, dynamics, deterioration (P.209–238) . London: Sage.

Sapadin, L. A. (1988) . Friendship and gender: Perspectives of professional men and women. Journal of Social and Personal Relationships, P.387–403.

Snell, W. E., Belk, S. S., Flowers, A., & Warren, J. (1988) . Women's and men's willingness to self–disclose to therapists and friends: The moderating influence of instrumental, expressive, masculine, and feminine topics. Sex Roles, 18, P.769–776.

Swain, S. O. (1992) . Men's friendships with women:

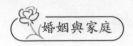

Intimacy, sexual boundaries, and the informant role. In P. M. Nardi (ed.), Men's friendships (P.153-171). Newbury Park, CA; Sage.

Thorne, B. (1986). Girls and boys together...but mostly apart: Gender arrangements in elementary schools. In W. W. Hartup & Z. Rubin (Eds.), Relationships and development (P.167-184). Hillsdale, NJ: Lawrence Erlbaum.

Unger, R., & Crawford, M. (1996). Women and gender: A feminist psychology. New York: McGraw-Hill.

Weiss, L., & Lowenthal, M. F. (1975). Life course perspectives on friendships. In M. F. Lowenthal, M. Turner, D. Chiriboga, & Associates (Eds.), Four stages of life (P.48-61). San Francisco: Jossey-Bass.

Werking, K. J. (1994). Hidden assumptions: A critique of existing cross-sex friendship research. Personal Relationships Issues, 2, P.8-11.

Winstead, B. A. (1986). Sex differences in same-sex friendships. In V. J. Derlega & B. A. Winstead (Eds.), Friendship and social interaction (P.81-99). New York, NY: Springer-Verlag.

Winstead, B. A., Derlega, V. J., Montgomery, M. J., & Pilkington, C. (1995). The quality of friendships at work and job satisfaction. Journal of Social and Personal Relationships, 12, P.199-216.

Winstead, Barbara A., Derlega, Valerian J., & Rose, Suzanna (1997). Gender and Close Relationships. CA: Sage.

Wood, J., & Inman, C. C. (1993). In a different mode:

Masculine styles of communicating closeness. Journal of Applied Communication Research, 21, P.279-295.

Wright, P. H. (1988) . Interpreting research on gender differences in friendship: A case for moderation and a plea for caution. Journal of Social and Personal Relationships, 5, P.367-373.

Wright, P. H., & Scanlon, M. B. (1991) . Gender role orientations and friendship: Some attenuation, but gender differences abound. Sex Roles, 24, P.551-566.

Chapter 3

愛的本質與情感處理

☆ 愛的初體驗

☆ 被愛是幸福，愛人是強者

☆ 當愛已成往事

吳佳純

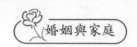
前言

一天最美好的時刻在早晨，一生最美麗的時光在年少。「戀」上一個人的感覺，是青澀歲月裡最難忘的滋味，淡淡、甜甜，卻又酸酸、苦苦的。對方或許是你的學長學妹、你的隔壁班同學，或者僅是同班公車的車友……。但不管如何，對方的身影就是那麼奇妙的烙印在你的腦海裡，揮之不去卻呼之即來。這也許就是每個人心中—「愛的初體驗」吧！

然而這些都僅是愛情學門裡的初級學分而已。當你一旦正式的步入了愛情的領域後，箇中的點點滴滴真叫人歡喜讓人憂，於是你發現了愛情原來是如此的「風情萬種」。不管是和情人之間鬧彆扭的苦惱、該不該向喜歡的人告白的徬徨不安、倆人世界三角戲碼的尷尬無奈、甚至是「愛上不該愛的人」的痛苦與掙扎……。這些愛情路上的坑坑洞洞，又該如何避免或處理。而當一段感情走到不得不分手的時候，最叫人情何以堪！是該力挽狂瀾，不顧一切的挽回，抑或瀟灑的揮劍斬情絲？其實分手也是種美學，是愛情領域中一門必修的預備課程。

古人說：「醉過方知酒濃，愛過才知情意重」，也唯有失戀過的人，才能深刻體會到那種傷神傷人。不管是主動分手的一方，或是被動分手的一方，如何調適好這段「失戀」的非常時期，是分手美學裡的一種藝術。願年少的你，在情感的路上，都能走過一段了無遺憾的青春。

第一節　愛的初體驗

※愛情他有什麼道理！？

是喜歡還是愛？

一如張曼娟在《遇見小王子》書中所說的：

> 「你知道喜歡上一個人的感覺吧！？那就表示，你會因他而歡笑，有一天，將來的某一天，你也會因他而落淚。」

也許欣賞某一個人是因為對方諸如外貌、性格、才華……等外在特質吸引了你，但令人困惑的是，為何在茫茫人海中，就是偏偏對他「情有獨鍾」呢！？

當你在某一時刻裡，突然察覺到自己對某個人產生「異樣的感覺」時，請先試著去分辨那是種「欣賞的喜歡」，還是一種「愛的感覺」。因為喜歡是單方的感覺，是非常自由的，你無須告訴對方你對他的好感，也不會因此造成雙方任何的負擔。你要做的僅是將這份好感放在心頭，甜蜜蜜的品味這份美好的悸動。

然而當你開始不安於這樣孤獨的品味時，毅然決定將這份心意告訴對方時，你就必須開始對「這個感覺」負責，這時你的情感已不再是自存，而是雙方的交流了。你會受到「愛的範疇」裡的約束，你的言語或多或少會影響到對方，但是對方對你的一舉一動，卻帶給你內心更大的迴響。

若是不巧地，你混淆了愛的本質與喜歡的感覺，將二者混為一談，盲目的將喜歡的感覺推向愛的境界裡，這對你和對方都會造成「愛的傷害」。

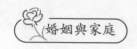

　　具體的來說，「喜歡」是一種始於欣賞，終於愛的美好感覺，也是較利己的。所以當你對一個人有了好感的時候，你會想和對方做朋友，願意和他分享生活中的點滴，並藉由交談、互動等肢體上的接觸，建立彼此的初步關係，在經由自我的揭露及心事的分享等心靈層面的溝通，發展出彼此的情誼，但不必然就會走向愛情。至於愛則是較利人的，是種主觀的心理狀態，是一種親近又溫暖的感覺，有時候會讓心情像是在洗三溫暖一樣，七上八下又忐忑不安，讓人情不自禁不能自已。

　　然而「愛人的權利」並不是每個人都可以擁有的，唯有能夠「自愛」的人，才能擁有愛人的權利。因為一個懂得自愛的人也懂得尊重自我，了解自我、保護自我。而懂得尊重自我的人，才會知道如何去尊重他人、珍惜他人。如此雙方醞釀出的愛情才能夠在相知相惜下，開花結果常常久久。只可惜在時下聲光影音媒體的麻醉下，讓許多的年輕人耽溺在轟轟烈烈、玉石俱焚的愛情模式中，甘願以片刻換取「所謂的永恆」，忘卻了能夠自愛，才會有愛人的力量。

　　請記住在愛情的國度裡，要先學會「愛自己，才能夠愛別人」，才能夠做一個真正的「愛情贏家」。

愛情的道理

　　雖然許多人會說─「愛上一個人是沒有道理可言的」，但若是從愛情理論的角度切入，那麼愛情還真的有幾分道理可言。

　　有人說：「愛就是強烈的喜歡」，但是也有學者魯賓（Rubin,1976）進一步指出愛情的三要素：

1. 親近（Attachment）：冀望所愛的人能夠在身旁的需求。
2. 關懷（Caring）：對所愛的人噓寒問暖，關心倍常。
3. 情意（Intimacy）：是種兩情繾綣，心有靈犀一點通的互信互諒。

另有學者史騰伯格（Sternberg）的「愛情三角論」，更具體的指出「愛」的三個基本元素：

1.親密：一種心相聯繫的情感經驗。
2.激情：帶有浪漫、性驅力及吸引力，偏動機向度。
3.承諾：這包含了對一份情感的承諾與維持，較屬於認知的
　　　　層面。

也正因爲這些愛情調味料的的調配加味，才能夠創造出這許多的「愛情食譜」，學者李約翰（John Lee，1977）就曾經搭配出幾種不同類型的愛情：

表3-1　John Lee（1977）常見的愛情類型

愛情的類型	特性
◎ 情慾之愛	彼此的情感建立在對外貌的注重，重視肉體的激情與羅曼蒂克的情調。
◎ 遊戲之愛	對感情抱持著遊戲人間的態度，將受到異性的歡迎，視作一種虛榮與魅力感的滿足，並不會認眞的投入感情裡。
◎ 友誼之愛	這是種細水長流式的愛情，常常在彼此的不經意之中，萌發出愛的幼芽。
◎ 自私之愛	是種以佔有對方，滿足自己爲導向的愛情，常會造成雙方的壓力與束縛感。
◎ 勢利之愛	這種愛純粹以現實利益作爲考量的前提，只圖能在愛情中獲得對方的某些利益。
◎ 利人之愛	是種近似於父母對子女的愛，無怨無悔地爲對方犧牲奉獻一切。

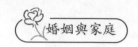

我戀愛了嗎？

當真愛來敲門時，究竟有沒有跡象可尋？相信每位站在愛的起跑點上的人，都會忍不住的想要問自己：「我戀愛了嗎！？」。這樣的惦記著一個人，時時忍不住想要看看他的人，聽聽他的聲音，最好還能知道一切有關於他的消息……，只要能達成這些願望，自己彷彿就是世界上最幸福的人。

怎麼樣才算愛上一個人呢？作家張曼娟有這麼一段的描述：

> 「茫茫人海中，遇見一個人，使你情不自禁，心跳加速，臉紅脖子粗，想起那個人一個不經意的微笑，就覺得整個世界亮了起來。與他走過的街道，看過的電影，曖曖地在記憶夾層裡閃著光。這不是一種幸福嗎？這是在愛著一個人了。」
>
> ～摘自《愛情可遇更可求》

是的，這種幸福的味道就叫做「愛情」。其實只要是戀愛中的人，在他們的舉止投足間，都是有跡可尋的，通常戀愛中的人，都會有下列幾種狀況發生：

愛情電波大放送

戀愛中的人，注視對方時的眼神，總是特別的溫柔與頻仍，眼中釋放的電力和他的熱情程度呈現正比。

濃情蜜意巧克力

每當靠近對方時，戀愛中的人總忍不住想在對方身上磨蹭，恨不得「你泥中有我，我泥中有你」。此外兩人相處的時間無形中也會增多。

越愛越美麗

　　為了保持自己在對方心目中的形象，戀愛中的人總特別喜歡裝扮自己，希望能增加對方的好感。

共通點的增加

　　為了能和對方有共通的興趣及話題，戀愛中的人對情人嗜好的接受度特別的高，藉此更拉近彼此的關係。

嫉妒心的產生

　　所謂：「情人眼裡容不下一粒砂」，如果對方和異性有過度的接觸，或是有異性為他做事，特別容易讓一方感到吃味。

　　張愛玲在那篇題為〈愛〉的短文中，有著這樣的名句：

　　「於千萬人之中遇見你所遇見的人，於千萬年之中，
　　時間無涯的荒野裡，沒有早一步，也沒有晚一步，剛
　　巧趕上了，那也沒有別的話可說，惟有輕輕的問一
　　聲：『噢，你也在這裡嗎？』」。

　　這或許就是愛情的最佳寫照吧！

✵ 是不是每個愛情都危險！？

現代人的愛情迷思與危險

　　究竟現代人的愛情觀為何？或許是媒體的過度渲染，以及後現代虛無主義的作祟，讓現代人憑藉想像去雕鏤愛情，一如沙漠中的海市蜃樓般，虛幻迷濛又不切實際。

　　於是有人將談一場轟轟烈烈的愛情，視之為真愛；於是有人

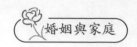

在茫茫人海中，尋尋覓覓著Mr. right或Miss right；於是人們相信愛是無聲勝有聲，所以愛就是什麼都不必說，但對方卻能明瞭；又於是人們歌頌著「愛情大魔咒」，認為愛情能夠克服現實環境的一切考驗；又於是人們為了證明對對方的愛，願意當個燃燒自己照亮別人的蠟燭，用炙熱的火焰將對方包圍住。

所以我們不屑細水長流式愛情的溫吞，厭棄白開水的平淡味道，卻忽略了平凡中的重要；所以我們窮究一生都在尋找著「標準情人」，卻忽略了守候在身邊的幸福；所以我們老是抱怨情人不夠善體人意、見微知注，卻忽略了對方是個人，不是隻「蛔蟲」，無法明明白白你的心；又所以我們在愛的路上匍匐而行，走得苦不堪言，卻忽略了愛情是立足在柴米油鹽上的，是有其侷限性的；又所以我們以為給了對方最完整的愛，卻忽略了給彼此保留喘息的空間，畢竟過度的缺氧是會讓人窒息的。

從報紙的社會版中永不「缺席」的情變、情殺事件來看，讓人不禁想問：「現代人的愛情究竟出現了什麼危機！？」，或許可從以下幾個角度切入：

速食文化的愛情快餐

這是種講究一見鍾情式的愛情，認為彼此合則聚，不合就一拍兩散。所以在戀愛的初始，就缺乏相知相守、用心經營的原動力。

後現代的「e」戀情

是種較偏向以自我中心為導向的愛情，可能雙方或單方缺少了一顆關懷的有心和用心，致使愛情很快就走到落日黃昏的盡頭。

愛、就是愛了

全然的跟著感覺走的愛情，無視於對方的一些缺點，也忽視愛情的種種盲點，一旦出現了危機，就特別容易以分手作爲收場。

高IQ，低EQ

許多人馳騁在職場或考場中，一帆風順意氣風發，但一進入了情場，卻因缺乏良好的EQ，頓時成了殘兵敗將，情傷累累。又因現今專業諮詢管道的缺乏，往往弄得不知所措，「情途」茫茫。

過重的得失心

有些人常將升學競爭中的得失心同理在愛情上，往往在愛情來臨時不能及時把握，在愛情走時也不知道如何面對與結束。讓一句的「不甘心」，鑄成了終身難以彌補的大錯。

魚缸政策

拒絕一對一的交往模式，喜歡同時擁有衆多的情人（備胎），由此獲得滿足與虛榮感。尤其喜歡暱稱每個情人爲「寶寶」，以避免叫錯名字而東窗事發。

烈火情人

秉持「情人是別人的好」的信念，以搶奪別人的所愛爲樂；或是動輒對情人搬出一哭、二鬧、三上吊的戲碼，甚至願意玉石俱焚。這些「烈火情人」就像顆不定時的炸彈一樣，隨時會有引爆的可能。

「e」夜情

　　拜網路科技所賜，這種男歡女愛、各取所求的愛情，在一陣激情過後，彼此明日又是「陌生人」，但其埋下的愛情危機，卻容易讓人忽略。

學習如何說「NO」！

　　隨這社會開放風氣的腳步，現今青少年的婚前性行為，「似乎」已經是件見怪不怪的事情。可是令人遺憾的，這些性行為多半是在懵懂無知，或者半推半究的情況下發生；甚至有些女孩誤以為愛他就是要「給」他，或是將性當作挽留對方的一種手段……，在這些錯誤觀念的影響下，於是有「國中女生廁所產子」等未婚媽媽的產生，衍生出許多社會問題，付出更多社會代價。

　　前面曾經提到，喜歡一個人的先決條件就是要先喜歡自己，因為喜歡自己才會懂得愛護自己，知道什麼是自己想要或不該要的；知道做自己的主人，掌控身體的自主權。如此我們才會有愛別人的能力，不會因為自我的扭曲而造成雙方的傷害。如何學會做自己身體的主人，可從下列幾點著手：

充實「兩性教育」知識

　　釐清我們對兩性關係的迷思，先學會去作一個「人」，再學習作男生、女生。另外可從相關的醫療書籍中，獵取正確的性觀念與常識，做好「慾」防的工作。

來一趟沉澱心靈之旅

　　多想想人生其它許多值得追求的是，在兩性交往時，別專注在身體方面的接觸，多從事心靈的交流。此外思索清楚對親密關係的接受程度，彼此取得一定的共識。一般而言，婚前性行為的代價，不是「年輕的你」付得起的。

檢視倆人世界的關係

通常男女雙方對性行為的接受度存有根本上的差異，所以溝通是絕對必要的。試著找個適當的時機跟地點，雙方開誠佈公的協調出「Match」的親密關係模式，絕不要讓一方帶有絲毫的勉強或遷就。

勇敢的說出「No」

無可諱言的，婚前性行為的最大後遺症，就是女方必須承受可能懷孕的風險和代價，所以愛她就是不要「害」她。即便是男生的態度強硬，妳更要踩住煞車勇敢的說「不」，這無須不好意思。

謹記「堅定而溫和」的語氣

每個人都帶有自尊心，所以當你在拒絕別人的時候，千萬要注意自己的語氣和態度，別帶有模擬兩可、語義矛盾，或是曖昧不明的語意。用「堅定」而「溫和」的態度，清楚的表達「拒絕」。

愛情的必修學分

愛情是人生必修的學分之一，也沒有人天生就是愛情的資優生。即使修好愛情的學分，也不一定代表你的「愛情海」從此就風平浪靜，波濤不起。但可以確定的是，你將比別人懂得在受挫的愛情裡保全自己、成全對方，還給彼此自由。

而愛情的學分又該如何的修習，僅以下列幾點建議作參考：

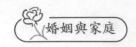

成熟愛的追求

成熟的愛是互惠的，強調彼此的尊重與了解，也唯有相互的支持、相互的回報和肯定，才能讓時間成為情感的潤滑劑，雙方邁向心靈的交流。

栽培自己

愛情和生命一樣，需要隨時的「灌溉」才能茁壯成長。在追求愛情的同時，別忘了隨時充實自我、栽培自己。別讓愛的潮水將你給淹沒。

留住幸福的味道

珍惜當下雙方共有的感情，別將對方的付出視作理所當然。用「幸福」去彌補爭執中的裂縫，當挫折來臨時，才能夠心手相連的去克服。

勤修「愛情EQ」

別讓一時的情緒失控，毀滅了留在彼此心中的美好感覺。試著去領會「有捨才能得」的豁達精神，作個愛情的「維納斯」。

善用「UCM」三部曲

任何一種感情的維繫，「了解」、「溝通」和「經營」絕對是不可或缺的三要素。用心去了解、用愛去溝通、用情去經營，如此愛情才能像鑽石恆久永、一份永價值。

> 「愛情是這樣，讓倆個人相知相遇在彼此最能互放光亮的地方。需要適當的時機，需要足夠的勇氣，激發雙方最充沛的能量，散發最不可思議的潛質。
> 愛，之所以美麗，就是美在彼此及時的互補。」
>
> ～摘自吳若權《愛情起飛》

附錄一
喜歡與愛情的量表

「喜歡」與「愛情」你分辨得出來嗎？不管你是否戀愛，試著依照自己的情況或想法勾選下列符合自己目前戀愛狀況或對戀愛憧憬的項目。（可複選）

愛情量表

□ 1.他情緒低落的時候，我覺得很重要的職責就是使他快樂起來。

□ 2.在所有的事件上我都可以信賴他。

□ 3.我覺得要忽略他的過失是一件很容易的事情。

□ 4.我願意為他做所有的事情。

□ 5.對他，有一點佔有慾。

□ 6.若不能和他在一起，我覺得非常的不幸。

□ 7.我孤寂時，首先想到的就是要去找他。

□ 8.他幸福與否是我很關心的事。

□ 9.我願意寬恕他所做的任何事。

□ 10.我覺得他得到幸福是我的責任。

□ 11.當和他在一起時，我發現我什麼事都不做，只是用眼睛看著他。

□ 12.若我也能讓他百分之百的信賴，我覺得十分快樂。

□ 13.沒有他，我難以生活下去。

喜歡量表

☐ 14.和他在一起時,我發覺好像二人都想做相同的事情。

☐ 15.我認為他非常好。

☐ 16.我願意推薦他去做為人所尊敬的事。

☐ 17.以我看來,他特別成熟。

☐ 18.我對他有高度的信心。

☐ 19.我覺得什麼人和他相處,大部分都有很好的印象。

☐ 20.我覺得他和我很相似。

☐ 21.我願意在班上或團體中,做什麼事都投他一票。

☐ 22.我覺得他是一個。

☐ 23.我認為他是十二萬分聰明的。

☐ 24.我覺得他在我所有認識的人中,是非常討人喜歡的。

☐ 25.他是我很想學的那種人。

☐ 26.我覺得他非常容易贏得別人的好感。

結果分析

　　你的勾選項目若集中在1至13項者,表示你對他(她)的心情以「愛情」成分居多,而若多集中在14至26項者,表示你判他(她)的感情以「喜歡」成分居多。

～摘自柯淑敏《兩性關係學

第二節 被愛是幸福，愛人是強者

愛情就像巧克力糖一樣，你永遠都不知道下一顆會是甜的還是苦的。若不巧地，你選到了一顆苦澀的「愛情巧克力」，該如何「吃」下它呢！？

❋ 我知道他不愛我─單戀

有人說：「愛在朦朧不明時，最美」。暗戀一個人的時候，總不禁會勾繪幻想著兩人交往的甜蜜遠景。若不巧的，當你發現這只是一份「落花有意，流水無情」的感情時，心中的甜蜜頓時化作酸澀苦楚的單戀情懷了。

是該著日劇「101次求婚」般的精神，鍥而不捨的執著著；還是該「放愛自由」，別再苦苦追求……，相信這是許多單戀者心中共有的「心路歷程」。其實當你真心的喜歡著一個人，甚至是愛的感覺時，適當的向對方告白是可以的。但若正你處於課業繁重的學生時代，是否也該考慮到是否會影響到對方的課業與情緒；是否能將這份感情留待將來再「成緣」呢！

如果幸運地，你暗戀的對象並沒有男女朋友時，你可以帶著一顆誠懇的心，向對方坦露自己的心情。若是不巧地，對方已經心有所屬，或是已經有了固定的異性朋友時，也請你冷靜的思考分析這份單向的情感是否有繼續維持的必要、是否會對對方帶來困擾與不便。如果對方真的那麼值得你用心、用情的投資下去，你也必須要清楚知道，這是你心甘情願的單方付出，對方並沒有因此而虧欠你什麼。只要確定不會給對方帶來困擾，你可以再給彼此一個機會；或是歸位成「好朋友」的位置，也許將來還有進一步交往的可能。

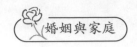

若是又這麼不巧地，對方真的不願意和你有任何的「交集」，那也請你千萬記住一句老話—「天涯何處無芳草」！你一定能遇到真正屬於自己的Mr. right或Miss right的。

☀你的眼睛背叛你的心—三角（多角）關係

三角（多角）關係的愛情，就像一顆愛情的地雷，隨時有「一觸即爆」的危險。從愛上有婦之夫的高中資優女生的自殺；愛上同一個學長的研究所女生殺死情敵好友，以王水毀屍滅跡的害人新聞，到時有所聞的情殺事件，不管當事者是自殘或殘人，都不禁令人嘆息，許多花樣的年華，就這麼消失在情海生波的漩渦中。

是什麼樣的因素造成愛情的三角（多角）關係呢！？一般不外乎有下列幾種狀況：

當事者的性格因素使然

有些人因為天生缺乏安全或自卑感，常會渴求被眾多人愛護、呵護，或是將自己的感情「氾濫」到許多人誰身上。藉由眾星拱月的虛榮感，來滿足安全感的不足，甚至用來肯定自我的價值，全然忽略感情複雜化，所帶來的危機。

過於複雜曖昧的互動情境

姑且不論異性之間是否真能有「純友誼」，但是即便是正常的社交活動，都必須保持一定的禮貌距離。所以已有固定異性朋友的人，可以適度的透露自己「死會」的訊息。為了避免瓜田李下之嫌，別讓太多「合理化」的藉口，增加和異性曖昧複雜的互動機會。

角力戰的拉鋸關係

有些人堅信愛情是一場競爭的拉鋸戰，所以同時和兩個以上的人交往，事件無可厚非的事。或是想藉由第三者的出現，增加對方的危機意識，進而鞏固自己在對方心中的地位，卻輕忽了這種關係可能帶來的危險。

如果現在的你，正不巧地陷入了兩人三角關係的泥淖中，請好好想清楚真正值得自己追求的感情，及早處理好這段糾葛的關係，避免再加深多方的傷害。而處理的態度和方式，或許因人而異，但千萬要以「尊重、誠懇和謹慎」的三原則，做對症下藥的處理：

三角關係的當事者─這裡是指同時被另外兩位異性所愛的人

1. 釐清自己對另外兩方（或多方）的真正感覺。你愛他們的程度和對方愛你的程度各是如何，究竟你對誰會有想要穩定持續交往的念頭。

2. 適時地向對方坦露這段三角（多角）關係，並誠心的向對方道歉，感同身受他們憤怒、痛苦及無奈的心情，藉由和對方的談話中，了解他們的立場、感受和想法。更要清楚的表明自己有結束這種複雜關係的意誠和決心。

3. 別想快刀斬亂麻的莽撞行事，在解決問題的過程中，可尋求專業的諮商管道，或是可靠友人的協助，在經過思考、商量、沙盤推演後，再去處置這場亂局。千萬別再度傷害了欣賞你的─「他們」。

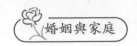

三角關係的第二者—這裡是指當事人真正想要在一起的人

1. 想清楚自己是否也真正的愛著這位當事人，還僅是為了賭氣和扳回顏面而已。以及對方式否值得你原諒。
2. 如果真的決定要再和當事者繼續交往，就該有不記前嫌的心理準備（當然是在對方不是「多情種」慣犯的前提下），別在將來老是翻起舊帳。
3. 衷心祝福「讓賢」的第三者，期盼擁有相同眼光的對方，也能夠找到屬於他的幸福。

三角關係的第三者—在此純粹指同時愛上當事人的另一方，不帶有任何的價值判斷

1. 不管是否有意無意的踏入這段感情的泥淖中，相信自己有拒絕當事者道歉的權利，但是你更有讓自己快樂生活的義務，試著平熄憤恨的火苗，忘卻這一段不美好的經驗。
2. 請記住這段關係的失去，並不值得你因此否定調自我的價值，因為在愛情的國度裡，沒有所謂的「好不好」，只有「適不適合」的問題。對方的抉擇，只因「他」比你更適合他而已。

3. 讓懂你的人去愛你。理性平和的將這段感情劃上完美的休止符，相信還有更合適的「伊人」，等著與你相遇。

　　緊握著一段不屬於自己的感情，就像拿著一道枷鎖，束縛了對方，也失去了自我。詩哲家紀伯倫在《先知》一書中所提到的這段話，或許能為愛情的自由，作一番註解。

　　「站在一起卻不要波此太靠近—因為廟宇的柱子分開矗立，橡樹和絲杉也不能在波此的陰影中生長。」

附錄二
心理測驗：你容易一見鍾情的對象

　　現在要設計一種新的樸克牌，除了現有的現有的黑桃、紅心、方塊、梅花四種圖形外，還要再加一種新的圖形。初步決定了六種圖形，你覺得該加哪一種最好？

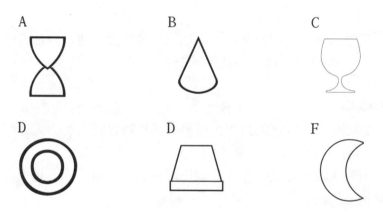

A　　　　　　　B　　　　　　　C

D　　　　　　　D　　　　　　　F

　　你知道撲克牌圖形的含意嗎？黑桃代表power，紅心代表精神，方塊象徵著現實，梅花則是友情的表現。你在無意識狀態下選擇的新撲克牌的圖形，當然也有它重要的含意嘍！也就是說，可以知道你心裡重視的是什麼。譬如說最容易讓你一眼就愛上的異性的型……。

選A的你
　　你不是一個很容易一見鍾情的人。凡是謹慎、小心的你，就算是第一次見面的印象還不錯，也不可能立刻將好感轉化爲愛。你一定會給自己一段觀察的時間，眞的沒問題，適合的話，才有可能認眞的考慮將他列爲你的戀愛對象。

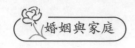

這樣的你雖然有些自我，但是卻是一個一步一腳印的人。你絕不允許自己和不確實的事物劃上等號。

選B的你

你是一個務實的人，喜歡樸實的東西。在愛情的世界裡也一樣，那些不太搶眼、看起來乖乖的人，才是你喜歡的型，因為他們讓你有安全感。你最容易一見鍾情的對象，就是忠厚老實的人。

這樣的你看人還蠻準的，所以一見鍾情愛上他，倒是沒什麼大問題。對自己要有自信，相信自己的眼光。

選C的你

會讓你一見鍾情的對象，是具有異性特質的人。男人就要像男人，有強壯的體格、健康的外型；女人就要像女人，必須溫柔，有女人味。如果這樣的對象出現在你的眼前，你可是很容易一見鍾情的哦！

選這個答案的女性最拒絕不了運動選手型的陽光男孩，而運動型的陽光男孩也是很容易對選這個答案的女性一見鍾情的呢！對這樣的你來說，相遇的第一天就彼此情投意合的情況，是非常有可能發生的。

選D的你

選這個答案的你，是一個蠻在意周遭評價的人，總喜歡在人前表現出最好的一面。談戀愛，對象當然也要是美美、帥帥的，這樣一起走在路上才拉風呀！

對了！你最難以拒絕的，就是俊男美女了。一碰上帥哥、美人兒，很快地就會一見鍾情地掉進愛河裡。正因為如此，所以你也很容易被騙。不過即使被騙，還是不會改變你選擇異性的標準。

選E的你

　　你是一個自視滿高的人，眼光也不低，所以要能吸引你的人，一定要是比你優秀，能讓你尊敬的人。這樣的你要談戀愛的話，當然也是要達到這種標準的對象才行嘍！

　　選這個答案的你最容易一見鍾情的對象，通常是談話內容有深度、頭腦聰明、反應快的人。不過呢，通常這樣的人口才也很好，一見鍾情地愛上他可是有些危險的，建議你要觀察一段時間再放感情。

選F的你

　　選這個答案的你，最容易讓你一見鍾情的人，就是有夢、有理想的人。碰上了這樣的他，你會像個偉大的父母親一樣地包容他、支持他。尤其是當他和你談起對未來的期待時，你更是醉在其中。

　　不過呢！在這裡要潑你一盆冷水，世界上只作夢而不做事的人還真不少哪，可要睜大眼睛看清楚。因為這樣的你一旦愛上了，即使他只用嘴巴實現未來，你也是會原諒他的。不過這對你們之間一點幫助也沒有。

　～摘錄李傳薇《大測大悟愛情魔法書》

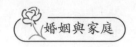

第三節 當愛已成往事

✳ 感覺失蹤

分手，是一段戀情解構的宣言。為什麼一段感情會有走向「日暮途窮」的時候，通常有下列幾種因素：

雙方的投資差距

戀愛中的雙方對這份感情涉入的程度不一，所以漸漸隨著時間而拉大了彼此的差距。

初始動機的輕率

有人一開始就抱持著「玩一玩」的心態，認為談戀愛就像是「換衣服」，不合適就再換一件。

抗壓性太小

承受不住愛情的風風雨雨，一旦感情出現了裂縫或危機，便很容意的舉起白旗，宣告放棄。

「條件」取人說

開始交往的原因，是因為對方種種吸引人的外在條件，在乎的並非對方本人，所以感情的基礎非常的薄弱。

「門不當，戶不對」

兩人可能在年齡、外貌、思想、背景或是教育程度上，存有極大的差異，如果又缺乏良好的溝通，感情就容易出現裂痕。

不被祝福的戀情

由於缺乏父母或親朋好友的祝福，因而社會支持網絡薄弱，容易因外在環境的影響，造成兩人情感出現嫌隙。

此外對於一般的青少年而言，向是「發現了對方諸多的缺點」、「單方緊迫黏人的攻勢」，或是「一方的用情不專」，都是時下年輕人最常容易分手的因素。

☀ 分手的季節

根據學者魯賓（Rubin）等人的研究，一般學生的分手時間常和學校的年度行事曆，有著急密切的關連。通常一學期的結束，也常是放假、畢業、出國、當兵或就業等……戀人面臨時空轉換的時節，或是彼此「人生規劃」的分歧點，所以容易出現分手的現象。

另外，一個新學期的開始，因為經歷了一段漫長假期的分離，讓人有機會對感情作一番思考沈澱，拋開浪漫的情懷轉從實際面思考這段感情繼續發展的可能性，故而會決定是否在新學期、新氣象的開始，就結束掉感情。

再者，像是情人節、聖誕節、春假過年等較特別的節慶裡，也特別有機會讓人去檢視彼此感情繼續維持的必要性與否。

☀ 完全分手守則

當一段感情走到彈性疲乏、無以為繼的時候，分手，或許是種不錯的解決方式。怕只怕雙方都缺乏相同的默契和共識，當一方已經走到了情感的冰天雪地裡，另一方卻還置身在濃情蜜意的熱戀中。這時，不管是「我真的對你沒有感覺了」，或者「我們真

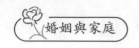
的不適合在一起」……等，諸如此類的分手話語，都很難四兩撥千金的將情感一語結束。其實有時分手也可以分的很有智慧的！

通常較正面而積極的分手方式，大略有下面幾種：

理性協商式

雙方都已經有了分手的默契和共識，在理性和諧的氣氛下，雙方決定好聚好散的分手。

順其自然式

誰也不想成為先開口分手的罪人，所以彼此心照不宣的疏遠，久而久之就不相往來了。

圓桌會議式

利用談判的方式，將交往以來的不滿、委屈宣洩而出；或是將彼此財物上的牽扯算清楚才分手。

當然，如果你的分手對象，是位非常頑強的人，甚至性格非常的極端，在安全為前提的準則下，可以參考下列幾種「完全分手守則」：

自我懺悔型

千萬別挑起對方的負面情緒，可以將千錯萬錯通通往自己的身上攬，表明是自己匹配不上對方。

投其所惡型

舉凡是對方不喜歡的事物，如衣服、顏色、舉止、打扮和談吐……等等，都可以在對方面前有意無意的表現出來，讓對方覺得你的品味奇差無比，產生彼此不合適的念頭。

超級敗家型

　　一般女方都不喜歡男方向自己借錢，或者男生顯的很小氣的樣子；而男方對於極愛敗家的女生也很感冒。所以這些特質可供想要分手的非常男女作參考。

「討」厭蟑螂型

　　對男方祭出鎖命連環Call，使其煩不勝煩，或在男方面前不給他朋友面子（要懂得適可而止）；對女方則顯得不重視她的家人和朋友。如此，自然會有人出面勸他或她和你分手。

✳ 謝謝你曾經愛過我—給主動分手者

　　對多數人而言，主動提議分手是件難以啟齒的事。尤其是越親密、交往時間越長的情侶，越是無法開口跟對方說分手，而彼此情緒受到影響的波動也愈大。通常，主動提議要分手的一方，常帶有擔憂、歉疚、解放、輕鬆等情緒，其中歉疚是最難解決和處理的情緒。正因為如此，如何在分手時將帶給對方的傷害降到最低，是種分手的藝術和美德。

保持腦筋清醒

　　思考哪些是彼此不適合的原因，而非意氣用事。整理好自己的思緒，並考慮到對方的性格、想法及兩人交往的程度，研擬好分手時種種可能發生的狀況。

注意溝通的技巧

　　在與對方談到分手時，儘量以「我」作為主詞，態度堅定而溫和，盡可能降低衝突的發生平和收場。

掌握現場狀況

談論分手的時間、地點最好選在白天且公開、安靜的場所，並有可靠的朋友在附近等候，以便能在場面失控時能就近接應。

謝謝對方付出的愛

真心誠意的謝謝對方曾經帶給自己的甜蜜回憶，並肯定這段過去是戀情的價值和意義。千萬別急切的在短期內，又尋覓另一段情感作遞補。

還是朋友嗎！？

分手的雙方回歸到好朋友的位置，固然是一種完美的結局。但若是對方還無法走出情傷的陰霾中，就請別在傷口上灑鹽，相見不如化作懷念。

※明天的我依然會微笑—給被動分手者

對被動分手的人而言，失戀最大的傷害不在於「失去一個戀人」，而是自尊與自信心的喪失。所以在情緒上多半會顯得沮喪、抑鬱、憤恨、難過、想要挽回、否定自我，甚至在生理上也會產生一些異狀。俗話說：「心病還要心藥醫」，如何走出這段情傷的陰影，最主要的還是得靠自我的心理調適。以下幾種方式，希望能對失戀的人有心藥的療效：

注射戀前強心劑

在談一段感情之前，應該要先有一番心理建設，別一開始就投注太多的感情，畢竟要認識一個人是需要靠時間來了解的。有時不妨在戀愛就做好可能會失戀的心理準備，也是種有備無患的預防方式。

結算愛的成績單

在這場戀情的畢業典禮上，不妨條列出對方的種種優缺點，以及曾經對他不滿的事情，和那些別人對他的批評。當缺陷遠勝於優點的時候，那種「原來他不是這麼完美」的心得，一定會沖淡許多傷心難過的情緒。

敲鑼打鼓的宣傳

如果你生性開朗，那麼在失戀的時候別忘記將這個消息廣告親朋好友、七婆八婆的。從他們的照拂和體諒中，不但可以獲得精神上的慰藉，說不定還能無心插柳的另結良緣。

比較治療

根據研究顯示，多數的人都有過失戀的經驗，所以你不妨對知心好友大吐失戀的苦水（但別過份依賴和濫用友情），從別人的「回饋」中，自己的遭遇和別人相形之下，簡直是小巫見大巫。

轉個環境，換個心情

可以的話找些朋友到KTV去狂唱「失戀萬歲」。從「領悟」到「慶幸」，讓悲傷的情緒藉著歌聲宣洩出來，隨著歌境安撫心靈。或是放假出國散心去，暫時遠離觸景傷情的是非地，也許「California」的陽光，真的能治療你的憂傷，讓你變得更堅強呢！

退一步，海闊天空

想想，跟一個不愛你的人相守，徒然造成雙方的束縛與痛苦，倒不如勇敢的放掉這段感情。上帝為你關了這扇窗，必會為你另開一扇窗，不是嗎！

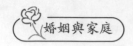

　　最後謹附上作家席慕容所寫的一首詩，希望藉由舒緩溫敦的詩意，讓人了然「愛的眞諦」，釋懷愛情「或許」曾經帶來過傷痛。

「年輕的時候　如果你愛上了一個人
請你　請你一定要溫柔地對待他
不管你們相愛的時間有多長或多短
若你們能始終溫柔地相待
那麼　所有的時刻都將是一種無暇的美麗

若不得不分離　也要好好的說聲再見
也要在心裡存著感謝
感謝他給了你一份記憶

長大以後　你才會知道
在驀然回首的刹那
沒有怨恨的青春　才會了無遺憾
如山崗上那輪靜靜的滿月」

　　　　　　　　　　　～摘自《無怨的青春》

附錄三
心理測驗：你失戀後的傷痛多久能痊癒

你站在窗邊看風景，不明原因地突然飛來一塊石頭砸在窗戶的玻璃上。被嚇了一跳的你，定下神後，趕忙察看玻璃的情況。你覺得玻璃怎樣了呢？

A. 玻璃中間裂了一條線。

B. 玻璃裂成一片蜘蛛網。

C. 玻璃全碎了。

D. 玻璃完好如初。

這個問題就是要測試你失戀後的傷痛多久能痊癒。問題中的窗戶玻璃，代表著擋在你眼前的障礙，而你認為玻璃破裂的情形，則顯示出了你心碎的程度。以心裡學的角度來看，玻璃碎裂的情況越輕，則心裡的傷痕越深、越難痊癒。

選A的人

你認為玻璃中間裂了一條線嗎？嗯，那這塊玻璃還真的是蠻強韌的哦！選這個答案的你就像這塊玻璃一樣，看起來蠻堅強的，但是傷痕卻一直存在你的心裡，久久不能消褪。對於好強、愛面子的你來說，哪裡能夠忍受呢？所以你會將傷痕化為報復，讓自己活得更好、變得更漂亮，讓他後悔。這就是失戀的你在別人眼中看來堅強的理由。

其實你對他在某些程度上的依賴蠻重的，這樣的你要完全走出失戀的陰影，大概需要半年的時間哦！

選B的人

你覺得玻璃裂成一片蜘蛛網嗎？選這個答案的你在失戀後，會不斷地想起和他的種種回憶，尤其在你感到寂寞的時候，思緒更是集中在往日的甜蜜之中，很難走出來。

不過還好，因為玻璃碎裂的情況越嚴重，則心裡的傷痕復原的越快，而裂成一片蜘蛛網的玻璃是很容易碎掉的，所以這樣的現象會隨著時間漸漸淡去，不會太久的。但是也得要耗個三個月左右哦！

選C的人

「石頭砸過來，玻璃當然是全碎了呀！」這麼想的你，是一個阿莎力的人，來得快，去得也快。你很容易因為一點小小的事物或感覺立刻墜入情網，而當感覺不對了，必須要結束戀情時，你也很能夠看得開。

選這個答案的你是最不令人擔心會想不開的。失戀當然使你難過，可能在大哭一場或大醉一番後，又能開朗、積極地面對生活了。對這樣的你來說，只要給你大約三天的時間，就可以將傷痕平復了！

選D的人

你腦海中浮現出的玻璃還真是強壯耶，完全沒有裂痕。其實並不是玻璃沒有裂，而是你在心裡保持它的完整，不希望它破。這樣的你，失戀後非常不容易走出他的陰影，一個人的時候悶著想，出了門也儘可能地在路人甲、乙、丙中搜尋和他相似的身影。

對你來說，要完全走出失戀的傷痕需要很長的時間，至少一年，甚至更久呢！人是不能一直活在回憶當中的，奉勸你一定要拿出勇氣來擺脫它，迎接新的生活，否則下一段更好的戀情可是不會到來的唷！

～摘錄李傳薇《大測大悟愛情魔法書》

參考書目

王雅各（民89）。愛情學分all pass。台北：張老師。

江漢聲、晏涵文主編（民89）。性教育。台北：性林文化。

吳若權（民88）。愛戀E世紀－因為有你。台北時報。

李茂興、余伯泉譯（民84）。社會心理學。台北：揚智。

李芳培，有一種愛情的味道叫做幸福。

李傳薇（民88）。大測大悟愛情魔法書。台北：圓神。

柯淑敏（民90）。兩性關係學。台北：揚智。

柯淑敏（民85）。親密關係分手的研究。學生通訊輔導，第43
　　期。

席慕容（民84）。無怨的青春。台北：大地。

陽琪、陽琬譯（民85）。婚姻與家庭。台北：桂冠。

藍采風（民85）。婚姻與家庭。台北：幼獅。

張春興主編（民88）。姻緣路上情理多。台北：桂冠。

張曼娟（民88）。愛情可遇更可求。台北：元尊。

張愛玲（民82）。傾城之戀。台北：皇冠。

劉秀娟、林明寬譯（民85）。兩性關係性別刻板化與角色。台
　　北：揚智。

劉秀娟譯（民87）。兩性關係與教育。台北：揚智。

Chapter 4

約會

☆ 約會的概念

☆ 約會的行為

☆ 網路愛情

☆ 解讀約會暴力

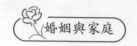

第一節　約會的概念

☀ 約會的動機

約會的動機因人而異，年輕孩子對異性好奇、新鮮感、以及受同儕團體、傳播媒體的影響，種種生理與外在環境的刺激下，形成追求情感的需求，約會是戀愛的過程、是社會約定成俗的風氣、也是男女愛情中不可缺少的重要元素，約會的動機有千百種不同的說法，甚至是一種「說不上來」的理由，但無論是滿足生理、心理上的需求，或則其它動機，約會所帶來幸福、滿足、成就的感覺，是年輕孩子學習兩性相處、對自己以及對異性互相尊重的過程中，正向且積極的增強。

☀ 約會的一般功能

試著想一想，約會有什麼功能呢？這個問題是年輕男女最常忽略的，約會的美好在於立即的感受、當下的感覺，彷彿有種「不在乎天長地久，只在乎曾經擁有」的認同，其實約會不僅滿足兩性對情感的渴求，在與異性接觸互動的過程中，更能激發其他重要的功能，Skipper和Nass認為約會扮演著五種重要的功能：

娛樂性

提供個人娛樂以及立即快樂的資源，約會是許多青少年所憧憬的美夢，約會能為男女雙方帶來愉快的經驗、豐富其生活的娛樂性。

社會化

在男女交往的過程中，提供機會學習與異性相處，尊重兩性之間的差異，發展互動的技巧與角色扮演，經由別人的回饋建立自我概念。

滿足自我需求

青少年需要被了解、溝通、受重視，約會幫助青少年建立正向的親密關係，彌補家庭所缺少的歸屬感與支持，一個滿足的過程，更能幫助青少年跨越獨立奮鬥的阻礙，以及青春期的延長。

地位的安置

在許多的社會中，這項功能被家庭或親族嚴格的執行，藉由婚姻提升自己同儕團體的地位，以地位的價值操控婚姻的的選擇，在中國的傳統社會中是相當常見的。

為擇偶作準備

結婚是個人約會最後的關係，雖然約會並非一開始就以結婚為目的，但在交往約會的過程中，男女藉此評估兩人的相處的適合度，在約會的經驗中，更了解自己和異性，以作為擇偶的準備。

❋ 約會的階段

約會是一種連續逐漸改變的過程，包括團體約會（group dating）、輕鬆個別的約會（casual individual dating）、穩定、同居、訂婚或結婚。當然，上述的五種階段並非涵蓋所有的

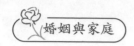

約會關係，約會在不同時空中，以不同的方式進行，無論是約會的型態、方式、過程、對象、年齡都隨之改變。根據一份美國高中生與大學生約會調查的結果顯示(表4-1)，約會已經是青少年中相當普遍的現象。約會的普遍性、年齡層的日趨下降，都是現今社會約會的特色，但約會過程的階段性仍具有不變的模式，以下就約會的階段做幾點的陳述：

表4-1　美國高中生與大學生約會調查

	高中生		大學生	
	男生（%）	女生（%）	男生（%）	女生（%）
不曾	12.4	13.7	13.0	13.0
每月一次或更少	20.5	18.0	22.1	15.7
每月二次或三次	21.1	16.6	20.5	16.9
每週一次	17.1	13.8	16.3	14.3
每週二次或三次	20.3	24.2	20.4	24.5
每週三次以上	8.6	13.7	7.7	15.7

資料來源：Bachman & O'malley (1980) http://home.pchome.com.tw

團體約會

　　顧名思義團體約會指的是一群男、女生一起參與的共同活動，最常見的如學生間的聯誼活動，如舉辦舞會、迎新活動、烤肉郊遊……等。這些活動的形式不受侷限，參加的對象則男、女各半，不做配對性的搭配。團體約會的形式存在於十九世紀與現代，許多年輕的男女生在面對異性時會感到不自在，在大團體中可以減少單獨約會的焦慮，但由於性自由主義的結果，性議題發生的早，甚至在第一次約會，為了避免遭受這樣的議題，就會以團體的方式進行約會。

成對式的約會（double dating）

　　成對式的約會是以成對的男女一起參與活動而形成的約會型態，脫離團體約會無特定配對的方式，成對的男女同伴，發展出較好的溝通技巧與相處關係，也有足夠的信心可以獨自面對異性，而成對式的約會其目的是提供相互的資源與支持，如分擔活動費用、增添活動樂趣，成對式約會可能出現在任一關係時期的兩性關係中。

輕鬆個別的約會（casual individual dating）

　　這時期的兩性關係是曖昧不清的，輕鬆個別的約會脫離團體約會，以一對一的方式進行約會，但此種方式的約會並無其他含意，男女雙方不一定將彼此視為戀愛的對象，或則男女均有其他的約會對象，這是一個選擇試探性的階段，兩性之間沒有承諾，是當今社會相當常見的約會型態。

承諾式個別約會（committed individual dating）

　　承諾式個別約會階段使得兩性的關係逐漸穩定下來，約會雙方對彼此存在著相當的默契，承諾賦予雙方對感情的信賴，男女雙方會以對方為約會的第一考量人選，可能僅保持唯一的約會對象，承諾式個別約會的對象雖然並非即為結婚的對象，但承諾式個別約會卻是邁向婚姻之路的必經之地。

第二節　約會的行為

✷異性相吸

　　「異性」、「兩性」二詞將男女角色明確的劃分出來，一般而言，社會賦予男生剛強、勇敢、操控的形象（強調操控），賦予女生柔順、溫和、順從的特質（強調養育），是否在兩性相互吸引、交往的過程中，男女所展現極化特質更能吸引異性？兩性吸引的因素包括接近性、相似性、互補性、第一印象，「接近性」是指時空的接近性，所謂近水樓台先得月，因為所處的時空接近，而有許多接觸的機會，會增加彼此的印象，同班同學、學長學妹容易形成情侶即為此因素；「相似性」是指彼此間具有共同的興趣、個性、人格特質、價值觀等等許多觀念都相似，如兩人均喜好登山郊遊、話劇、游泳……較有機會聚在一起；「互補性」恰恰與相似性相反，互補性指的男女之間的差異剛好互補，如剛強對溫柔、急躁對穩重、活潑對內向，這類的關係相處模式需要多用心思經營；「第一印象」往往決定兩性間是否相吸引的要素，而外表也是許多年輕男女作為選擇的第一要件，不過男生較女生重視「外表的吸引力」，而女生傾向重視伴侶的學歷、工作、人格特質。表4-2為交通大學諮商中心所做的戀愛調查研究，研究結果呈現男性對於外表、身材、柔順的特質較為女性重視，這也顯示男生叫女生更重視外在的吸引力。芎林國中輔導室於民國八十六年一月所做的調查中，發現受歡迎與不受歡迎男女生的特質如下：受歡迎的男生特質包括：(1)有責任感(2)體貼(3)個性開朗(4)富有人情味(5)有幽默感(6)誠實(7)有判斷力(8)有勇氣(9)乾淨；不受歡迎的男生特質包括：(1)個性不乾脆(2)太自負(3)沒有責任感(4)邋遢(5)愛批評別人(6)沒有主見(7)缺乏實行力(8)神經

質(9)扭捏不大方。受歡迎的女生特質包括：(1)個性開朗(2)溫柔(3)富有人情味(4)乾淨(5)乾脆、大方(6)有幽默感(7)誠實(8)懂事(9)有責任感；不受歡迎的女生包括：(1)愛批評別人(2)不乾脆(3)自負(4)邋遢(5)沒有責任感(6)冷漠(7)常為小事煩惱(8)個性極端(9)神經質（www.c1jh.hcc.edu.tw）。

表4-2

項目	選項	男生		女生	
		人數	百分比	人數	百分比
你認為理想情人應具有的特質	體貼	82	75%	64	89%
	樂觀進取	65	59%	63	88%
	負責	48	44%	63	88%
	認真踏實	43	39%	56	78%
	個性相合	64	58%	55	76%
	個性成熟	47	43%	55	76%
	健康	59	67%	52	72%
	忠誠	43	54%	52	72%
	有主見、有個性	43	39%	52	72%
	愛家、顧家	46	39%	49	68%
	幽默感	50	42%	49	68%
	自信	54	45%	48	67%
	坦白	54	49%	45	63%
	聰明有智慧	40	49%	13	60%
	獨立	83	36%	40	56%
	善良、溫柔	37	15%	40	56%
	人緣好	12	34%	30	42%
	多才多藝	34	11%	16	22%
	身材好	34	31%	10	14%
	貌美	50	45%	9	13%
	乖巧聽話	32	29%	7	10%

資料來源：邱文哲、王怡真 交通大學諮商中心。www.cc.nctu.edu.tw

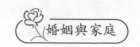

✳ 主動出擊

在兩性互動關係的過程中，大部分仍舊遵循傳統對性別角色的劃分，男生被視為「主動者」，女生被視為「被動者」，男生主動的邀約、決定約會的地點、約會進行的方式、製造話題等等，扮演一個預期約會該如何進行的角色，也稱之為「預期者」（proactive），而女生則扮演一個「反應者」（reactive）的角色，決定是否赴約、考慮自己的穿著打扮，女生的行為多是為整個約會的情境做回應。根據性別的差異發現，兩性對於第一次約會過程的描述有相當大的不同，女生多著重於自己等待被邀約、對於自己外表的擔憂，而男生多描述自己如何邀約、如何計畫第一次的約會、要有禮貌、負擔約會費用、親密的接觸等等。有一個有趣的現象是多數的男生著重描述自己的行為，而女生則敘述較多男性伴侶，「誰該負擔約會費用」是一再被爭論的問題，過去男生開始邀約、計畫約會內容、負擔費用……，當男生負擔會所有的開銷，男生會傾向擁有控制權，女生可能因此依賴男生，這樣的情況往往也會為女生帶來困擾與壓力。現代許多男女開始新的約會負擔模式—各付一半或各付各，這樣的模式可以減少男生經濟的負擔，也降低女生對約會對象的依賴與困擾。許多人認為「男追女隔層山、女追男隔層紗」，女生追求男生被認為是反被動為主動的一種歷程，不同以往的性別模式，因此一般人認為成功的機率很大。現代的年輕人勇於追求自我，過去有些傳統禮教在現今社會已不適宜，現代人講求的是表現自我、跨越性別的刻板印象、追求兩性平權，這不論是在職場、家務分工、伴侶追求都是必須突破的，「男追女、女追男」其陳述的不僅於誰追誰的議題，更重要的是在兩性吸引的過程中，兩性應該學會為自己的行為負責、尊重異性、尊重自己。

☀好男好女

良好的溝通是兩性關係維持的基石，Farrington認爲男女的交往必須以成人與開放爲原則，在「他說」、「她說」的兩性溝通中，應注意以下幾點：

真正的傾聽（really listen）

傾聽的目的在於了解另一個人的想法和故事，打斷話題會讓說話者覺得不舒服，嘗試抓住談話的焦點，太快的回應如「我了解你剛剛說的感受，我也有這樣的事情發生」，都是比較不好的溝通方式，傾聽應用眼睛、心、耳朵，聽聲音的情緒與聲調，都可以幫助理解說話者傳達的訊息。

傾聽動作姿態與行動，而不只是字面意思

一個人的動作姿態與行動可以呈現他是怎樣的一個人，行動表現出一個人的想法，許多人吵架時，往往會口不擇言，謾罵、譏諷、氣話紛紛出籠，但他可能還是將另一伴送回家，擔心對方的安危等等。

不要角色扮演

長期相處的兩人會認爲對方應該很「了解」自己，彼此應該都知道對方的感受與想法，因此將情緒隱藏起來要對方猜測，永遠活在「你應該知道」、「他應該知道」的溝通世界中，另外一種揣測對方的心思，眞正關係的維持應放下上述二種的迷思，沒有人可以永遠扮演他人的角色。

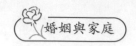

從爭執中學習，而非只是想要「贏」對方

　　爭執的背後意義在於做好溝通的工作，更進一步認識對方的想法與感受，澄清彼此的觀念與價值，爭執不在「誰勝」或「誰輸」，而應採用雙贏策略，解決爭執也增進兩人關係。

學習每個人不同的溝通型態

　　每個人都來自不同的家庭背景與生活環境，了解對方的溝通型態才能以較佳的方法進行溝通，例如：有人習慣生氣時不說話，有的人則大聲宣洩，無論何種的溝通型態，都必須先冷靜下心，以和平、理性、平等的方式做討論。

不要只是談關係

　　關係的維持包括大於兩人的部分，如家庭、成長背景、問題、政治觀點、夢想、喜歡的書或音樂等等。

有意願改善關係

　　有意願改善關係是保持溝通管道的先備條件，這也可以稱為關係的生命力，生命力來自於兩人持續不斷的互動，溝通、理解、行動、改變、溝通……一直不斷的循環、協調，方能維繫關係的最佳狀態。

　　「新好男人」、「新好女人」該如何定義？女性意識的抬頭、兩性平權的浪潮都將男女往立足點平等的目標推進，新好男人、新好女人不再以自我衷心為本位，強調真摯的溝通，以「穿對方的鞋試著走對方走的路」的精神同理他人之外，更求勇敢表現自我卻不失純真。

☀ 以「身」相許

　　過去，人們對女性採取二分法，也就是對所有性接觸表示拒絕的女性稱之為「好女人」，相反的，不拒絕的稱為「壞女人」（林燕卿，民87）。其實這也反應了自古以來傳統對於女人性的觀點，女生的性被視為隱諱的、是不能談、不能說，女人對性的需求一直被忽略，若是一個女人高倡「性」，就會被認為輕浮、隨便甚至放蕩。俗語說：「那個少女不懷春、那個少男不多情」，即在形容兩性對於性的普遍需求。不過男、女生接受性行為的態度是有所差異的，一般而言，男生傾向於生物性的需求，性和生理需求是互相牽連，而女生的性則以愛和親密關係維持為基礎，重視的是情緒面而非生理需求。一直以來社會對兩性之間不平等的性別刻畫，深深影響男女生的交往過程，男生是主動的、是積極的、他的多情被稱為風流倜儻，而女生是被動的、等待的、她的多情成了水性楊花。

　　青少年對於性的認知尚未成熟，在懵懵懂懂之中，很容易陷入愛情的迷思，不正確的信念，讓許多人誤以為性行為的發生是愛的一種表現，因此選擇相當程度的容忍和自我的辯解。性行為的發生年齡層越來越降低，甚至國小學生公然在學校中表現出親密的動作，這確實讓人很難理解孩子對性的態度和看法。不可否認的，性態度的開放激起許多的社會議題，女性意識的抬頭，讓女生高喊「只要性高潮不要性騷擾」，多元的社會型態中，性行為的發生不但年齡層下降，其普遍性更值得關注。表4-3是一份美國關於未婚大學男女關係與第一次性行為發生的調查研究：

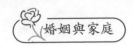

表4-3

伴侶關係	資料來源			
	Darling, Davidson,& Passarelo, 1992		Faulkenberry, Vincent, James,& Johnson,1987	
	女性	男性	女性	男性
穩定伴侶	66.1%	43.5%	68%	42%
熟悉	12.8%	32.6%	18%	45%
只見過一次或 不認識的伴侶	3.7%	13%	1%	7%
訂婚或情人	15.6%	10.9%	12%	3%
親戚	1.8%		1%	3%

資料來源：Carol A. Darling, J. Kenneth Davidson, Sr., Lauren C. Passarello,and Plenum Press and from J.Ron Faulkenberry and Libra Publisher,Inc.

　　由數據中發現，女生在穩定的關係中容易與伴侶發生性行為，而男生在與熟悉甚至只見過一次面發生性行為的比率遠高於女生，對性行為發生的雙重標準，大部分男生希望自己未來的另一半是處女，對自己的性行為卻採取寬恕的態度，讓許多女生變成不是處女。歐美國家性行為的自主、性態度開放，以致於性行為發生的比率相當的普遍，以台灣的現況來看，年輕男女追求「只要我喜歡，有什麼不可以」，強調及時享樂主義，因此青年男女性行為的氾濫已趨嚴重。在對性行為發生的雙重標準下，許多男生仍懷有處女情結，而女性在文化傳統與男性雙重標準的壓力下，尋求外科整型的人數日益增長。婚前的性行為普遍、性態度開放的現代，「安全的性」之宣導是必須的，包括保險套的使用以減少性病的感染，如AIDS、淋病、梅毒等等，避孕的措施除採用保險套外、口服避孕藥、體內避孕器、計算安全期等等，都可以降低懷孕的機率。

　　青少年婚前性行爲最令人擔憂的是懷孕的發生，「九月墮胎潮」、「週末墮胎潮」、RU486的盛行顯示婚前性行爲發生的高比率，年輕孩子在選擇從事性行爲前，應衡量種種可能發生的後遺症，如因懷孕而必須中輟學業、成爲年輕父母的困境、復學後的同儕適應、求職不易等等。

第三節　網路愛情

✳ 網路使用的普遍性

　　根據交通部統計處八十八年「臺灣地區民眾使用網際網路狀況調查」研究中顯示，台灣地區上網人口快速成長，大約440萬人曾使用過網際網路，且以男性、青少年的上網比例較高，表4-4爲各年齡層上網人數的推估，其中以20至未滿30歲者的上網比例最高（42.0％），其次是12至未滿20歲者（36.1％），再依序是30至未滿40歲者（23.9％），青少年（10～20歲）上網人口位居第二位。表4-5爲受訪者網路使用頻率，以每天上網的26.1％最高，由數據來看政府推廣網際網路使用的成果，網路科技日新月異爲人們帶來更便利的生活方式，網路購物、資料蒐尋、收發信件、科技新貴也因網路而大發利市，根據報導指出，台灣地區民眾最愛使用網路來瀏覽站台及資訊外，其次便爲收發電子郵件。網路儼然已成爲現代人不可或缺的生活必需品，但網路內容的品質卻良莠不齊，青少年面對毫無戒護的網路世界，著實令人擔憂。

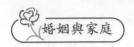

表4-4　各年齡上網人數的推估

地區別　　項目	母體人口數	上網比例	上網人數	上網人數標準誤
台灣地區	21,870,876	20.1%	4,399,695	64,094
未滿12歲	3,859,932	5.9%	229,456	11,231
12歲～未滿20歲	3,107,474	36.1%	1,120,594	20,463
20歲～未滿30歲	3,715,878	42.0%	1,561,161	23,001
30歲～未滿40歲	3,863,412	23.9%	923,459	20,265
40歲～未滿50歲	3,144,638	13.4%	420,697	14,593
50歲～未滿60歲	1,697,185	6.9%	116,687	7,970
60歲以上	2,482,358	1.1%	27,641	3,997

資料來源：內政部統計處（www.motc.gov.tw）

表4-5　受訪者網路使用頻率

單位：%

項目別	88年1月	87年3月
總計	100.0	100.0
每天上網	26.1	23.0
2～4天	19.6	21.2
一週	20.9	18.6
二週	4.0	7.6
一個月	3.3	5.0
一個月以上	3.9	6.7
不一定	16.3	17.9
未回答	6.0	

資料來源：內政部統計處（www.motc.gov.tw）

✻ 網路愛情利與弊

　　網路愛情是時空背景下產生的一種戀愛方式，透過螢幕方框兩端，人與人之間的距離拉近，節省了書信往返的時間等待，在科技文明的現代，因為傳播通訊的發達而形成世界地球村的景象，不過儘管快速的訊息往返、交通的便捷，人際之間的冷漠與疏離卻愈來愈嚴重，生活強大的壓力、人際情感的淡薄、以及網際網路的興起都是現代人尋求網路愛情的因素，然而網路愛情雖然可以避免直接見面的危險，但其背後更潛藏許多不確定的危險，以下就社會普遍的現象探討網路約會的利弊得失，其有利的部分包括經由網路交往的人與人之間存在一份神秘感與想像空間、立即的傳送接收訊息、減少直接面對面的壓力與尷尬、避免直接接觸的傷害、提供心靈的慰藉、可以隨時隨地聯繫對方不受限制等等。至於網路愛情所帶來的負面影響，可從新聞媒體披露社會事件中探討，由於網際網路普遍的使用率，與其使用者的年齡層幾乎無所不包，網路的影響直接深入家庭、個人，因此有心人藉此作為犯罪的工具，如利用人們對網路愛情的憧憬與想像的空間，刊登不實的圖片、內容進行交友詐取錢財、綁票；「春城無處不飛花」網路一夜情、援助交際，性價值觀的偏差，使得青少年身陷其間而渾然不知；網路咖啡館如雨後春筍般的林立，青少年對此流連忘返，沈迷於網路世界中，不但顛倒了日夜作息、荒廢學業，還可能染上搖頭丸、快樂丸等藥物。另外，長期以電腦語言作為人際溝通的管道，往往無法適應現實社會的人際壓力，以及與他人維持良好的溝通方式，時下作家對於網路愛情多賦予綺麗的詩篇，如癡如醉動人的愛情故事確實讓人神往，但刻畫想像世界的感性下，應多加點現實生活的理性。

第四節　解讀約會暴力

　　愛情的浪漫常讓人不自覺的失去理智，一切都變的很令人遐想、一心嚮往之，當輕舞飛揚四個字出現在螢幕上時，戀愛的人想到的是髮絲可以飛揚、裙襬可以飛揚，輕輕晃動著飄飄然的心。愛情暴力讓人驚慌失措，一切都變的失去控制、毫無秩序，當暴力、恐嚇、威脅、傷害等字出現上生活周遭時，許多人都無法接受這樣的關係發生在熟識的人當中，遑論是親密的兩個人，而這也是一直以來我們忽略相識強暴的原因之一，我們一再強調的是陌生人強暴，對於暴力施暴者的寬容、態度社會不平等的角色歸因，都是造成我們將罪過推到受害者的責任，對受害者嚴苛的責難、歧視，都加深受害者的心理傷害。當愛情的神話不再動人，我們所面臨的是無情的傷害，我們所要的是勇氣，為自己加能，走出暴力的陰霾。

　　在童話故事中，小公主看見醜陋的青蛙忘記了她自己的承諾，生氣的一把抓起青蛙，朝牆上死勁兒摔去，並說：「現在你想睡就去睡吧，你這個醜陋的討厭鬼！」誰知青蛙一落地，已不再是什麼青蛙卻一下子變成了一位風度翩翩的王子，一位兩眼炯炯有神、滿面笑容的王子。所以，從此公子與王子過著幸福美滿的生活。在現實生活中經歷暴力事件的受虐者，不可能有這樣美好的結局，當愛人變成了傷害的人、當擁抱的雙手變成了施暴的武器、當說盡甜蜜話語的雙唇成了滿口的威脅與恐嚇，而笑顏只剩哭泣了。民國八十九年七夕情人節前夕，立委潘維剛（www.kimo.com.tw）指出，在台灣「約會強暴」約佔所有強暴案件的三分之二，其中十二歲到二十三歲的青年男女更是遭受性侵害的高危險群，而且多是熟人所為，因此她呼籲青年男女能夠重視「Ｓ

AFE　AND　STOP」法則，也就是「ＳＡＦＥ七夕，傷害ＳＴＯＰ」呼籲青少年在情人夜要懂得如何保護自己。而根據美國一項研究顯示，在確定成案的強暴案件中，加害人與被加害人兩造間互相認識或熟識的比例很高，約佔六成，這樣的現象正是所謂的「約會強暴」或「熟識者強暴」。約會強暴造成青少年身心上的傷害，因此對於約會強暴我們必須有更進一步的認識。

❋ 約會暴力的定義

　　Sugarman和Hotaling指出約會暴力（Dating Violence）的定義是：在兩個人的交往過程中，對另一方使用、或威脅使用肢體武力、限制等，其目的在造成他方的痛苦與傷害。這樣的暴力通常是指情侶一方以身體或武器侵害另一方而導致另一方受到心理上、生理上的傷害，包括毆打、強暴、綁架、謀殺、威脅、言語侮辱、經濟剝削、拘禁等（張耐，民82）。羅燦煐認為約會強暴是泛指約會行為中，一方在違反對方的自由意願或意志下，所從事的具有威脅性與傷害性的性愛行為。另外Feld和Strausu也指出暴力是在互動中，企圖讓對方有傷害和疼痛的活動。值得重視的是：所謂的暴力並不侷限於肢體上的傷害與自由限制，它還包括包括了心理虐待、精神虐待、言語的詆毀。男女的交往穩定後，關係越親密，則約會暴力的發生越普遍、其潛在的危機也越多。兩性世界中的關係原本是最真實、美好的，是造物者賦予人類互相吸引、相互依賴的本質，千古以來，中外多少情史扣人心弦，讓人盪氣迴腸，美麗的詩篇源源流長。近來，兩性間的衝突日益受到重視，社會講求性別平等、男女平權、和自我的訴求與覺察，也揭開了傳統社會男尊女卑、父權社會、弱弱女性形象等等，不平等刻板化的面紗。在時代的變遷下，社會的兩性暴力的看法，也有相當大的改變。在1970年以前，我們將暴力的重點放

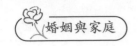

在女人的身上，認為兩性暴力是心理上的問題，而非犯罪問題，女性受害者通常具有被虐待狂和自毀的傾向。1976～1979年間，認為兩性對暴力都深具影響，當時認為男人對於暴力行為，傾向做外在歸因，習慣使用暴力解決情感問題，而女生多做內在歸因，從這一點看來，發現根深蒂固的性別角色偏差，仍深深的影響著兩性的互動。到了1980～1982年間，意識到兩性暴力是一項重要的社會議題，並不再將所有的過錯都歸咎於女性，並以訓練和教育的方式改進兩性關係。1983～1984年間將焦點轉移到男性的身上，在社會的過程中，造成兩性偏差的互動模式，特別是男性自小被賦予操控、剛強的象徵，而形成暴力的傾向。1985～1989則強調透過社會體系的支援，尋求解決的方法，不再單向的歸因於性別的差異（張耐，民82）。一直到今天，兩性間的暴力衝突為停熄過，我們看到的不僅僅是女性的受害者，許多的男性犧牲者亦逐漸浮出檯面。

❋約會暴力的普遍性

Stets和Straus以「結婚證書等於打人傷害證書」，一語反應出婚姻中高比率的暴力事件。在1985年間，有超過百分之十六的美國夫妻經歷過身體上的虐待，其中有一半的夫妻是雙方都使用過暴力，四分之一的夫妻是丈夫使用暴力而妻子沒有，另外的四分之一則為太太使用暴力。婚姻中的暴力事件層出不窮，我們期待家庭暴力防制法的實施，能將傷害降到最少，暴力下的受害者可以走出陰霾。根據研究發現，先前約會暴力事件延續到婚姻中的可能性當的大，婚姻暴力的發生或許可從約會的過程中一探究竟。Stets和Straus以美國中西部大學生為樣本，發現有35%的同居者和20%的約會情侶，指出在交往的第一年中，至少有過一次的身體虐待，White和Koss也發現有37%的男生，35%的女人遭遇

身體的攻擊，另外，根據統計超過50%的強暴案件是由青少年所犯，而且大部分發生在兩個相識的人之間，也就是說強暴大多發生在一般社交或約會場所（Barrie Levy, 1989）。陳若璋在1993年的一份研究報告發現有遭受過性侵害經驗的女性受訪者中，其施暴者有45%是她們認識的，40%的施暴者則是他們的同儕或男朋友。在現今的社會中，由於運輸交通工具的發達，拉近人與人之間的距離，男女之間的交往不再是書信往返、媒妁之言，電話、網路、開放的自由戀愛都是男女交往的觸媒，新新人類講求的是速食愛情，一拍即合、不和就分手，因此愛情來的快、去的也快。隨著性態度的開放、一夜情、色情的氾濫、高度的身體自主權、女權意識的高漲……等等，青年男女很容易就迷失在這樣的交錯之間。網路是當前犯罪的最佳利器，而它也是青少年族群最容易身陷不拔之處，在如此的情境下約會暴力事件更容易發生。在約會暴力事件中，犧牲者往往是沈默的接受者，害怕傷害者的威脅與恐嚇、分不清愛與暴力的界線、將錯誤歸咎於自己的身上、顧及顏面不想張揚等等，都是犧牲者不願意面對暴力的可能因素。約會暴力使得犧牲者遭受到巨大的心理壓力，活在恐懼中，懵懂年輕的愛情男女初步入愛情之途，對一切事物仍不甚了解，因此在發生暴力事件時，犧牲者可能會以為這是愛的表徵，將性和愛劃上等號，並認為理所當然。此外，多數的犧牲者並不會尋求協助，這可能是不清楚有專業的協助管道，也可能認為暴力是正常現象，而這也是默許約會暴力事件的滋長。

✳ 約會暴力的特性

關於約會暴力的特性，根據Barrie Levy的看法可分為下列七點（引自張淑茹、劉慧玉，民87）：

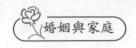

多樣性

　　約會暴力發生於各個階層、地區、種族、同性或異性戀當中。只要是關係的兩個人，都可能發生約會暴力。

性別

　　根據調查，男女生都可能成爲約會暴力中的犧牲者，特別是男生的部分，在過去我們並不重視，也就是說，一般而言多數人會認爲女生是理所當然的受害者而忽略男生。

隱諱

　　約會暴力具有隱藏性，年輕男女少有主動尋求協助、向外求援。其原因可能是害怕報復、或孤立與感到羞恥。

規範的迷思

　　這裡所指的是年輕人對何謂「關係正常」的一種迷思，愛與佔有可以等於暴力，因此他們接受暴力，接受這樣的迷思。

虐待模式

　　年輕人在約會暴力的虐待模式幾乎與成人之間的相似，其虐待模式包括言語的詆毀、肢體的傷害、心理上、精神上的虐待等。

性虐待

　　美國青春期與大學女生遭受性侵害的案件中，有67％是約會強暴（Ageton, 1983），這打破一般對陌生強暴的迷思，約會性侵

害中，女生往往處時持續做性的奴隸狀態，對方以傷害或威脅的手段脅迫其性行為的發生。

毒品與酒精濫用

許多暴力事件中發現，吸食毒品、酗酒與暴力關係存在著某種關聯，在意識不甚清楚的情境下，酒精與毒品更強化了暴力的可能性。

除了上述幾點約會暴力的特性外，從兩人的關係來看暴力事件時發現，傳統的觀念中，在父權恐怖主義的宰治下，女性遵從著三從四德，對於丈夫的拳武相向，往往只能忍受，嫁雞隨雞、嫁狗隨狗的菜籽命，不容許有任何反抗，因為婚姻是一輩子的事。而國外學者以「斯德哥爾摩症候群」來形容犧牲者與犯罪者間難以分離的羈絆，施虐者和受虐者會發展出一套合而為一的生存模式，受虐者的價值甚至於建立在施虐者的暴行當中，因此暴力的行為週而復始不斷的循環，衝突、爭執、暴力、蜜月，永無止盡。而兩人關係中一方為鞏固權力、控制他方，因此以暴力來維持關係，我們發現在施虐者和受虐者的權力關係是極不平等的，男性優越的性別情結，強化其行使暴力的行為發生。過去的社會是允許丈夫適當的管教妻子的，許多的法令也不存在著家庭暴力的相關法規，中國人更是認為清官難斷家務事，因此將這樣的暴力事件排拒在公堂之外，社會文化對男性陽剛的塑造，權力、勇氣、力量、控制在在都強化男性使用暴力的理所當然。

✴ 約會暴力的預防

愛是每一個人既需求又可望的，當愛變質、當愛不在、當愛變成控制、當愛變成暴力、當愛變成限制……，你是不是要繼續

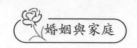

維持兩人關係，當愛情充滿了威脅與恐懼，你是不是有勇氣走出陰暗的世界，變奏的愛情曲調不再美麗、不再悅耳、不再讓人魂牽夢縈。約會暴力是兩性之間的最大殺手，它帶來的傷害遠超過於陌生人，其實約會暴力發生之前，它有許多的危險訊號，藉此我們希望能讓青少年男女注意這樣子的訊息。約會暴力的危險訊號可分爲下列四點：

內在心裡因素

在這個向度中又涵括了對關係暴力的態度、性別角色態度、自我概念與人格變數。一般而言，研究認爲涉入暴力中的人對於暴力的接受度高，關係愈親密的伴侶，愈容易發生暴力事件，而傳統的女性也較容易接受約會暴力，當性別角色態度的差異過大時，則發生約會暴力的機率較高，值得重視的一點，暴力的關係的結束，由女生結束的可能性大於男生。在自我概念和人格變數中發現，受害者的自我概念分數較低，暴力的程度加深，被害者的的依賴性和自卑感會更加深。

酒精影響

許多研究指出酗酒是暴力的背景因素之一，這樣的論點或許是值得質疑的，Tontodonato和Grew的研究中並未發現大學生酗酒和實際涉入約會暴力，或企圖在約會中使用暴力有相關。但酒精確實有催化的效用，使人意識模糊、衝動、暴躁，因此當另一半酗酒時必須提高警覺。

在家中曾目睹或經歷暴力

之前我們曾提過的社會學習理論，正可用來解釋暴力循環的情況。孩子在幼小時，目睹或經歷家庭的暴力事件，將來更可能以相同的問題解決方式來看待自己的家庭，因此在暴力家庭成長的孩子，可能使他們也成為施暴者的危機大於一般家庭的孩子，但這樣的危機透過對暴力態度的支持。

關係深度

約會暴力通常發生在關係穩定之後，關係愈深發生的機率則愈高，而在同居或已婚的親密關係中，發生暴力的程度也隨之增高。也許是相互依存的關係，讓親密的兩人固著在關係上而無法自拔，因此也使得約會暴力一直被忽略。

幸福是可追尋的、傷害是可以避免的，這麼多的暴力事件，每天不斷地在社會新聞上，或某個沒有人知道的角落中上映著，哭泣的容顏讓人心疼，如何減少約會暴力的發生？我想可以從下面幾個向度著手：

家庭教育

家庭所提供的關愛與溫暖是任何事物無法比擬的，孩子人格的塑造、品德的培養、角色的認同、親密關係的建立、問題解決的技巧、挫折的容忍力等等都在家中孕育茁壯，有效能的親職應和孩子建立良好的溝通管道，傾聽孩子的心事，同理孩子的立場，適時的給予關懷與支持，都是孩子在成長過程中必備的成長秘方。家庭也是一個社會化的機構，是孩子接受社會化最完全的地方，父母的形象更是孩子的楷模，影響孩子甚深。

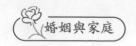

學校教育

　　兩性平等的教育課程是不可缺少的，孩子的性別刻板印象是從小建立起來的，所以兩性關係的教育課程可以向下紮根至幼稚園階段，以學習正確平等的兩性互動觀念，隨著孩子不同時代的發展，其課程還包括性教育、兩性交往、婚前教育、親密關係的維持……等等，讓孩子在尊重的前提下，學會保護自己、愛惜自己。

社會資源體系

　　大環境的社會風氣，也是影響兩性關係重要的變數，當社會環境一再地物化女性，以塑身、苗條、豐胸等形象來看女性時，女人們不陷入其中也是挺難的。整體社會兩性互動是關係著青少年間交往態度的指標。社會體系不但是教育的角色更是支持的一員，我們期望透過許多的支持方案、成長團體、輔導措施幫助更多的青少年，以減少約會暴力事件的發生。

　　是不是「強暴都是約會中會發生的事情」？Fisher在1986年的一份研究中指出：愈是具有傳統價值觀念的女孩，愈能接受強迫性的性行為，而且較不能確定什麼樣的情況叫做強暴。這也許是我們傳統觀念中，女人是男人性的產物之遺害，女孩被動的接受男生的性，男人的性衝動是無法控制的，這都合理化了所謂的強暴。社會文化對被迫發生性行為時，女生所說的「不」，解讀成是害羞、和其心意是相反的、是半推半就的，因此強暴發生的錯誤是女生，因為她穿的太暴露、因為她沒有明確的拒絕，似乎男生總是能對自己的行為一一做完美的解釋。

　　有一個有趣的比喻來闡述男女的約會關係，男生被稱為是進攻者、女生是守門員。在《約會暴力》一書提到「真正的男人不

能把女人的"不"當眞」、「當女人說"不"時,其實她們不是眞正有那個意思。」這兩句話成爲進攻者的最高原則,而女孩子在交往的過程中,既希望自己當一個純潔的少女,又要做一個具吸引力的女人,因此才產生進與守的的對比。

　　儘管如此,一些不合時宜錯誤的信念可能還存在社會之中,像是對女性犧牲者的責難、強化男性犯罪者的角色,在通過「性侵害犯罪防制法」和「家庭暴力防制法」通過後,我們希望能帶給女性更多的平等。兩性教育、正確的性教育都是防範約會強暴重要的途徑,導正社會不適當的性別角色印象,加強青少年的兩性的尊重,付諸於責任,如此才可避免約會中發生不該發生的事。而女生也應學會保護自己,面對不喜歡的事勇敢拒絕!

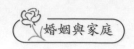

附錄一
心理測驗—妳的愛情模式

（www.kimo.com.tw）

　　妳的愛情模式為何？？妳對愛的坦白程度如何？兩個人因為彼此相愛而在一起，那是多麼幸福的事。然而，在過程中一方若羞於啟口表白心意，終致使此段戀情的發展速度因此而延誤下來，這對於相愛的情侶是非常可惜的。妳的愛情模式為何？是坦白勇於說出，還是愛在心裡口難開呢？無論如何，下面的測驗將可以讓妳的戀愛模式暴露在陽光底下，使得妳更了解自己在愛情裡的另一個自我。

【題目開始】

1. 清晨醒來時，心情通常都很愉快嗎？是→接第2題　否→接第3題

2. 常會不經大腦思考便直言不諱？是→接第4題　否→接第5題

3. 喜歡騎馬、網球等運動嗎？是→接第6題　否→接第7題

4. 慌張時會有迷糊的舉動？是→接第8題　否→接第9題

5. 如果結婚遭到家人反對，有勇氣與男友同居？是→接第10題　否→接第11題

6. 在必要的情況之下，會連喝咖啡的錢也一併省下來？是→接第9題　否→接第10題

7. 即使自己的意見遭人反對，還是會堅持己見？是→接第11題　否→接第12題

8. 購買衣服時不會失去主張？是→接第13題　否→接第14題

9. 會做菜給自己的男友吃？是→接第13題　否→接第15題

10. 對娘娘腔的男性很討厭？是→接第15題　否→接第16題

11. 非常介意適婚年齡？是→接第17題　否→接第18題

12. 即使是男友也不喜歡讓他進自己的閨房？是→接第18題　否→接第19題

13. 團體旅行中常會被指派服務的任務？是→接第20題　否→接第21題

14. 會取笑朋友的戀愛方式？是→接第21題　否→接第22題

15. 即使在別人面前失敗，事後也不會在意？是→接第22題　否→接第23題

16. 常會把別人的笑話信以為真，而遭到對方訕笑？是→接第24題　否→接第25題

17. 對出席朋友的婚禮不是很有勁？是→接第23題　否→接第24題

18. 無法忍受房間凌亂？是→接第25題　否→接第26題

19. 為了想見男友一面，會悄悄地在男友常出現的地方守候？是→接第27題　否→接第26題

20. 和每個人都能立刻熱絡起來？是→A型否→接第28題

21. 對於細密的工作很不擅長？是→接第28題　否→接第29題

22. 和大夥在一起時，自己會變得很多話？是→B型　否→接第30題

23. 會一輩子都從事具生活意義的工作？是→接第29題　否→接第30題

24. 做任何事都不喜歡告訴別人？是→接第31題　否→D型

25. 不擅於向人撒嬌？是→接第30題　否→接第31題

26. 男友太多，處理上很棘手？是→接第32題　否→F型

27. 看悲劇時會感動流下眼淚？是→接第32題　否→E型

28. 說謊時，容易被拆穿？是→A型　否→B型

29. 面臨危機逼近時，會全力一搏？是→B型　否→C型

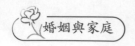

30.認爲和社會名人要士交往很榮耀？是→C型　否→D型

31.感情很容易受傷？是→D型　否→E型

32.海外旅遊時，對服裝方面很考究、用心？是→E型　否→F型

【分析】

＜A型＞

妳的戀愛模式屬於母性愛型。一旦陷入熱戀中會如同母親一般的照拂對方，剛開始對方可能還能忍受妳這種無微不至的照顧方式，然而時間一久會發覺和妳交往就像和囉嗦的大姐談戀愛，興起躲避妳的念頭。由於這樣的個性會受到年紀小或個性軟弱男人的追求，若希望有位男性化的男人出現，恐怕還有一段距離，最起碼在妳的心態上必須要做一番不小的調整才行。

＜B型＞

妳的戀愛模式屬於攻擊型。除了會巧妙地引導男性之外，還會主動安排讓對方逐漸愛上妳。對於男人的喜惡非常分明，即使在相親的場合中，只要不合己意會當場拒絕對方。也就是說，會安排自己的戀情，和自己喜歡的人結婚。

＜C型＞

妳的戀愛模式屬於理性型。絕不會因一見鍾情的而愛上一個人，自尊心強的妳縱然心儀的男人出現，在不確定對方的心意之前，不會主動接近。只是，凡事過於愼重、小心的妳有個致命的弱點，那就是過度崇拜知識份子型的男人，一碰到這種男性會容易意亂情迷，而無法冷靜的觀察對方，這一點必須注意。

＜D型＞

　　妳的戀愛模式屬於專一型。由於妳的愛是專一、執著的，所以需要花很長的時間才會陷入愛河，然而一旦愛上之後，隱藏於內心某處的熱情會一發不可收拾。不過，若失戀的話會想不開的一生永不再談情，此時，最好找自己要好的朋友聊聊，說出自己悲傷的感覺，好恢復以往的自己。

＜E型＞

　　妳的戀愛模式屬於遊戲人間型。對每份戀情容易動情，同樣地也容易很快便厭倦，因為妳只注重對方的外表，而不在意對方是否真心，因此和不誠實的男人談戀愛的機會不是沒有。只享受戀愛時光的愉悅，結交的儘是不結婚的男人，一提到結婚兩個字他們都紛紛走避，所以妳要注意交往的對象。表面上看來妳似乎很能掌握男人的心理，實際上則未必。

＜F型＞

　　妳的戀愛模式屬於被動型，即使心愛的人出現在妳面前也不敢主動示愛。個性被動的妳對於向對方表白心意的努力嫌不足，以致常常會嚐到相思的苦楚。反之，若有不喜歡的人要求和妳交往，妳極有可能勉強答應對方的要求。建議妳先確立自己的感情，並且由妳身邊信賴的朋友介紹對象，這樣的安排應該不至於出什麼差錯。

附錄二
心理測驗—最速配(www.kimo.com.tw)

1. 你會想和那一種異性約會？
    a. 看起來老實又內向的（接第2題）
    b. 會玩又會懂得打扮的（接第3題）

2. 有個人邊看錶邊跑，他遲到了5分鐘，你覺得他心理怎麼
   想？
    a. 才5分不算遲到（接第4題）
    b. 糟了！遲到了！（接第5題）

3. 有個家庭主婦正在打掃，你覺得她正在怎麼想？
    a. 我要掃得一塵不染（接第6題）
    b. 差不多就行了，做完可以去看小說（接第4題）

4. 有個女生從你身旁經過，飄來一陣很香的味道，你覺得是
   哪一種香味？
    a. 甜甜的果香（接第7題）
    b. 清淡的花香（接第9題）

5. 你和朋友一起去吃飯，付了錢走出餐廳才發現店員少找你
   十元，這時你會？
    a. 折回去向他要回來（接第9題）
    b. 才十元就算了（接第8題）

6. 有一隻鳥從鳥籠飛走了，你覺得
    a. 這隻鳥一定會再回來（接第7題）
    b. 不會回來了（接第10題）

7. 看到有人順手把垃圾丟在路上，你有什麼感想？
    a. 不能原諒這種人（接第12題）
    b. 沒什麼感覺（接第10題）

8. 朋友到你家作客，你喜歡收到哪一種禮物？

a.鮮花或裝飾品（接第16題）

b.蛋糕或食物（接第11題）

9. 你在半夜邊看書邊窩在棉被中想事情，後來……

　　a.多半會睡著（接第12題）

　　b.會越來越清醒（接第8題）

10.你現在正在逃命，你認為是什麼東西在追你呢？

　　a.獅子或老虎（接第13題）

　　b.酷斯拉（接第14題）

11.你看到地面上有洞時你會怎麼想？

　　a.洞裡有什麼東西？（接第15題）

　　b.太危險了，還是趕快蓋起來吧！（接A）

12.書架上的書倒了，看起來亂七八糟，這時你會馬上整理
　　嗎？

　　a.會（接第16題）

　　b.不會（接第13題）

13.有個人正對另一個人說悄巧話，你認為他聽了之後的反應
　　是？

　　a.忍不住大笑出來（接第17題）

　　b.皺起眉頭一臉沉重（接第18題）

14.有個女子拿刀對著一名男子，這女子會對他說什麼？

　　a.「我恨你，所以我要殺了你！」（接第18題）

　　b.「再過來我要刺過去了！」（接D）

15.你想找工作，下面二家公司你會選邪一家？

　　a.能讓人成長公司（接D）

　　b.穩定的公司（接B）

16.朋友請吃晚餐，你已經很飽了，他卻一直勸你吃甜點，這
　　時你會？

　　a.再飽也會吃（接第17題）

　　b.很果斷的拒絕（接第15題）

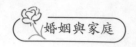

17.買新電器時，關於說明書，你會？

　　a.使用前一定先看仔細（接C）

　　b.根本很少會看（接B）

18.下面那一種人令你無法忍受？

　　a.小氣又囉嗦的人（接D）

　　b.做事隨便的人（接C）

【分析】

A型：你和活潑的健康寶寶最速配

　　你在愛情的表現上顯得相當笨拙，只要在心儀的人面前就會故意裝出一副很強悍的樣子，這樣喜歡逞強的你，正需要一個比你強悍、可靠的伴侶。最好是那種有一點粗魯、但身體非常健康、性格開朗、體力超好，不會弱不禁風的那一型，最適合你不過啦！

B型：你和有氣質的文藝青年最速配

　　你最重視的就是兩人的性趣和感覺合不合。你比較欣賞重視自己的工作、擁有自己一片天地的異性，希望他對不管是文學、或是藝術，甚至音樂都抱持有高度敏感性，你喜歡兩個人可以一起去欣賞電影，或是聽聽演唱會，享受優閒知性的時光。要找你的另一半，過幸福的婚姻生活的，當然是非這種人莫屬啦！

C型：你和相敬如賓的人最速配

　　你是一個很容易一頭栽進興趣之中的人，這樣的你需要一個可以尊重你的興趣和工作、百分之百支持你的伴侶。你不喜歡兩個人老是天天膩在一起，希望彼此能保有適當的距離，所以擁有一身專業技術和知識，抱持著就算是兩個人在一起也可以彼此擁有自己的空間的異性，是你的最佳人選。

D型：你和責任感強的愛家一族最速配

認眞和意志堅定的人是你的最佳人選。如果你要結婚，那種對家庭和工作具有強烈的責任感，在公司也很受到上司信賴的人是你的第一選擇。在婚前你可能還會很堅持地什麼男女平等、提出種種你的原則，一旦結婚之後，你就會爲了對方和家庭去做任何的事情。

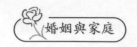

參考書目

王佳煌譯（民86）。兩性壓力。台北：希代。

周麗端編（民88）。婚姻與家人關係。台北縣蘆洲：空大。

林燕卿（民87）。校園兩性關係。台北：幼獅。

晏涵文編（民80）。浪漫的開始─婚前的約會、戀愛與擇偶。台北：張老師。

張春興（民80）。年輕人的感情世界。台北：桂冠。

張淑茹、劉慧玉譯（民87）。約會暴力。台北：遠流。

彭懷真（民85）。新新人類新話題。台北：希代。

彭懷真（民87）。婚姻與家庭。台北：遠流。

陽琪、陽琬譯（民84）。婚姻與家庭。台北：桂冠。

簡春安（民85）。婚姻與家庭。台北縣蘆洲：空大。

劉秀娟（民85）。家庭暴力。台北：揚智。

王燦槐（民88）。約會暴力：兩性平權關係的殺手，兩性平等教育季刊，6期，P.50-54。

張耐（民82）。變奏的愛情：兩性之間的暴力行為，學生輔導通訊，29期，P.32-36。

張耐、章珍貞（民82）。親密敵人─談婚姻暴力中的男性施暴者，社會福利，P.28-30。

陳若璋（民85）。他們為什麼成為性的加害者？我們又可以如何幫助他們，訓育研究，P.47-52。

羅燦煐（民88）。魚與熊掌：女性主以反性暴力論述之困境與省思，台灣社會研究，P.187-219。

羅燦煐（民88）。變調的約會：青少年約會強暴之防治，高中教育，9期，P.12-15。

Barbara A. Winstead, Valerian J. Derlega, Suzanna Rose (1997). Gender and Close Relationships.Sage Publications,Inc.

Bert N. Adams（1995）. The Family-A Sociologial Interpretation. Harcourt Brace.

Anderson, Amber L.（2001）.Surf here often? Online matchmaking is changing the Christian dating game, Christianity Today, Vol.45　Issue 8, P38.

Farrington, Jan（2001）. You're dating…But are you communicating, Current Health,Vol.27　Issue6,P25.

網址

http//www.motc.gov.tw

http//home.pchome.com.tw

http//www.c1jh.hcc.edu.tw

http//www.cc.nctu.edu.tw

Chapter 5

擇偶

陳思穎

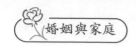

前言

即使時代變遷，家庭結構逐漸轉變，能找到相愛的另一半，共同成立幸福家庭，仍是大多數人內心的憧憬。當人類生理、心理發展到某種階段時，會渴望成家，邁入人生的另一旅程，擇偶便是成家的第一步驟。擇偶與一個人下半生幸福與否關連密切，因此人們面臨擇偶時，總是比單純交友多加了一些考量，許多人面臨擇偶關卡，會產生徬徨、猶豫，不知道所選的人是否就是生命中的「真命天子」，或者選擇之後會不會遇到更適合自己的人。但可確知，選擇前審慎評估觀察；選擇後接納包容，學習衝突解決之道，如此方能「擇己所愛；愛己所擇」。

由中國歷史源流視之，「擇偶」在社會文化上的意義常大於個人感情上的意義。尤其對傳統中國人而言，婚姻的功能主要爲傳宗接代、資源的獲取等等，個體的愛情在婚姻中往往次於家族利益，因此「擇偶」過程中十分重視對方能爲「家族」帶來什麼益處。在父權體制之下，女性被強調是男性附屬，因而女性自由選擇配偶的權利，也常被剝奪，直至晚近新思潮引進之後，擇偶自由才慢慢受到重視。

對從前的西方人而言，擇偶亦帶有十分濃厚的現實考量，如繁衍後代、子嗣的繼承、找個好主婦管理家庭、打點生活、或功利聯姻等，戀愛與婚姻甚至常被視爲兩回事。可知不論中西方傳統觀點，擇偶的目的常是基於現實的考量。由於思想解放，個人主義盛行，自由戀愛的風氣也蔚爲主流，於是「愛情」成爲選擇配偶的主要考量，大眾也越來越認同婚姻應該基於愛情基礎。

在今日，擇偶與戀愛有相當程度的重疊，許多人常將

擇偶與戀愛過程中的「吸引力」部份相提並論，但其中仍
有差異存在。吸引力通常指戀愛過程中雙方彼此的好感及
想進一步交往的動機，而擇偶卻需加上現實生活考量。吸
引力可不計成敗後果，純粹在電光火石的一瞬間綻放愛的
火花，但擇偶卻必須加入對未來關係發展的預測與思慮。
因此戀愛或許可以成爲擇偶過程的一部份，但並不完全等
同於擇偶，談戀愛與擇偶在意義深淺上是有分別的。換言
之，當人們選擇交往對象時，也會考慮到未來婚嫁的可能
性與生活現實層面，此即是「擇偶」與「戀愛」最大的不
同。

第一節　影響擇偶的因素

　　擇偶牽涉許多生理、心理因素，且擇偶的理由往往因人而
異，然而以人類整體進化發展而言，仍可發現一些共同的脈絡，
以下將影響擇偶之因素分成生物演化、社會文化、以及個體因素
三部份加以說明。

✳ 生物演化

　　原始人類爲了個體生存與生命延續，經過不斷的「選擇」與
嘗試，演化出對某種事物的「偏好」。擇偶也是其中之一。從最原
始的隨機選擇及交配成敗後果中，兩性逐漸形成其關係形態，並
且發展出對具有某類特徵對象的選擇偏好。以進化論而言，原始
人類爲不受淘汰，且爲保存本身基因，必須吸引合適的異性進行
交配，透過生殖來達成繁衍後代與保存基因的功用。爲了因應自

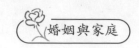

己的下一代能繁衍順利，男性採擴展對象範圍之策略。而女性為確保其與子嗣的福利，在擇偶時會謹慎挑選可提供資源的對象，以確保基因傳承，因此面臨擇偶時，展現謹慎、矜持、挑剔的自然傾向，這與生物本能有關。

社會生物學提出兩性對異性特質偏好的觀點，對男性而言，選擇重點在於女性能否成功受孕，確保子嗣傳承，因此年輕女性的生育能力就成為一項優勢。因此男性擇偶常偏好年輕女性，這牽涉到人類原始的繁衍本能。

對女性而言，男性的生育功能強度與其基因傳承並「無」正相關，最重要的是能在她傳承下一代時，提供保護及足夠的資源，故女性重視男性爭取生活資源的能力與特質甚於生育能力。直至今日，即使女性擁有優於男性的資源獲取能力，潛意識中仍然無法「不」重視對象提供未來保障的能耐。可見人類在進化過程中，為解決傳承問題所採用的策略，在今日仍可於人類社會中發現其軌跡。

✳ 社會文化

擇偶受演化影響的結果，在社會中逐漸形成一些群體「趨勢」，久而久之成了社會文化的一部份，這些群體性的選擇方向對個人的影響，常比生物演化的特色更受注意。例如門當戶對觀念，對傳統婚姻選擇影響重大，不但加深功利聯姻的認同，往往也使得門戶「不登對」的男女，面臨社會、家族的強大壓力。此外，社會主流價值觀也影響擇偶，例如外型、個性、經濟基礎等考量，不同時代的人對對象的要求也不一樣。並且，由於牽涉子嗣傳承甚至家業繼承等問題，家族系統對家族成員的擇偶也具有舉足輕重的影響力，可說擇偶的家族意義大於個體意義。

今日社會中，婚姻的目的並不只是為了孕育下一代，愈來愈

多所謂「頂客族」(DINK)崇尚「擁有兩份薪水，沒有小孩」的生活，認為「只有兩個人一樣可過得很好」，由此可看出影響擇偶之變因，從「傳宗接代」逐漸演進為重視個體化、多元化。例如以心靈契合為考量、價值觀與人生觀相近、有共同的興趣、宗教信仰相同等等。擇偶的目的也逐漸能回歸個體本身，以當事者雙方為主體。

※ 個體因素

個體因素也影響擇偶的觀念與態度，除了個人特殊偏好之外，成長過程、童年經驗、家庭背景、生活環境、職業、教育等等，都將可能影響個體擇偶。例如，在不安定環境之下長大的人可能期望獲得穩定的愛情與家庭，然而卻又無法相信這種穩定能持久，因此在面臨擇偶承諾時，也許害怕許下諾言，因而錯過婚姻。個體的個性也影響擇偶，婚姻的締結並非「守株待兔」即可得到，必須「有意願、有行動」。有些適婚年齡的男女，雖有意願，但是卻抱持消極等待的態度，期望「天賜」良緣，往往蹉跎光陰，或與姻緣擦身而過，徒增悵惘。另外，有些積極尋找另一半的人，面臨承諾的關鍵卻下不定決心，無法接受成家之後的改變。

然而，「有意願、有行動」卻不表示一定能如願找到理想伴侶，有時周遭並無適當對象；或是個人生活圈子太狹窄，無法增加與另一半邂逅的機會，因此還需加上些許機緣，例如透過親友介紹、參加聯誼活動、拓展人際關係等等，藉由增加與對象相遇的機會，來選擇最適合自己的另一半。這些都是可以增加擇偶成功率的方法。

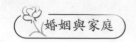

第二節　擇偶的觀點

　　一般人對擇偶的觀點約可歸納爲：相配、互補、與交換。有些人期望找到與自己相似的對象；有些人期望配偶能與自己互補平衡；也有些人持的觀點是婚姻即「社會交換」行爲。

✳ 相配觀點

　　相配，指具有類似特徵的個體，較容易被另一群具有相同特徵的成員所認同，並且這些族群也有與其他族群不同的問題與態度。這些價值觀常經由文化傳承、父母教導等等，傳遞給下一代。簡而言之，相配意指彼此的社會相似性。一個個體若能與相配度較高的人結婚，則婚姻將更美滿。相配的特質包括休閒興趣、角色扮演之偏好、社會特質（如年齡、教育、宗教）、心理特質等等。人們通常對與自己有相似特質者感興趣。男女彼此越相似者，婚配的可能性越高，並且，相似的伴侶也被認爲較相愛、關係中較少衝突、經歷較少爭吵、並有較強的婚姻承諾等。

　　一般人所追尋的另一半，多少與自己有某種程度的相似，這也反映出個體對自己的自我肯定。中國社會自古以來婚配就講究「門當互對」，台灣諺語也云：「龍交龍；鳳交鳳（台）」。進入二十一世紀，兩人有否「速配」，仍是許多人擇偶、婚配考量之重要因素。

　　然而現代所謂的「速配」，不同於古代雙方門戶、財力、權位等等的相配，而是將焦點放在彼此教育程度、生活觀念、家庭習慣、理財觀點、休閒方式等等，目的在於事先預防將來可能發生的衝突，或將衝突因素減低，研究指出夫妻相配與婚姻成功有直

接關連，即使婚前相似性不高，婚後養成也有助於婚姻關係正向發展，因此選擇有「潛力」、或有調適「彈性」的對象也是可以可慮的方向。

　　時下交誼配對活動，多半依據參加者資料，以電腦搜尋方式，找出與其相似性最高者，再介紹認識，常有不錯的速配成功率。常見的未婚男女「相親」方式，大半是依循相配模式，經由先前篩選、配對，選出合適對象進行交往，因此經由相親而步入結婚禮堂的比率頗高，這不單是因雙方在交往之初已具有某些相似性，同時，最大的相似點即在於都有結婚意願。故擇偶過程中，兩人相似性如何、互配與否等，仍為一般人考量的因素之一。

　　到底什麼樣的人最能與人相配呢？研究發現，個人「偏好」愈平常者，愈容易與他人相配，因為找到類似對象的機會較大。統計發現，伴侶間相似度愈高者，自認彼此的「愛」愈多，且男性比女性更傾向認為如此。此外，男女雙方角色扮演之偏好愈相配，則衝突紛爭愈少。在休閒活動的相似度方面，男性較重視對方對戶外、娛樂活動的相似性；對女性而言，兩人對某些觀念看法（如準備食物、經濟任務、與購物）愈一致，愈不易有矛盾或消極、衝突情感。且對女性而言，即使與對方相似未必如男性般有較高的滿意度，但不相似卻會降低兩人關係滿意度。

　　相配觀點說明一般社會大眾擇偶時何以仍會優先考量相似或相配與否，例如個性相近、興趣相投、有共同休閒喜好、同一宗教派別、教育程度相近、社經地位類似等等。即使時代變遷，這些觀念仍根植在大眾腦海中，因此許多人與對象結婚的原因不過是「我覺得我們很合」等。而許多分手者所持之說法也只是「我們個性不合」。所謂合與不合，其實也算廣義的相配了。

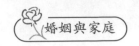

✳ 互補觀點

　　許多人選擇對象考量的是與自己互補的情況。互補就某些狀態而言，可達成一種平衡情況，例如急躁與冷靜、奢侈與節儉、支配欲強與服從性格等組合。

　　互補類型大致可分為兩種。若伴侶兩人有一樣的需要，但需求強度不同，且呈現互相消長狀態，如一方支配欲增加，另一方支配欲下降以達成平衡，此為第一種互補類型。若滿足兩人的需要不同，如男性被照顧的需要較高，他將比較容易被有高度照顧他人需求的女性吸引。此種牽涉兩種需求者為第二種互補類型。

　　互補還牽涉社會文化等影響，若互補情況符合社會文化，則彼此關係較穩定；若互補恰好與社會文化相左，則關係也較易受衝擊。例如一般大眾通常認為男人獨立而女人依賴，這恰好是一種「互補」現象，符合社會角色期望，因此遭到的阻力較小，甚至還被認可讚許。反過來如果女人獨立而男人依賴，雖然也合於互補原理，但是卻與社會對男女角色的看法不一致，如此關係將較前者不穩定，因遭受較多的壓力與衝擊。

　　許多人在擇偶時常期望能找到能互補之對象，並認為互補方為最佳拍檔，如高個子配矮個子；唸文科與唸理工科搭配；優柔寡斷，卻希望另一半果斷明確；有依賴性格，卻想找個獨立自主的伴侶；喜歡照顧他人，另一半最好是習於被照顧者；「小女人」要配「大男人」；甚至是「大女人」配「小男人」。就某些方面而言，互補確實是各取所需，但不見得每種需要的互補都能順利通往婚姻。例如一個獨立而習慣單身生活者，與一個依賴且渴望穩定婚姻者，可能比兩人共同渴望穩定者較不易步向婚姻之道。

　　選擇互補對象的人，也許會面臨較多衝突點，然而，只要彼此能充分溝通調適，正視彼此的差異性，並且保有接納對方的彈性，還是可能會有良好的發展，甚至相輔相成。

※交換觀點

　　擇偶的交換觀點基於經濟學模式而來，其主張爲，個體面臨擇偶如同進行市場經濟，渴望獲得最大利益，並將損失減低至最小。交換觀點基於五個要項：期望、投資、付出、發現替代、與報酬。簡而言之，行爲者接傾向選擇能獲得最大利益之行爲。此暗示行爲者不一定選擇提供最大報酬但付出較多成本之行爲，在交換理論中，利益比報酬更能決定行爲者之選擇。而當報酬很低時，行爲者會考慮尋求使成本降到最低，此即爲最小成本原則。

　　在交換論的架構之下，婚姻也被視爲一個市場交換過程，在交往過程中，人們希望把自己的優點與特長提供給對方，引起對方興趣。另一方面，也希望能從對方獲得更大的回報。過程中，人們不一定選擇能得到最多報酬但卻要付出最大成本的對象，有時會選擇所付出成本最少的對象。

　　在婚姻市場中，男女相遇、約會、戀愛、同居或走向婚姻，正如市場中的交易一般，人們累積資源「待價而沽」，期望換取等值或更好的報酬。以長遠而言，擇偶其實也算是一項對未來的「投資」。當人們擇偶時通常考慮如金錢財物、社會地位、家庭背景、聰明才智、性格特質、以及相貌身材等因素，但這些因素卻因人、因地、因時而異。

　　以女性角度而言，女性面臨擇偶時有時也是一種交換，當女性經濟、社會資源較少時，她也許會以美麗的外表、溫柔的言談態度、家事管理專長等等，與男性「交換」生活、育兒等所需之資源。相對的，男性可能以提供優裕的生活資源、受尊敬的地位等等，來交換對方的人品相貌、家事管理、以及爲自己傳承下一代。

　　但婚姻市場中，並非人人都有相同機率找到婚姻伴侶，並達成公平交易，有一些現象使得某些群體擁有優勢，另一些群體落入劣勢，較普遍的爲「婚姻排擠」與「婚姻坡度」效應。

「婚姻排擠」指男女雙方適婚年齡的人口不均等，而使得男性或女性在擇偶時產生被排擠的不平衡現象。此現象多半受性別與出生率影響。例如，中國大陸自1979年推行的一胎化政策，因重男輕女觀念影響，時常有女嬰被殺害，造成人口中男多於女，故男性便面臨被排擠出婚姻市場的處境。

而「婚姻坡度」指人們對於兩性角色期待不同，使得婚姻市場中經常出現男女雙方社經地位不對稱的現象。此包括兩種情況，即向上婚配與向下婚配。向上婚配即是指擇偶以社經地位高於自己的對象為範圍；向下婚配則指以社經地位低於或相等於自己者為擇偶對象。傳統女性較會考慮向上婚配，但隨著女性受高等教育增多、就業普遍、兩性趨向平權，女性向下婚配情形也日益增加，且男女雙方對於向上或向下婚配的觀念也不再像過去一般固著傳統，同時也較不會受到周遭人過多關注。因此可證明，隨著時代變遷，這種婚姻坡度現象也逐漸有了調整。

以交換觀點而言，人們可能在最初受到伴侶外表吸引，接著在交往了解中評估期價值，然後將角色固定下來。因此外表在擇偶初期階段佔一個重要因素，它決定雙方是否繼續更進一步發展。在擇偶中期的比較階段中，藉言語互動來收集對方資料，加以評估。交往過程中情侶逐漸自我揭露，並引發對方進一步的自我揭露，兩人的關係也進一步提升到較深層的性格部份。最終角色階段指個人在兩人關係中，角色期望與實際情形之評估，及對伴侶之角色期待與實際表現之評估。有時交往初期對對方並不是很滿意的外在因素，經由過程中種種評估與資料收集，往往能轉變對對方的印象，進而提升進入婚姻的可能性，因此在面臨擇偶之初，外在因素固然有影響，然而隨時間推移，內在因素將逐漸取代外在因素的重要性，雙方對彼此更深入的了解，將為進入下一階段奠定更深的基礎。

第三節　擇偶的條件

　　一般而言，人們選擇配偶，多半有個人的目標及考量，有些人精挑細選，訂出許多條件；有些人則隨遇而安，靜候緣份到來。然而不管主動出擊或被動等待，其中總存在著個人偏好與考量的因素，即使一見鍾情式的熱戀，也隱含個人潛在對配偶的觀點與期望。也許是外表的悅目，也許是個性、態度、舉止或談吐等等恰好符合自己的理想。

　　然而，依條件尋找對象的人果真皆能如願找到符合條件的另一半？其實未必，在社會中常可發現許多有擇偶條件限定的人，最後的對象卻與先前設定之條件完全不符；或者因條件太苛，在茫茫人海中，始終是孑然一身；甚至也有條件大多吻合卻又不「來電」的結果。雖然條件不等同於現實選擇，但它仍可以幫助自己釐清自己要的是什麼，同時也能夠成為選擇對象時參考的依據之一。以下就依序簡述傳統與現代常見的擇偶條件與考量。

☀傳統文化中的擇偶條件

　　傳統中國人的擇偶大多依循父權體制的框架，也就是說，只有男性有權力挑選配偶，以史傳與最能表現庶民生活的通俗文學為例，所歸納出的擇偶條件也多由男性角度出發，如：

傳宗接代

　　例如重視女人相貌體型，認為與生育能力有關，以此決定婚配對象，凸顯女性角色與繁衍健康後代的關連。

三從四德

「三從四德」亦即「在家從父、出嫁從夫、夫死從子；婦容、婦德、婦言、婦功」。以今語釋之大抵為：溫順的個性、美麗的外表、優良的品德、溫婉的言辭與精巧的手藝等等。這些都被視為女性能否持家的能力。

門當戶對

如宰相之女嫁給將門之子等等。如果雙方家庭差異懸殊，往往面臨許多困境。如小說戲劇中的才子佳人故事，很多都是描述門不當、戶不對的狀況引起的種種考驗與難題及其結果。

父母尊長的意見與決定

傳統社會中，敢反抗父母之命，追求婚姻自由的畢竟不多，許多人在孝道壓力下只好以父母的選擇為選擇。如民初徐志摩與胡適，身為新文化運動的中堅份子，然卻都與父母決定的對象結婚，因而內心常產生矛盾與掙扎。

從女性擇偶觀點來看，女性所能考量的，大多與對方的經濟能力有關，其目的在於確保將來自己與下一代生活無匱乏。傳統女性面臨擇偶時所扮演之角色，多半為被動之「待價而沽」，台灣父母管教女兒時常會說：「留一點『給人』探聽」，也是同樣的意思。適婚年齡的女子彷彿架上的商品一般，無法表達意見，任憑父母作主而較不敢違逆，其中偶有如嫁給司馬相如的卓文君，因欣賞司馬相如的才華，表現主動追求的行動，然此舉在當時卻也頗引人非議。

此外，在中國傳統上，媒人扮演十分吃重的角色，因古代社

會男女授授不親，只能憑媒人傳話，媒人往往投客戶所好，有時會把雙方的缺點隱藏不言明。在媒人的描繪中，男性一定是「潘安再世、飽讀詩書、家財萬貫、年輕有為」；女性一定是「貌賽貂蟬、傾國傾城、宜室宜家、溫婉賢淑」。結果婚禮過後，洞房花燭，一掀起紅蓋頭，才發現全不是如此者大有人在！真的「完全」符合原先條件者，少之又少。當雙方感受到另一半與自己先前設定條件相差太遠時，很容易演變成三種情況：

1. 婚後才培養感情：如梁鴻孟光夫婦的舉案齊眉故事。
2. 貌合神離，向外發展：如男人流連青樓酒肆，女人紅杏出牆等等。
3. 認命將就：反正已成定局，就接受現實。

　　有一點值得注意的是中國人擇偶的條件中，能與配偶雙親相處好，是一個重要條件。這是與西方較不同之處。中國人，尤其是女子，與配偶家人適應的情形，是婚姻成功與否的重要因素，因為傳統婚後須與夫家人同住。從五言敘事詩「孔雀東南飛」所描述，以及陸游與唐婉、沈復與陳芸的婚姻，都是因為丈夫的父或母（多半是母）的阻撓而宣告仳離或導致不幸，這也是為什麼許多女性會把與男方家人相處狀況當成擇偶條件或考量因素之一的原因。然而，若是雙方能以互相尊重的態度，和諧相處，反而能發揮家族強大的力量。

❋ 現代人的擇偶條件

　　一般而言，人們選擇配偶，多半有個人的目標及考量，如流行於女性間對另一半的「三高定理」（身高高；薪水高；學歷高），即為了確保往後生活無虞。傳統擇偶的重大考量—門當戶

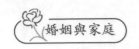

對，在現代也轉型成教育程度、生活觀念上的對等，目的也是爲了降低雙方差異性與衝突性，使婚姻生活較安定。

有人或許會認爲不須有什麼條件，只要對方能「愛我」即可，但「愛我」也算一項條件；有人認爲隨緣就好，但是當緣份來臨時，也會把某些期望投射在對方身上；有人也許是一見鍾情地邂逅了，但是這種看似「盲目」的吸引，是否「無條件」？其實不然，「一見鍾情」事實上也涵括了個人潛在對配偶的期望與觀點，也許是外表的悅目，也許是態度、舉止或談吐兼有哪一點恰好符合自己的理想。

擇偶條件因人而異，且不論外顯或內隱，擇偶的「條件」都是存在的。只是有時人們能覺察；有時卻不能。以今日社會一般狀況視之，目前一般適婚男女面臨擇偶時，除了要有「愛情」基礎之外，多半仍會考量某些現實的因素。常見的擇偶「條件」，約可歸納成下列幾大項：

有愛的感覺

現代純粹功利式婚姻已經較爲少見，有愛的感覺是大多數人選擇伴侶的最重要考量，愛並不一定如羅曼史小說所描述一般轟轟烈烈，它可以是細水長流、或樸實眞誠、甚至轉化成爲家人般的親情。不管是自由戀愛或經由介紹、相親等管道而結識另一半，培養感情是婚前最重要的課題。如果尚未完全發展出愛情，也要具有對愛情發展的未來性與前瞻性。

生理上的條件

例如長相、身高、體重、身材、健康狀況等。對女性而言，「身高」是一個常見的「條件」，在意身高者有些所持的原因是爲下一代優生考量，有些是因爲較「登對」或「較帶的出場」。長

相、身材的條件因人而異，並沒有一定標準，坊間雜誌、媒體常強調某種受歡迎的外表形態，這只能代表某些人的偏好，不適合概括所有人。女性主義的崛起與社會平權觀念的逐漸普及，使得男女雙方對身高、外型等的觀念有了調整，如身高方面，越來越多女性不再在意另一半身高較矮，男性也較不會因為身高問題而自卑。然而健康狀況良好仍是擇偶條件中十分重要的一項。

年齡及教育程度

通常婚配年齡一般多為男大女小；教育程度男高女低。女性面臨較自己年輕的男性追求，受限於社會看法，通常較不會積極接受。另外，學歷方面也會希望男方較高，但此種觀念造成許多女性高學歷或年齡漸長而對象範圍卻縮小的缺點。然隨著女性自我意識提高，年齡或教育程度因素對擇偶的影響也逐漸減少。

性格上的因素

擇偶的性格因素受傳統性角色分工影響。女性在意對方的性格因素如可靠、顧家、節儉、勤勉、情緒穩定；也有女性會被男性的開朗、成熟等因素吸引。男性重視的性格因素如端莊、溫婉、愛心、包容等等，也有男性希望另一半人際關係圓融。此外，角色扮演之偏好也是許多人選擇另一半之考慮因素。如相配或互補的個性。

種族、宗教

例如同族群通婚；同為某種宗教信徒通婚。即使已經邁向二十一世紀，強調族群融合、族群和解等等，但這些意識仍或多或少根植於某些人心中，有時也對擇偶產生或多或少的影響。另

外，宗教教派也有不少規定須與教衆婚配者，這些也是影響擇偶
之因素。

社經地位

　　因受文化傳統影響，女性在擇偶時常會考量對方的社經地
位，如收入、社會地位、職位高低等等，這些除了確保女性未來
之生活資源，還能滿足某些女性的期望，如「妻以夫貴」觀念
等，即使本身也就業的女性亦不例外。如歷來「男醫生」的崇高
社經地位就像「金字招牌」一般，吸引許多女性目光，成爲「先
生娘」也被以爲是女性最好的歸宿，曾幾何時，由於醫生工作忙
碌、危險性高、壓力很大等，且「先生娘」的生活也不如想像中
美好，許多女性漸漸改變方向，把焦點轉向其他行業，如近年來
流行之「科技新貴」，多指在科學園區著名公司工作，收入優裕的
男性，以交換理論觀點而言，此即爲目前婚姻「市場」中的搶手
「商品」。

　　女性的社經地位較不受重視，因爲男性多半期望她能以家庭
爲主，即使雙薪情形普遍，女性職業仍被視爲「半專業」，其收入
也較少被當作家庭「主要收入」。不過社經地位相近的男女，生活
習慣、觀念等較接近，對未來婚姻生活的適應也比社經地位相差
太遠者較容易適應。

與過去經驗有關

　　如與之前戀愛經驗（多半是失敗經驗）、童年經驗、個人成長
過程有關。也許曾經與某人交往失敗，結果造成對感覺類型相似
者，敬而遠之；或再結交一個與之相似者，以彌補心中的失落
感。或者與精神分析學家所認爲的戀父、戀母情節有關等等。

興趣相投與生活習慣相近

例如同樣喜歡做某項休閒、作息時間較一致等等。許多職業性質相近的男女，選擇結婚的因素常常是因為能互相談論，話題、交友圈容易重疊。

周遭人的看法

如父母朋友的意見（對於較保守型的人，仍有比例甚重的影響力）。目前，即使自由戀愛觀念抬頭，但其實對很多人（尤其女性）而言，靠自己結識對象並不容易，或因工作忙碌；或因工作場所較封閉；或個性不喜參加交際活動等等，使得有許多人面臨適婚年齡時，仍保持單身。這時，如何「結識」適合的男朋友，便成了主要問題。

研究家庭或社會的學者指出，遲婚、不婚人口增加（Boyden，1993），使得家庭生態發生變化，但實際上這背後並非像數據顯示般單純。台灣許多適婚女性並非不婚或願意遲婚，只是因為「遇不到」對象。這些女性有在教育界服務、有在公家機構上班、也有任職於私人公司等，由於種種因素，最後仍考慮以「相親」方式來擇偶，且會多方參照父母親友意見，如果這些意見總和為正向，則方有可能再進一步交往。更有些人會先讓父母親友擔任「第一關」把關者，「審核」之後，自己再「親自出場」，在雙方家長或親友認可之下，以結婚為前提進行交往，這是很普遍的現象，也能免除對象不受家人認可，而遭遇重大阻礙的情形。如「羅密歐與朱麗葉」不顧周遭人反對而相戀的情節，在現實生活中，並沒有像連續劇或小說所強調的那樣，那麼容易發生。

其他

　　擇偶條件五花八門，因人而異，有些人的條件是「不與對方
父母同住」；有些人的條件是對方「不菸、不酒、不賭」；有些
人條件是對方「不是長子或獨子」；有些人條件是「不生小
孩」；有些人希望對方「有房子、車子」等等，其實每個人都有
自我的考量，但最重要的是婚前能理性觀察，虛心參考親友建
議，發現不適合自己時也不要勉強，千萬不可存有「將來結婚
後，他（她）一定不會這樣……」的固執想法，太多社會案例證
明，婚前與婚後的表現其實相差不大，尤其有暴力傾向者，很少
因為結婚而使暴力傾向絕跡，婚前就有暴力行為者，婚後再犯比
率很高。

第四節　擇偶迷思與建議

　　擇偶是步入婚姻之道的門檻，然而社會上卻仍存有一些關於
擇偶的迷思。這些迷思或多或少影響個體選擇另一半，甚至對擇
偶造成重大阻礙。以下簡單列舉幾項常見的擇偶迷思與可因應的
建議：

擇偶前「一定」要訂出詳細條件清單？

　　許多人對自己的婚姻對象有某些期待，許多婚姻專家們也都
建議適婚年齡的男女能夠有一張條件「清單」，再「按圖索冀」，
如此可確保成功邁入婚姻的機率。然而人生中常常有許多意外變
數，即使擬定種種條件，也未必能找到適合的對象。社會普遍存
在的擇偶條件對自己而言未必適用，應該視自己與周遭生態環境

的情況而選擇，找出最合適自己的另一半，有時不見得要侷限於他人設定的標準，例如對面貌、身材、家世背景等的要求。因為對他人而言，合適的對象條件不一定適合自己。

另外，許多人對對象的條件採取超高標準，尤其是在婚姻市場中持有有利資源較多者，更傾向要求對方也要有足以互相匹配的因素。然而，人並非完美，自己也可能有某些缺點，因此，雖然要有自己擇偶的主見，但也可以視情況彈性調整，多開展人際範圍，多與人接觸，多觀察比較，同時要能正視對象與自己的優缺點，在能接納的範圍之下，相互包容，對於婚姻才能有更合理的期望與規劃。

交往時，對方的缺點在婚後「一定」能改善？

婚姻對一個人的人格影響並沒有如一般人預期的那樣大，因此在交往時觀察到的缺點，不見得能夠經由婚姻改善。交往時發現對方有自己無法接受的特質時，必須冷靜觀察評估，有時也可以參考親友的意見，或試著與對方多溝通。若在嘗試努力之後，仍發現彼此改變的可能性不大，或接無意調整相處模式，也許可以考慮更換對象。例如交往中觀察到對方有暴力傾向或不良嗜好，這常常延伸至未來婚姻、家庭生活中，如果這是自己無法接受的，或危害自己身心健康，就必須當機立斷，做出最明智的抉擇。

相親是很沒面子的事？

在似是而非的觀念影響之下，「相親」在許多青年男女眼中被視為「落伍」、「沒面子」，甚至認為只有「條件太差」或「錯過適婚年齡」的人才需要相親，因此對這項聯誼活動產生先入為主的排斥，有時因此錯過了理想的對象。「相親」就性質而言，

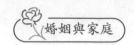

算是一種介紹、聯誼活動，它與青年男女互相介紹認識最大的不同大概有三點：相親有時是經由長輩介紹；相親對對方多半有基本了解；相親的最終目的多半是婚姻。除此之外，大概和一般交往認識不無二致。

生活中發生一見鍾情的邂逅並不多見，平心而論，相親對繁忙的現代人而言，不失為找尋婚姻對象的一種好方法，因為在交往前，雙方的條件都已經過核對評比，其優點在於預先篩選，將減低外來衝突發生的機率。同時，雙方家庭的差異性也較小，生活環境較同質，此外，家人對對方的接納度也較高，這些對未來婚姻生活的調適有正向功能。另外，相親過程也提供適婚年齡男女互相認識的管道，讓工作環境較封閉、工作性質較忙碌的人，有機會與他人交往互動。

相親介紹的對象，也同樣必須經過一段時間的交往、相處、溝通、了解，方有可能進入婚姻階段。因此在擇偶過程中，不須排斥相親，也無須以異樣眼光看待他人相親，只需將它視為認識異性朋友的管道之一，以平常心看待即可。

條件好的人自然會有緣份，無須強求？

社會上常常可見許多錯過適婚年齡的人，其中有的具有令人稱羨的外觀、家世背景、經濟能力、學問素養；有的具有良好的品德、宜人的個性，推究其因不外乎是「緣份未到」。然而，緣份多半還是要加上主動創造、追求與努力維繫，很少從天而降或不勞而獲，因此即使自己擁有得天獨厚條件，除非抱持不婚主義，否則還是需要一點積極性，多增加認識對象的機會、多觀察對象、多給對象機會了解自己，經由相互了解認識，評估未來的發展性，進而決定是否相守一生，共同營造幸福家庭。

第五節　結語

　　時序已進入公元兩千年，回顧近年來全球對於婚姻卻有如下之趨勢：不婚人口增加、晚婚、未婚生子與非傳統型家庭增多等等。由報章雜誌也常可發現近來大眾對婚姻的看法、社會潮流與過去的差異。

　　不過即使社會風氣開放，但是一般人對擇偶的思維與婚姻的憧憬，卻也並沒有太劇烈的變化。以唐人傳奇中的「定婚店」故事爲例，故事中唐代士人韋固擇偶的條件在門當戶對與美貌；再比較前陣子喧騰一時的多起網路交友詐騙案，也再次印證距唐朝幾千年後男子擇偶條件仍屬同一範疇，其內容不外乎：外表、身家背景等等。除了對現代網路的速食愛情抱持存疑態度外，對這根深蒂固於社會文化的擇偶觀也應有些了解。

　　男性重視對方外表條件與女性重視對方提供資源的現象，中外皆然。如大眾常以「郎才女貌」來祝福結婚新人，卻不見「郎貌女才」的形容方式。也許眞是遠古老祖宗進化過程在我們基因中留下的遺跡吧！生物性的本能驅使這種選擇方式的流傳。而婚前互配性的研究顯示：婚前愈匹配愈易發展成伴侶。尤其在角色扮演與休閒方面，相似度愈大、情感愈深、溝通愈多的伴侶，滿意度也愈高。很少有人選擇與自己「完全相反」的人，多半有些許的相近之處。由上述可知擇偶偏好影響著擇偶行爲，但擇偶偏好與行爲實際上卻是有落差的。

　　不同的環境、背景；不同的人生過程與觀點，都可能產生出相異的擇偶觀，社會文化的觀點與主流價值，也會對個人的擇偶態度造成影響，因此在進行抉擇之際，偶爾關照一下自己成長環境、背景，將會對自己的擇偶觀有正多了解，當對自己認識越

深，越能了解自己擇偶脈絡與偏好，無論對對象的選擇與未來婚姻、家庭生活都將有正向助益。

【問題與討論】

1. 討論談戀愛與擇偶兩者的同異，並說明同異的原因為何。
2. 請列舉自己希望將來婚姻對象的十個主要條件，說明使您重視這些條件之原因。
3. 根據上題列出的十個條件，將自己與可能對象之各項條件評分，比較總和的差距。再想想看，是否將上題的條件做修改。
4. 教師可收集全班同學擇偶條件資料，做簡單統計，歸納擇偶偏好，並引導討論。

建議閱讀的書目

1. 王安娜譯（民85）。愛不必怕承諾。台北：希代。
2. 彭懷真（民87）。婚姻與家庭。台北：巨流。
3. 張老師月刊編輯部（民79）。中國人的婚戀觀—允諾與嫁娶。台北：張老師。
4. 張惠芬譯（民87）。步入婚姻之道。台北：揚智文化。
5. 楊士毅（民85）。愛、婚姻、家庭—差異、衝突與和諧。台北：揚智文化。
6. 蔡文輝（民87）。婚姻與家庭—家庭社會學。台北：五南。
7. 藍采風（民85）。婚姻與家庭。台北：幼獅。

參考書目

李美枝（民85）。兩性關係的社會生物學原型在傳統中國與今日
　　台灣的表現型態。本土心理學研究，第五期，P.114-174。

吳明燁（民88）。擇偶，收錄於：周麗端等編著。婚姻與家人關
　　係。台北：空大。

張乙宸譯（民82）。Green，M.原著。婚姻關係。台北：遠流。

張惠芬譯（民87）。Murstein，B.I.原著。步入婚姻之道。台
　　北：揚智文化。

陽琪與陽琬譯（民84）。婚姻與家庭。台北：桂冠。

彭懷真（民87）。婚姻與家庭。台北：巨流。

蔡文輝（民74）。社會學。台北：三民

蔡文輝（民87）。婚姻與家庭-家庭社會學。台北：五南

藍采風（民85）。婚姻與家庭。台北：幼獅。

Boyden, J. (1993). Families. New York: Gaia Books.

Brehm, S. S. (1992). "Intimate Relationship". NY:
　　Mcgraw-Hill, Inc.

Feingold, A. (1990). Gender differences in effects of
　　physical attractiveness on romantic attraction.
　　Journal of Personality and Social Psychology.
　　59(5). P.981-993.

Levinger, G. & Rands, M. (1985). Compatibility in
　　marriage and other closerelationships. In W.
　　Ickes(Ed.). Compatible and incompatible
　　relationships. New York : Springer-Verlag.

Olson, D. & Defrain, J. (1997). Marriage and the
　　family: Diversity and strengths. CA, Mountain
　　View: Mayfield.

Surra, C. A. (1990). Research and theory on mate selection and premarital relationships. Journal of Marriage and the family, 52, P.844–865.

Chapter 6

婚前教育

陳怡吟

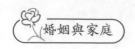

結婚不是戀愛的終結；「愛的事業」是永無止境的。

～大仲馬

愛情若不是產生於對社會共同信念與事業志趣的基礎上，那是浮萍的愛，極易隨風而去；只憑感情衝動所造成的愛，有如建築在泥沙上面的塔，總不免要倒塌下來。

～歌德

婚姻不是建立在愛情之上，而是建立在誠懇上，也就是要誠懇的面對自我與對方的現實世界。

～湯姆・麥金尼

前言

　　家庭是由血緣與婚姻關係共同組成的親密團體，也是社會組成最基本的單位，可以提供家中成員情感的支持與成長的需要，使得個體能在社會獨立生存。然而，家庭的形成，是仰賴於婚姻制度的建立與維持，婚姻是人類社會最重要且親密的制度，婚姻關係的聯繫與否影響著家庭的建立，並且與社會家庭各類問題的衍生，有著密不可分的關係。

　　近年來，由於經濟現代化、政治民主化的影響，造成社會變遷快速，價值觀日漸趨向多元，影響的層面更擴及到婚姻關係的維繫，致使社會各地都面臨到婚姻的危機，而離婚率的迅速增加，兩性關係也顯得日趨複雜。隨著二十一世紀的資訊時代來臨，現代人追求快速效率的同時，連愛情觀也產生改變，追求「速食愛情」、「速食婚姻」，

大多數的人以為只要兩情相悅，幸福美滿的婚姻就唾手可得，殊不知「相愛容易相處難」，要取得結婚執照甚至是比取得駕駛執照還要容易的，想要取得駕照，必須先要勤加練習，熟習開車的規則技巧，直到能運用自如，通過考試後才能拿到駕照開車上路。因此，事先的準備工作是十分重要的。相對於結婚證書，卻不需要任何資歷證明就可以取得，難道結婚是不需要學習的嗎？許多人急著步上紅談的那一端，然而，卻落的離婚收場、勞燕分飛的人也不在少數，大約有百分之四十的夫妻在結婚一年內就鬧離婚了。一個對「新婚狀態配偶」的研究中便指出，約有49%的新婚者以產生嚴重的婚姻問題，而另外50%的人懷疑，未來是否能夠走完婚姻之路。愛情是盲目的，婚姻才是放大鏡。婚前很多人對婚姻抱太大的期望，有了期望，若沒有達到理想，就難免不失望，致使許多人認為婚姻是戀愛的終點，婚姻之路也就比原來預期的還要難行。兩性關係是人際關係中最親密的一環，結婚更不是輕而易舉的事，婚姻使兩人步出原來的家庭，完全不同的兩人，再組成一個休戚與共關係的家庭，必定會遭遇有許多的問題。所以，婚姻需要兩人共同調適、維護、建立共識，並在婚前有所準備，才不致婚後遇到挫折，使問題擴大或惡化，到頭來只是徒增遺憾。

　　所謂「好的開始是成功的一半。」，婚前有好的開始，即是婚姻成功的一半。目前台灣每年約有二十萬對的青年男女結婚成家，然而，其中有多少人能意識到婚前準備的重要呢？隨著離婚率日漸增高，離婚所衍生出來的問題層出不窮，如：單親子女生活適應、教養問題等，使得有關當局不得不重視婚姻、家庭的教育問題，教育部更積極研議立法，在「家庭教育法草案」第十二條便指出：「直轄

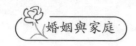

市、縣（市）主管機關應研訂獎勵措施，鼓勵適婚男女參加四小時以上之婚前家庭教育課程，以培養正確的婚姻觀念，促進家庭的美滿。（民國90年3月14日行政院通過版本），足以見得政府對於推動婚前教育的重視。婚前教育，是一個學習的歷程，期望使即將進入婚姻的男女，結婚的旅程能走的更平穩、更幸福。其主要目的主要提供了幾種有效的方法：第一、提供婚姻生活的真相；第二、鼓勵兩人面對自我；第三、調適彼此間特殊的困難，使得婚後更能適應良好。美國著名的婚姻專家大衛梅士曾提到婚前教育對婚姻關係的增進有五大好處：（引自張資寧譯，民89）

1.可明白婚姻的意義與目標。
2.可順利而迅速地在婚姻中適應。
3.有較佳的機會達到高程度的婚姻滿足。
4.有機會成為一個成功的父母。
5.面臨困擾時，能及早尋求婚姻輔導的協助。

本章及希望藉著文字的說明，使同學了解時代變遷中，婚姻的真諦及婚前教育的概要，而在未來準備婚姻的國城中，能參與教育課程，使未來的婚姻旅途，能得到更多的能量，擁有一個幸福美滿的婚姻。

第一節　認識婚姻

✳ 新的婚姻觀

　　隨著社會的變遷，現代的婚姻正面臨轉變，從傳統的婚姻觀正面臨著極大的挑戰。日本在1986年一項跨國的研究，希望了解世人眼中的二十一世紀面貌的研究中發現，人們預期「婦女會更自主，婚姻與家庭會出現更多型態。」這代表：婚姻會愈來愈複雜，家庭也會面對功能的急遽轉變。人們預期二十一世紀的現象中，與婚姻家庭密切相關的包括：（節錄自彭懷真，民76）

1. 不結婚的男女會增加，代表人們預期選擇單親、同居等婚姻方式的人口會明顯增加。
2. 生男育女也將可以控制。
3. 女性主管會普遍增加，但也有部分的人同意：完全的男女平等是不會在下一世紀發生的。
4. 薪水階級利用電腦可在家中上班。
5. 離婚會增加。
6. 犯罪增加，治安惡化。

　　這項預測的研究中，我們發現傳統婚姻型態、兩性關係、工作型態、價值觀等，會有莫大的轉變。然而，生活在二十一世紀的我們，是否證實如預測所言，正面臨到這些轉變，甚至更多。由傳統農業社會生活，進入工業社會生活時，婚姻方式的改變，同時也反映出整個社會的改變。事實上，改變並非一定叫人害怕。今天人類過的生活品質是要比整個悠長歷史中任何一個時代都要好了。婚姻也是一樣，現代人創造更美好的婚姻，可說是比

以前任何時代的可能性都要高。改變,如果能從正確的去了解其意義,對婚姻是有好處的。在現代化的衝擊下,婚姻生活方面有以下幾項顯著的改變:

大家庭式微,以小家庭為主

從前傳統家庭型態以大家庭為主,家庭成員較多,夫妻碰到婚姻問題時,可以及時請教長輩化解難題,家庭的資源較多。相形之下現在,小家庭趨向孤立,三代同堂的情形已經不多,家族成員分散,難免導致親情的淡薄,雖然小家庭較可以避免家族成員相處的問題,但由於平時得不到父母長輩們的從中輔導,一旦遇到棘手的問題時,面對問題的解決就倍感無助了。主張小家庭生活的普遍心態影響著男女之間的交往,不少人在交往時,根本為將與對方親人的問題考量在內,以致婚後更造成孤立及親情淡薄的現象,社會連帶關係式微,間接的使得婚姻的約束力減低許多,離婚率漸漸增高。

自由戀愛取代媒妁之言

隨著個人主義思潮的影響,自由戀愛已是因應社會變遷的一種自然現象。這種觀念直接影響年輕人想往「自由決定」的婚姻。但是令人關切的是,戀愛雙方是否足夠成熟到可以自己來決定終身大事呢?現代年輕人在「愛情至上」的口號下,男女兩人可以不論年齡、教育程度、及種族等的差異。事實上,男女兩人的背景差距越大,婚後的適應也會愈困難,除非他們已經成熟到可以克服雙方懸殊的差異,否則,只有浪漫愛為基礎的婚姻是相當危險的。婚後不顧一切離婚的人,往往是婚前不顧一切結婚的人。自由戀愛影響了一種偏差心態的形成,就是以自我為中心,而只顧著去找一位適合自己的伴侶,忽略了成功的婚姻應是基於

彼此共同的努力及調適，婚姻「不是找一個合適的對象，而是做
一個合適的人」。

夫妻角色的改變

　　過去傳統的婚姻，夫妻角色是固定的，「男主外，女主內」，
夫妻各盡其職，不會無端彼此干擾。而現代人的婚姻中，男女角
色較有彈性，太太可能也在工作，先生或許也被要求回家幫忙家
務。夫妻間的關係是一種平等的合夥關係，丈夫妻子的角色要是
個別情形來決定。對於孩子的出生，現代人會覺得即使有了小
孩，也不能淡薄夫妻的親密關係，強調夫妻之間的互助關係。

強調性的重要

　　過去對「性」強調傳宗接代的功能；而現代人進一步強調，
性也是「愛的表示」、「愛的分享」。在人們過份重視性且公開談
論性的趨勢下，應不免產生下列兩種錯誤的觀念：

1.認為夫妻關係中，性是最重要的一環，或夫妻感情不睦
　時，便人為是性生活不協調，以為只要性問題解決了夫妻
　問題就迎刃而解了，事實上並非如此。
2.過份強調性的快感經驗，在夫妻性生活不協調時，就利用
　「外遇」來補償。在社會中，性的誘惑很多，不要忽略人理
　性思考解決問題的能力，婚姻的問題應由夫妻雙方共同解
　決。

離婚漸被接納

　　過去的社會比較保守，一個離過婚的女人在傳統社會中會受
到歧視，所以就算婚姻在怎麼不愉快，大多會忍辱吞生，有著

「嫁雞隨雞，嫁狗隨狗。」消極認命的想法。此外，過去女人的地位低，又沒有謀生能力，如果真的離婚了，誰來養他？現今的社會，女性意識漸漸抬頭，女性的教育程度也普遍提高，而且大多人也都有自己的工作。當婚姻問題無法解決時，可以不用擔心經濟問題而提出離婚。由於現代社會較開放且尊重個人的自由和自主權力，對離過婚的人接納度相對比起前高許多。

為人父母的重任產生改變

過去結婚的首要目的就是生兒育女。孩子有傳宗接代的使命，將來要負起家庭的責任，以及供養年老的父母。現在已經完全改變。兒女眾多所帶來的經濟負擔太大，小家庭才合現代的要求。從某些方面來看看，似乎減輕了許多負擔。但從另一些方面來看，父母也有了新的責任。大家庭中，年長的孩子可以幫忙照顧年幼的孩子，家庭成員較多，也可以幫忙教養。現在，每一個孩子都需要父母許多個別照顧，在這個競爭社會中，同時需要接受漫長而昂貴的教育，才能成為一個能負起責任的成人。今日無數的父母感到心靈的壓力，覺得作父母是難為又挫折，也形成有部分的夫妻，寧願不生孩子，追求自我離想的實現。

總括地說，今天的婚姻不再是遵循一副標準藍圖這麼簡單。雖然，婚姻正面臨轉變，不過也別忽略了，今天的婚姻能夠給予個人更多的滿足、個性的發展、以及情緒的支持。這是過去傳統婚姻不易辦到的。所以面對現代婚姻帶來的好處，使彼此的婚姻更具彈性，經過「適應—目標調整—分化—整合」等階段，不斷的調整，要隨意宣布婚姻結束，就可能不是件容易的事了。

✳婚姻的危機與調適

婚姻是古今中外男女所嚮往的兩性關係，同時也是社會秩序安定的基石。然而，今日世界所潛伏的婚姻危機卻日益嚴重，婚姻制度以面臨嚴重的考驗，致使我們需對婚姻面臨的危機作一檢討，目的是希望能從現象中發現事實及問題癥結所在，從而更加肯定婚姻的存在意義，且進一步探討婚姻調適的重要。近年來，婚姻面臨的危機有：

離婚率全球普遍偏高

全球離婚率的統計數字不斷地提高，使婚姻制度面臨到極大的挑戰。婚姻代表了分離、痛苦，造成人生中的重大心理壓力和危機考驗，甚至對孩子成長的也造成負面的影響。統計的數字是代表了法律上離婚的人口，但除了法律上的離婚外，還有其他不同型式的離婚，如婚姻「同床異夢」感情上離婚的婚姻也是常見的。

婚姻的內在危機

單從離婚率的高低，並不能絕對地看出婚姻是否真正的面臨危機，何況現在人還有所謂的建設性離婚、良性離婚。換言之，過去傳統社會離婚率偏低，並不意味著當時多數的婚姻是幸福的，只是過去的夫妻不採取離婚來解決問題。反觀今日社會，離婚率已增加到令人深感震驚，離婚所導致的家庭破碎，夫妻子女深受其害，離婚所帶來的社會問題更是不勝枚舉。然而實際了解目前婚姻生活的現況，發現已婚夫妻承認他們婚姻幸福的仍是少數，大多數認為他們的婚姻是不理想、不幸福的。可見婚姻的危機不單是離婚率的身高，更有其質的內在問題，才是影響婚姻幸福與否的關鍵。

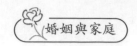

婚姻恐懼症

由於離婚率的增加，婚姻問題日趨複雜嚴重，使得人們不經會懷疑「婚姻是不是戀愛的墳墓」、「婚姻像一座牆，外面的人只顧往裡衝，裡面的人卻想往外跑！」，令人對婚姻是既愛又怕，深怕一進入婚姻後，比單身時更沒有保障，甚至落得離婚的下場。誠然離婚是人生最悲痛的經驗之一，使得家庭成員受創，進而造成社會問題。然而，若以離婚率來衡量婚姻的意義，就好比以死亡率來衡量生命的價值一般，是十分不智的。事實上，除了未婚者嚮往婚姻生活的事實外，許多離過婚的人仍然期望再婚，從再婚率更足以評價婚姻的意義，我們可以覺查到一個明顯的事實，人們不是對婚姻生活絕望，而是期望著一個改善的、更美滿的生活。

先「有」後婚—婚前性懷孕

根據師大衛教系教授晏涵文之「現代青少年的感情生活與性教育」研究發現，比較一九八八年及一九九八年間，二十歲左右青少年的性行為及性態度中顯示，男性婚前性行為的比例在一九七九年時為20.7%，一九八八年增加為35.2%，一九九八則小幅增加為37.5%。 但女性婚前性行為的比例在一九七九年時為4%，一九八八增加為6.9%，一九九八年竟大幅增加為26.7%。等於現代女性每四人之中，至一人有過婚前性行為。而隨著女權意識的提高、社會觀念開放，我們看到愈來愈多的女性有過婚前性行為，婚前發生性行為較過去普遍，但令人憂心的是，兩性教育普遍不足，以及社會常將性教育視為禁忌避而不談，性知識的不足，造成了婚前懷孕、非法墮胎的增加。這代表了把愛情和性分開看待的新道德觀已經形成。兩性相悅固然是自然的事，但若是在人格、心智尚未完全成熟，且對婚姻家庭的目的、功能尚無健

全概念時，及進入性生活或已經懷孕，實在是婚姻的一大危機。
婚姻關係原本就是特複雜的結合，婚前先有了小孩，在雙方都還
未調適好的狀況下，貿然的進入婚姻，接踵而來的問題，如夫
妻、姻親、親子、事業、家庭等，都將使兩個人感到極大的壓
力。所以，現代男女性在勇於品嚐禁果時，應有的心理建設，婚
姻是必須有充足的準備才能健全運作的，在條件均未具備時，貪
圖性需求的滿足，造成的後果，是值得青年男女三思的。

婚姻的變形—同居、試婚

　　由於社會觀念的改變，越來越多的未婚男女會選擇同居來體
驗約會所無法提供的親密關係與共同生活的感覺，有人更視同居
為「試婚」。這些同居的男女，在無正式婚約的情況下，過著一種
親密且有性行為關係的同居生活。同居並不全然是反對婚姻制
度，而是以試婚階段來更接近婚姻關係，測試彼此是否合適，若
以功能來看，具有兩項功能：

1. 試婚可以提供真實的婚姻生活情境，當事人可以觀察到真
   實生活的對方。
2. 經由真實的互動，雙方可以更進一步的調整自己的角色行
   為及期望。雖然如此，研究卻證明，經過試婚階段的婚
   姻，不但沒有比較穩定的關係，反而離婚率較高，使婚姻
   出現危機。主要是因為，婚前同居仍然不是社會所讚許的
   方式，而且會受的需多社會的壓力與輿論。另一方面，對
   於這些勇於嘗試性格的人，通常也較勇於以離婚來結束不
   愉快的婚姻。

　　今日婚姻的危機問題，並非婚姻本質的問題，「人」本身才
是問題所在。雖然，現在的社會看來，婚姻中似乎充滿了危機，

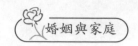

充滿了變數,一不小心就會釀成悲劇的發生。然而,未婚男女若能在婚前多做準備,建立正確的婚姻觀,積極的學習婚姻所可能會面對的問題,並且學習調適。婚姻仍是世人所嚮往的社會制度,只要做好調適,就不會被社會一些較偏頗的思潮所取代,反而會維繫在健康、和諧的親密關係中,不斷成長的。

「你無法了解一個人,除非跟他相處。」男女交往在戀愛時兩人情投意合,但是當他們進入婚姻後,要朝夕相處生活在一起,加上婚姻中的一些生活瑣事,在婚姻的適應上勢必會出現困難。美國美滿婚姻協會的研究發現,夫妻關係中,夫婦們應努力克服、化解的問題有:家居的規劃安排,共同參與財務管理,安排時間,調適彼此友伴、社交生活與休閒生活規劃,發展共同滿足性生活、飲食、睡眠習慣的調適,建立有效的溝通管道,是否願意擁有子女,了解彼此的價值和目標,學習化解衝突,對性別角色的認知與協調,建立合作與團隊的規範,確知配偶身體與心理的健康狀況,適應彼此的節奏,學習危機調適,發展姻親間的良好關係,了解並接納配偶的職業目標,學習共同決策,接納彼此的信念,才能有較好的婚姻適應。而夫妻關係的發展牽涉的幾方面的調適:

思想上的調適

是指夫妻之間在思想層面上的溝通。有關夫妻的價值觀、人生觀、金錢觀、宗教觀念、政治等,整個對生命的態度和看法,都必須協調。例如:你嫁給什麼樣的人,什麼工作的人,或許你的生活就會受到影響,而你能調適嗎?並非要「嫁雞隨雞,嫁狗隨狗」,而是在婚前就考慮這些問題,在婚後就應該相互適應。

責任分配的調適

以往社會要求女人要「三從四德」服從男人，由男性主宰一切；現在社會兩性漸趨平等，在職責的分配上，夫妻如何有效的相互支持，就顯的格外重要了。

性生活的調適

性關係是夫妻之間最親密的一環，他不是一種責任，更不是一種義務，是夫妻之間身心靈合一的分享，應該相互協調配合，才能使夫妻兩人都能享受其樂趣。

生活作息的調適

夫妻兩人作息習慣可能會不相同，或因工作時間無法配合，結婚初期不一樣的現象會特別明顯，所以夫妻應學習彼此協調，才能使生活相交集。

休閒安排的協調

男女在戀愛期間，見面約會彼此會感到較期待，較有新鮮感，而婚後的生活不像以前那麼新鮮刺激，所以，夫妻應該發展出共同的的休閒娛樂安排，增進生活情趣，婚姻生活會較美滿。

未婚男女在踏入婚姻前要好好思考、了解到婚姻調事的重要，做好心理準備，建立彼此共識，有共同的目標，將來傑婚後，面對婚姻生活問題時，才不會措手不及。

第二節　婚前教育的意義及重要性

❋ 婚前教育的意義

西方的諺語云：「一分的預防勝於十分的治療」。任何事情若在事前有妥善的準備，成功的機會都要大些，而且許多婚姻問題，並不是在婚後才發生的，在婚前就可能已經隱藏著這些危機。婚姻既然是人生的大事，更應該審慎提早做準備，預備自己成為一個理想的伴侶，自然對婚姻就不會感到恐懼了。

婚前教育著重在教育的「預防性」意義，強調學習者的預備學習狀態，預防包括了防止新問題的發生、舊問題的再生，因此需要早期發現問題，分析成因，設法及早加以控制，以減除問題狀況。預防一詞，有三個層次，分別是初級預防、次級預防、三級預防。初級預防，指的是在問題未發生前，便先接受溝通教育或各種能力的訓練，預先處理防止問題發生，以減少問題出現的機會，如婚前健康檢查、各種婚前的心理衛生教育、異性相處知能、對婚姻的認識、溝通能力訓練等均屬之。次級預防，則只針對已發生危機的婚姻，但還不是很嚴重的時候，所給予的問題評估和處理，幫助當事人及早治療，避免問題惡化。三級預防，指問題已到了相當困擾當事人的地步，治療時，以避免問題一再重現為當務之急，當事人首先學會的是減少問題的再發生率，期望透過預防性婚姻服務的提供，減少婚姻危機發生的機率，並學習較積極的態度去面對婚姻中的衝突關係。婚前教育，即為初級預防，預防個人及社會可能發生的問題，期望由婚前的學習與認識，使婚後夫妻齊心協力，解決婚姻互動中的困難，並可相互體諒，以避免可能發生的問題，影響婚姻生活的適應。

婚前教育是要具體的幫助一個人，使其在婚姻各個條件上，

更趨於成熟，如：生理發展、情緒處理、人際關係、責任感、價值觀等，使個體成為一個成熟的人。然而，並非只靠著短期的教育就能促成，最佳的教育場所實際上便是我們所生活的環境。社會、家庭、朋友都是無形中影響我們的人。因此廣義的婚前教育，是指一個人由出生到結婚前，對人生的體驗與學習，它是一種全人教育，只要是「未婚者」就是婚前教育的對象。普遍的婚前準備方案，對象大多以高中和大學生為主，進行所謂的家庭生活教育課程。而狹義的婚前教育對象，是針對進入適婚年齡且尚未結婚的青年男女。在法律上所界定的適婚年齡，男性是滿20歲，女性是滿18歲。另外若以交友狀況為必要的條件，婚前教育對象之範圍設定為即將結婚的新人，或是已有固定交往對象的青年男女。

✳婚前教育的重要性

幸福美滿的婚姻是無法自然天成的，並需透過不斷的學習適應的過程達成的。婚前的教育，基本上是希望透過教育，幫助情侶們為其親密關係建立一個好的開始，藉由婚前的準備與了解，使當事人有能力去面對婚姻問題與做選擇。由於是如果婚前情侶能在婚前就學習衝突的處理、溝通的技巧，則婚後較容易適應婚姻生活。在我們現在的社會中，正處於傳統趨向現代化的過渡期，許多生活形態、觀念都在改變，但過去的傳統，對年輕人仍有許多影響，致使他們常面對一些抉擇，感到矛盾不安，若情侶們能加強這方面知識的獲得，就能多一份自處的能力，也就較能在這個變動的大環境中，找到自處的平衡點，也就較不易迷失在社會表面的現象中。而且許多研究證明，情侶們會把訂婚期間所產生的問題，帶入之後婚姻生活當中，甚至製造更多的衝突與問題，使得這個婚姻衝突的雪球便越滾越大，無法收拾。所以除非

在婚前就學會面對他們現在的問題，否則將在婚姻中形成更多的問題。在問題還未演變到無法解決程度之前，也比較能學習婚姻問題解決的原則及兩性相處的技巧。另外，研究也發現，造成比較容易傾向離婚的背景特質中，婚前認識不足、夫妻雙方背景因素差異太大、夫妻雙方角色定義及認同差異過大等，都是傾向離婚的原因。我們不難發現，這些因素都是在婚前便可以避免的。所以，婚前教育的重要性，即在於提供有關婚姻的相關課程，使未婚者在婚前學習如何面對真實的自己，讓未來的伴侶更加了解你，藉此了解婚姻的意義及內涵，找出一條共同可行的婚姻道路，學習預備自己的能量來經營婚姻。教育即在藉著對可能發生的問題作一些預防與準備，相信可以幫助情侶，以更穩健的腳步步入婚姻。

根據內政部的統計資料數字，民國85年台灣地區人口結婚對數，即有169,106對（內政部統計處86年）。每一年都會有這麼多的人，步入婚姻禮堂中。而且，若從夫妻結婚開始算起，一天24小時每天朝夕相處，在正常的情形下，婚後相處的時間，常是比單身的時間還長。

婚姻對個人的生命發展任務而言，實在是十分重要，勢必做好周全的準備才行。然而意識到婚前教育重要性的人卻不多。在準備不充分的情形下，不僅婚後需花更多的心力去適應，且有些甚至以離婚收場。若再從婚前教育的影響，觀其重要性：

對婚姻品質的影響

婚前教育的實施，可以幫助未婚男女消除不正確的結婚動機，更加了解彼此，養成獨立自主的能力，使其浪漫愛昇華為足以克服婚姻現實的愛情，進而使婚姻的品質更為提升。

對夫妻的影響

婚前若雙方即進行不斷調適、溝通的歷程，婚後的生活會較與自己理想相差不遠，就不會感到挫折，也較能達成自我理想、自我滿足的實現。

對家庭成員的影響

對於人格發展而言，孩提時期的家庭生活是最早同時也是最重要的影響。父母的婚姻狀態或父母與子女的關係都會影響一個人的人格發展。而且，婚姻不單是夫妻兩個人的生活，也直接、間接地影響到下一代的幸福。父母的婚姻如果是幸福的，也將有益於其子女的婚姻。

對社會的影響

婚姻是家庭的基石，家庭更是社會安定的關鍵因素。人從呱呱落地後，一生幾乎無法脫離家庭獨立生存，有健全的婚姻，才有健全的家庭，也才能孕育健全的下一代。因此家庭的健全端賴婚姻的適應與否，而唯有透過婚前教育的實施，增進彼此婚姻的適應力，以減少家庭及社會問題的產生。

婚前關係是未來婚姻的重要基礎，婚前教育可以有效的協助其未來婚姻生活的適應。在婚姻問題層出不窮的今天，若不注重婚前教育的預防工作，不管婚後如何加強輔導，一定無法趕上婚姻問題的產生。因此，應積極加強婚前教育工作，以減少婚姻問題的發生。

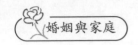

第三節　婚前教育的內涵

　　婚前教育的主要內涵包括：對婚前的評估、婚姻生活實際問題的了解、兩性親密關係的建立、良好的溝通、角色扮演與衝突解決、個人與家庭經營、婚姻關係的長久與鞏固七部分。分述如下：

✳ 婚前評估

　　包括：了解自己與對方的人格及價值觀、了解兩人家庭背景的異同、了解原生家庭對婚姻的影響。分為自我及彼此之間的評估兩大部分。

自我評估

　　婚姻並非是在找尋「另一半」，事實上，一個人就算還沒有結婚，也是一個全人、完整的個體。「找尋另外一半」的錯誤觀念，造成許多人為了結婚而結婚，認為在找到另外一半以前自己是不完整的。這種觀念使得婚姻往往在不成熟的基礎在奠立，便加重了婚姻的不穩定性。事實上，婚姻是必須由成熟的人所組成，要有「全人」的概念才行。所以自我認識的程度影響著婚姻的關係，可說是邁向成熟的首要步驟。在進入婚姻之前，多花一點時間，進行自我評估，認真的面對「真實的自己」。了解自己的成長過程，藉著自我探索，了解家人對愛的表達方式，原生家庭對你的影響，在人格特質、思想、行為、價值觀等方面，對你的影響為何？哪些是適合帶進婚姻？哪些是需要調整的？一個成熟的人，要為自己的決定負責任，並且尊重對方，這樣成熟的個體才適合婚姻。

彼此之間的評估

　　了解自我外，也讓對方了解真正的你、和家中互動的關係，預備學習如何和姻親相處，了解彼此的個性差異，彼此的背景是否相近，是否有足夠的感情基礎，又是否有足夠成熟與能力，來克服背景的差異，並且接納彼此的不完美，建立一個完全接納信賴的關係，是兩性關係親密的第一步。在步入紅談之前，要考慮對方是不是你的終身伴侶外，還要想想他（她）是不是你長久的好朋友，孩子理想的好父親或母親。因為婚姻不是永遠只是在新婚蜜月這個階段，婚姻生活中是存在著許多現實面。另外，在台灣並不像歐美社會有絕對的小家庭，所以在婚前要多了解對方的家庭狀況，在適當的時候跟雙方的家人接觸，既然結婚後會受到雙方的家族影響，越早了解，可以越早調適。有人說：「婚前眼睛要放亮一點，婚後要睜一隻眼閉一隻眼。」是指婚前要看清楚對方真實的一面，婚後要少看缺點、強化優點，使婚姻在享受中維持。

※ 婚姻生活實際問題的了解

　　其中包含：學習維持良好的婚姻、了解家庭發展過程中面臨的問題、學習管理財務、學習增進生活樂趣、了解伴侶工作狀況、學習安排家人休閒生活等。婚姻生活充滿了許多複雜瑣碎的事和物的關係，結婚之後才學習經營婚姻似乎稍嫌晚了一點，遇到的困難也會比我們想像的多。因此，婚前教育，便是希望男女雙方在婚前事先了解新的真相，讓結婚的當事者知道除了愛情之外，還有多少生活的事實真相並需去面對。這些現實，有些是好的，有些是壞的；有愉快的，也有痛苦的。要維持一段婚姻，絕對是不容易的，並需要雙方，努力去經營，細心去規劃，並且認

眞去實行，預防問題的產生，使其更適應婚後的生活。對於家庭
發展過程所可能面對的問題應有所了解，才能預先做好家庭計
畫，以避免問題發生。另外家中的經濟來源也是婚姻中一項很基
本的責任，誰有什麼樣的責任，誰做什麼樣的事情，在婚前要互
相溝通清楚。例如：經濟來源是共同負擔，或是一方來負擔，另
一方負責家務；家中財務的管理；家事的分配；雖然不需一件一
件斤斤計較，但至少需要建立共識。另外，在學者研究中更發
現，夫妻休閒活動，不論活動的頻繁、對象的安排都與婚姻滿意
有關，可以藉著適當休閒活動的安排，培養婚姻與家庭的凝聚
力，使婚姻生活更添情趣。

※ 兩性親密關係的建立

其含意包括：學習建立和諧的性生活、了解彼此對親密需求
的異同、了解愛與被愛的意義、學習彼此分享友誼等。以下分為
婚姻中的愛及性關係兩部分來談。

婚姻中的愛元素

心理學家佛洛姆指出：對於愛的定義會因是否成熟有所不
同，嬰兒時所遵循的原則是「因為我被愛，所以我愛」，但是成熟
的愛所遵循的原則是「因為我愛，所以我被愛」，不成熟的愛是
「因為我需要你，所以我愛你」，成熟的愛則是「因為我愛你，所
以我需要你」。嬰兒的愛是以公平為原則；不成熟的愛是把愛當成
功劇，只有工具功能性及功利性的價值；而成熟的愛是把愛當作
目的，是具有內在價值的。婚姻中兩性的愛即是屬於成熟的愛，
是有意義、有價值的愛。兩性之間隨著時間與經驗加深彼此的情
感關係，強調彼此之間的了解與分享，把愛建立在自我接納上，

對自己、對另一半都有信心，願意無私的分享成長與感受，有如朋友一般。成熟的愛也包含性方面的滿足，讓他們在性感到滿足的不是光靠外表的吸引，重要的是兩人心靈上的成長與溝通藉著心靈上的互動，使兩人更加能在生理上及性生活上得到滿足。婚前教育，是希望當事者面對現實，了解現實，使彼此的愛不只有理想，更足以面對婚姻中種種的壓力，知道如何克服、如何協調，使他們的愛能在現實中生存，在現實中成長。

婚姻中的性關係

理想的婚姻要具備健康和諧的性生活，知道性在婚姻中的地位，才會過份重視或逃避它。了解夫妻共享性是既正常又美好的是，但卻又不是婚姻的全部。婚姻的親密關係不應只靠性維持，但夫妻在婚姻生活中是需要性來滋潤他們的愛情。夫妻之間的性與愛，會有三種組合：第一種是有性沒有愛，只有性而沒有愛的關係，是無法維持長久的。若婚前男女只有性沒有愛，會使得彼此的關係，彷如行走在鋼索上一般，會有危險且有後遺症的。而一個沒有愛只有性的婚姻，更會產生許多婚姻問題，有的不敢啓齒，只好忍耐；有的在風月場所或用外遇來彌補性的需求；甚至有的用報復的手段，或虐待、侵犯配偶的手段，來掩飾自己內心的不安。第二種是只有愛沒有性，這也是有缺憾的，因為婚姻是整個全人的結合，夫妻結合為一體，是精神上與心靈上的結合，性是人類的本能需求，婚姻以愛為基礎，配合性的親密感才算完整。而傳宗接代亦是婚姻實質上的功能之一，所以，成為一體在婚姻中也是很重要的。第三種是性與愛共存，性成為婚姻中的粘劑，讓夫妻有一體的感覺，更能如膠似漆，加上愛的元素做基礎，婚姻才能維持。　這些現象更佳說明了，夫妻之間和諧性的調適格外重要，在性觀念開放的現今社會，對於「性」應該有以下的觀念：

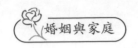
建立健康的性心理

　　夫妻的性生活，強調的是心理上兩人不斷學習的歷程，並非生理能力的問題。「上床夫妻，下床君子，夫妻之間的性調適是不用學習的。」這是一個錯誤的觀念，性事人類做的最多，但卻學的最少的事。夫妻生活、親密關係都與性有關，性影響了人的心理、情緒及行為，夫妻之間性的調適是需不斷學習、配合、調試的。很多人有一些錯誤觀念，覺得男女之間的性事是婚後自然而然就會的，或者認為是婚後才需學習的，甚至以為有了性經驗，就學會了性事，不知道性是有方法可學的，藉著對人身體的認知，夫妻之間的溝通，藉著了解彼此的特質與需求等，日後的婚姻中的性才能有較好的適應。

避免相信不實的性廣告

　　我們的社會從過去保守的風氣，漸漸變的開放，加上傳播媒體廣告風氣的影響甚劇，報紙或電視不正確的性廣告比比皆是，把性生活美滿的條件，歸因為男人體力要好，女人要豐滿、性感，似乎沒有這些條件性生活便不能滿足。這些不實的廣告，卻因此把男女雙方之間最神聖的性愛，變成最骯髒、最容易傷人的事。有些人甚至以有色錄影帶中的性事，為其性知識、技巧的學習來源。這些不正確的觀念，在社會上蔚成了不良的風氣，使人們的性知識顯得偏頗不堪。事實上，性生活的和諧是需要夫妻雙方不斷調適、溝通的，這些廣告過份強調「動物」的條件，扭曲了性觀念，也貶低了夫妻之間性生活的意境和程度。

兩性性別對「性」的差異

　　女性在性愛的過程中，重視「被愛」的感覺，而非做愛的時間，或男人的性能力有多強。醫學證明指出，女生要達到性高潮的先決條件是，必須在無憂無慮的狀態下，而且覺得被愛的狀況

下才能達到。所以，丈夫在性方面所要注意的是，能不能使妻子覺得被愛，強調愛的培養，而非能力上的問題。相對的，男性在性愛的過程中一項被認為是強者或較為主動的一方，但事實並非全是如此，男性在性愛中其實常常會擔心自己的能力，以及太太會不會不滿足。但是男人如果愈是擔心、緊張，性方面的能力就愈是不行，所以要使先生性愛中沒有太多的顧慮，太太便是關鍵的角色，因為若有了太太的配合及鼓勵，丈夫才能有足夠的安全感，也才能讓先生有足夠的成就感。所以，不論兩性之間的差異，兩性在性愛的過程中，最重要的是要彼此溝通，讓彼此了解對方的需求，女性也要讓先生知道，你享受與先生之間的肌膚之親，更滿足於兩性之間的愛情。男性要知道女性重視的是被愛的感覺，而不是做愛時間的長短。兩性交合是沒有一定的公式或定理，只要存乎一心，相互溝通，若是兩個人能在心靈上彼此分享，真誠的互動，甚至一些難以啟齒的問題，相信也能迎刃而解的。

　　婚前教育，是要讓結婚當事人清楚，「性」是最親密的關係，男女兩性都會有性的慾望，了解兩性在性需求與感受上相異之處，不單只是為了傳宗接代，性是需要兩人斷學習的事。男人不必為自己的能力擔心，女人在性的探索上也能放鬆，讓自己知道「性」不是罪惡，而是天經地義的美事，女性也能享受性事。兩性應彼此尊重對方性的需求與愛的表達，完全坦然的開放自己，信任對方，毫無保留的付出，自在地傳遞情愛與分享，才能體驗性愛的甜蜜與歡愉。

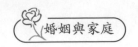

✳ 良好的溝通

　　良好的溝通是婚姻健康的重要指標。婚前教育的溝通課題，其中包含：學習管理自己的情緒、學習包容與體諒、學習處理家人與伴侶的關係、學習傾聽技巧、學習自我肯定、表達技巧、了解兩性角色的異同、學習如何表達情感等。

　　現代一般人的婚姻，不愉快、不和諧的婚姻似乎越來越多了。大多數人對婚姻生活感到既失望又迷惘，有時處理不當，更使得婚姻身陷絕境，最後甚至想乾脆以終結婚姻生活為結局。然而，推究婚姻幸不幸福的原因，個人的成熟程度，外在環境因素，雖然對婚姻的和諧有影響，但是擁有良好的身心發展及環境，並不保證會擁有幸福的婚姻。和諧的婚姻維持的重點在於一個和諧的整體，一種「我們」的關係，共同生命體的關係。而這種關係，只有在良好的溝通下才能達成。當夫妻兩人建立了這個完整和諧的關係時，不論外在環境再大的挑戰，社會再大的衝擊，也會在兩人同心協力的情況下，共同面對克服。「不吵架才是好夫妻」、「老夫老妻就什麼都不必說了」這些觀念都是不正確的。健康的夫妻，在婚姻中也會經由吵架，了解到對方的感受、想法，知道會造成彼此不快、吵架的原因為何，感受到吵架對婚姻關係的破壞力，會學習相互包容、退步，學習如何安撫伴侶的情緒，珍重對方，所以他們會愈吵愈好，衝突也就愈來愈少了。因此正常的婚姻，夫妻應當是以溝通為美事的，「年輕時情話綿綿，年老時你濃我濃。」男女從一開始交往，便學習著如何溝通，如何傾聽，「慎始」的觀念是十分重要的，在兩性關係開始發展時，便謹慎小心經營彼此的感情，養成隨時溝通的好習慣，就不怕婚後，甚至年老時，夫妻會無話可說了。

　　每一個家庭的溝通模式都不太相同，也各具特色。有的家庭是有話直說，有的是有話不說，悶葫蘆型的，從不會彼此分享任

何情緒的,所以,雙方必須對彼此家庭溝通的模式有所了解,以一個開放的心胸,學習接納、包容,並且學習著將自己的感受想法適當表達出來,相互協調討論,才不致陷入破壞性的爭吵中,藉著良好的溝通來了解彼此的感受及需求。正所謂:「幸福婚姻的先決條件,在於有效及相互滿足的溝通。」因此,在婚前教育的內涵中,溝通的技巧及訓練是非常重要的,因為「沒有不良的婚姻,只有不良的溝通」,一旦溝通問題得以解決,夫妻婚姻關係及婚姻問題,都將迎刃而解。

❋角色扮演與衝突解決

其中包含:學習化解衝突、學習接納別人、了解彼此生活習慣的異同、學習如和扮演稱職的父母、學習如何幫助伴侶解決問題、學習如何分擔家庭責任。

「角色」是指一個人在現代社會中,完成某種功能所需賦予的有形或無形的職位。傳統「男主外,女主內」的婚姻觀念,早已不適用於現代人的婚姻關係中,在現代變遷社會中,每個人所需要的角色扮演越來越多,例如:一位職業的女性,不僅要照顧家庭,還要在工作上有好的表現,裡外兼顧才行。因此,在婚前雙方若能發展出兩人都同意也都適應的角色規範,對自己未來婚姻生活中所扮演的角色,有較深入的了解與認識,將有助於減輕婚後,由於角色行為的不明確所帶來的不適與壓力。因此,在婚前教育的內涵中,對婚姻的角色期待應加以澄清,且角色的扮演及角色的任務都是多面性的,涵括生活中各層面,如:家族角色、家世、工作、育兒、財務管理、性行為、社交關係、娛樂等方面,舉凡有關家庭生活的種種,都需要婚前結婚的當事人,以更開放真誠的協調溝通,才能使所有角色澄清與了解,預防減少婚後不必要的摩擦。

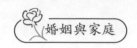

　　婚姻是由兩個完全不同的個體所組成的，由於兩個人在個性、生活習慣、觀念、行為等都不相同，生活在一起時，便難免會產生衝突。然而，婚姻衝突本身，其實並不會傷害婚姻，關鍵是在於兩個人面對衝突的態度，及解決衝突的方式，才是構成婚姻問題的成因。衝突是生活的一部份，也可以幫助配偶學習解決問題的技巧，讓彼此更了解，避免不必要的衝突。在衝突的情境中，溝通即是能將衝突撇開來，提出來討論，並非忘記它，視而不見，問題總是要解決的，經由共同討論，來尋求對彼此都有益處的方法。幸福的婚姻是能夠創意性、建設性的來解決衝突。所以，婚前教育強調衝突解決的重要。

※ 個人與家庭經營

　　這個部分強調的是，如何才能有效的經營家庭？使個體能兼顧家庭相關的各種事務，有技巧的掌握婚姻生活，其中包含：了解彼此的身體狀況、學習如何兼顧工作與家庭、學習如何有效利用時間、學習如何有效處理家務。

　　首先談到彼此的健康狀況，所謂「健康即是財富」，所以健康也是婚姻幸福的重要因素。並不是說，結婚的人一定要身體健康，或身體有疾病、不健康的人就不能結婚。婚前教育，是希望幫助未婚的男女正視彼此身體健康方面的問題，致使他們了解健康問題對婚後可能產生的影響，進而了解雙方的心理及愛情，是否有成熟到足以去克服這方面的缺陷，避免他們在婚前以為有了愛情就可以克服一切的想法，婚後才後悔莫及。讓他們在婚前能「真正」的接受彼此，甚至可能的話，在婚前即接受的治療及改善。

　　企業家為了要事業成功，一定要對企業未來仔細的規劃，並且積極的去實踐。同樣的，一個美好的婚姻也是需要結婚的當事

人好好的去規劃，才能有效率的維持一個家庭的活動。因此，婚前教育，是要當事者在婚前就能了解這些經營的技巧，建立彼此的共識，不斷的修正，達成一個雙贏的狀態，使得夫妻能實現自我的需求，不因婚姻生活而犧牲了自己的理想，更有效的經營婚姻生活。而且有規劃的家庭生活，不會因為生活多麼忙碌，總有固定的時間、活動，去維持家庭的凝聚力。

婚姻關係長久與鞏固

在快速的婚姻、家庭與兩性的變遷中，婚姻關係的維持更加不易，所以，婚前教育對於婚姻關係的長久與鞏固，需包含：了解彼此處理態度的異同、學習如何增進親密感、學習如何發展兩人心靈（精神）上的契合度、學習如何對家庭承諾、了解外遇問題與調適、了解個人在婚姻中的角色定位與期待、了解彼此對經濟需求的異同、彼此社交生活的異同、學習如何作家庭事務的決定。

婚姻關係的維持並不是容易，要將婚姻視為「永續事業」一般，積極認真的來經營，將家庭事業發展成一個學習型的企業，不斷的學習，才能適應於變化快速的現今社會，具有韌性及彈性的，凝聚家人的向心力，達成成員的共同願景，共同創造家庭的幸福。婚前教育，即強調婚姻為一個不斷學習的歷程，建立一個學習型的家庭為理想，期盼夫妻的婚姻生活能長長久久，使社會更加安定、和諧。

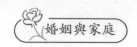

第四節　結語

　　所謂：「預防勝於治療。」婚前接受教育，婚後少一分爭執。事先如果做好預防性的工作，將會減少婚後衝突的產生。廣告詞：「我是當了爸爸之後，才學會做爸爸的。」婚姻中角色的扮演的確不是件容易的事，但如果不在婚前就對將來可能面臨到的婚姻生活作準備的話，等到婚後，甚至到問題發生時，才意識到問題的嚴重性，就無法有效的解決。沒有人天生下來就是一位好爸爸的，這句話意味著婚姻中的事，是需要不斷學習的，但又害怕進入婚姻後才學習的話，增加了婚姻的不穩定因子，夫妻會感到適應不良。因此，婚前教育，將不再使婚姻的旅程成為人生的一大冒險，把婚姻視為生命中的終身大事，謹慎的來處理。婚姻的幸福，是要靠夫妻兩個人共同來努力的，若希望能擁有幸福美滿的婚姻，便應在婚前多做身心的調適，多接受婚前教育，在婚前，謹慎的擇其所愛，在婚後，才能愛其所選。最後，不論現代社會的離婚率多高，社會婚姻價值觀在怎麼改變，要對自己的婚姻有信心，相信自己能擁有幸福美滿的婚姻，唯有個人決心擁有美滿的婚姻時，才會努力的為自己的婚姻不斷的學習、成長，而美滿的婚姻也自然會跟隨而至。

【問題討論】

1. 你覺得未婚男女需要接受婚前教育課程的訓練嗎？需要從何時開始？你覺得課程最好幾個小時？
2. 婚前教育對婚後有哪些實質的好處？
3. 當接受完婚前教育之後，發現兩人有許多觀念相異之處，而各有所堅持時，兩人是否不適合進入婚姻的殿堂？又該如何化解和協調呢？

4.兩人已在同居階段，應接受婚前教育嗎？若婚前已經懷孕者，應接受怎麼樣的課程？

【自我評量】

我相信的婚姻是什麼？

假設你和你的戀人都覺得戀愛已經成熟，準備結婚了。請你先想想，是否同意下列敘述。請誠實回答下列問題：

是 否

__ __ 1.有美好的愛情，就能有美好的婚姻。

__ __ 2.幸福的婚姻一定要有百分百的信任。

__ __ 3.婚姻是完全對等的伙伴關係。

__ __ 4.結婚可以實踐所有的夢。

__ __ 5.藉著婚姻，可改造另一半。

__ __ 6.夫妻應該是最知心的朋友。

__ __ 7.「男主外、女主內」是對的。

__ __ 8.丈夫的事業比妻子的事業重要。

__ __ 9.婚姻是找一個助手。

__ __ 10.夫妻多競爭，能使婚姻更有活力。

__ __ 11.好配偶就應該讓對方隨時快樂。

__ __ 12.既是好配偶，就可在對方面前盡情的發洩情緒。

__ __ 13.夫妻彼此應瞭若指掌。

__ __ 14.如果一方不快樂，另一方一定有錯。

__ __ 15.生孩子往往能改善婚姻關係。

__ __ 16.在不快樂的婚姻，也勝過破碎的家庭。

__ __ 17.配偶若要求要離婚，一定要設法強留。

__ __ 18.清官難斷家務事，婚姻若出現問題，要多問問朋友。

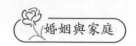

___ ___ 19.夫妻若有問題，不該向專業輔導人員說。

___ ___ 20.婚姻只要能維持現狀就好，能拖就拖，無所謂。

___ ___ 21.如果婚姻失敗，我這個人等於是完了。

___ ___ 22.如果對方有外遇，我之前所做的等於是白費。

___ ___ 23.我爲配偶做任何犧牲都無所謂，只要他愛我。

___ ___ 24.婚姻若不好，我在別人面前會抬不起頭。

___ ___ 25.夫妻應經常同進同出。

【解析】

　　愛情成熟後就進入婚姻，似乎是順理成章的事。但是，基於深厚愛情而結合的婚姻，卻充滿不幸福的例子。從認知學派的觀點，這些婚姻不幸福者多半對婚姻懷有不少的迷思，誤信了一些有關婚姻的神話。

　　Ⅰ.1～5題：表示對婚姻的期待，同意的越多，表示你對婚姻有較高、較不切實際的期待。

　　Ⅱ.6～10題：表示對配偶角色的期待，同意的越多，表示你要求對方的改變部分也越多。

　　Ⅲ.11～15題：表對婚姻內容的期待，同意的越多，表示希望有高品質的婚姻，雙方對婚姻付出更多。

　　Ⅳ.16～20題：表示對婚姻危機的處理方式，同意的愈多，表示你愈不容易用理性成熟去面對婚姻的危機。

　　Ⅴ.21～25題：表示對婚姻失敗責任的歸屬，如果同意愈多，表示你愈容易歸咎自己、責怪自己。

（本量表摘自彭懷真（民87）。About愛情學問。台北：天下。）

參考書目

吳慈恩主編（民89）。親密關係。台北：雅歌出版社。

車煒堅、張資寧等譯（民77）。走向幸福。台中：東海大學幸福
　　家庭研究推廣中心、台灣省政府社會處。

張乙宸譯（民80）。Maureen Green 原著。婚姻關係。台北：遠
　　流。

張資寧（民79）。在婚姻中成長。台北：自立晚報社文化出版
　　部。

彭懷真（民87）。About愛情學問。台北：天下遠見。

彭懷真（民76）。婚姻的危機與轉機。台北：洞察出版社。

黃迺毓、林如萍、鄭淑子、何委娥、李昭瑩、宋博鳳、詹菊珍、
　　林亞寧（民89）。婚前教育需求與方案規劃之研究。台北：
　　國立台灣師範大學家庭教育中心。

黃越綏（民84）。怎樣享受滿分的婚姻。台北：太雅出版有限公
　　司。

楊士毅（民85）。愛、婚姻、家庭─差異、衝突與和諧。台北：
　　揚智。

楊國樞、張春興（民86）。感情‧婚姻‧家庭。台北：桂冠。

葉高芳（民79）。婚前準備與輔導。台北：道聲出版社。

葉高芳（民87）。婚姻大補帖。台北：宇宙光。

蔡文輝（民87）。婚姻與家庭。台北：五南圖書出版公司。

蕭韻文（民90）。婚前教育需求與方案規劃之研究─以台中市為
　　例。國立嘉義大學家庭教育研究所碩士論文。

簡春安（民84）。女性的愛情與婚姻。台北：教育部。

藍采風（民85）。婚姻與家庭。台北：幼獅文化事業公司。

Gottman, J. M. (1994). What predicts Divorce? The
　　Relationship Between Martial Processes and Marital
　　Outcomes, Hillsdale, N J: Erlbaum.

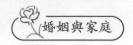
Ridley, C. A., & Sladezeck, I. E. (1992). Premarital relationship enhancement: Its effects on needs to relate to others. Family Relations, 41, P.148-153.

Stahmann, R. F., & Salts, C. J. (1993). Handbook of family life education. Arcus, M. E., Schvaneveldt, J.D., & Moss, J.J. Newbury Park, CA:Sage Publication.

Stanley, S. M., Markman, H. J., St.peters, M., & Leber, B. D. (1995). Strengthening marriages and preventing divorce: New directions in prevention research. Family Relations, 44 (4), P.392-401.

第二篇　家庭

Chapter **1**

家庭的建立

戴靜文

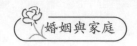

「房間因智慧建造，又因聰明立穩；其中因知識充滿各樣美好寶貴的財物。」
「人要離開父母，與妻子聯合，二人成為一體，這是極大的奧秘。」～聖經

　　「從此以後，過著幸福快樂的日子」相信這是全天下有情人，一生中所羨慕與等候的美景。有人說：「結婚很容易，但要保持婚姻快樂，並維持一生之久，則是一種藝術。」在人類所有關係中，婚姻可說是最親密、也是最奧秘的一種關係；婚姻的成功與快樂，並非僥倖可得。良好的婚姻關係，有賴用心經營。其中有許多枝微末節才是真學問，諸如男女雙方如何扮演好自己多重的角色、如何相互調適得當等；再者，現今科技雖然突飛猛進，許多家務事也已由電器品代勞，但仍有許多家務需由人類親為之，方能達成任務；而在講求兩性平權的社會中，家務應如何分工？由誰來分配、管理與負責決策等等，皆是經營家庭的重要課題。此外，中國人的婚姻，不僅是兩個人的結合，往往是兩個家庭的結合。因此，成家之後，新婚夫妻都要進入一複雜的姻親關係，如何因應並建立良好而健康的姻親關係，本章都將逐一闡述說明。

第一節　婚姻中角色的發展

「角色」

我有很多角色

都是來自別人

我是妻子　母親

是老師也是學生

是姊姊也是妹妹

是上司也是下屬

是同事也是朋友

這些角色都是來自別人

角色的意義也是來自別人

如果我沒有你

妻子的角色就不存在

我的兩個小孩

使我成為母親

我的家人朋友同事

與我的關係

定義了我的角色

且使這一切的角色

都變成有意義了

因為有你　親愛的

為我帶來了愛

使我知道

我的生命

將因此而充滿著無限的意義

～戴靜文

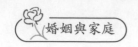
✳ 新婚的調適

　　婚姻制度使人的角色發生重大的改變。一夕之間，由未婚變成已婚者，由男生變成丈夫，小姐變成太太，女兒多個媳婦、兒子多個女婿、半子的頭銜，由一對戀人變成牽手、老伴、死鬼等多種不同的角色。彭駕騂說：「一個人一生中最難扮演的，該是夫或妻的角色了！」婚姻是由兩個來自不同家庭的男女，雙方願意共同生活，結合在一起的一種體制性的安排。婚姻關係界定了男女雙方有一定的地位、角色、規範與價值觀等要件。而夫妻角色的調適，素來就是一重要課題。根據Around和Pauker（1987）針對500對新婚與已婚幾年的配偶，所做的研究發現：大多數的夫妻都表示新婚期的適應很困難；因新婚意味著，人要離開生長的定向家庭，並放棄單身時期諸多的權力，又要扮演配偶的角色。美國另有一項調查，顯示男女雙方對婚姻的感受並不相同。丈夫通常認為：性愛與互助、一同做事是種親密的表現，所以他們在婚姻中，最先考慮到的是自己，其次才是配偶。女性則剛好相反，妻子通常認為婚姻是一種可以表達與談論情緒、感受的地方，婚姻中的共同信心，就是親密感的指標；所以妻子常因做丈夫的不願談論自己的的感受與表達情緒，也沒有耐心傾聽太太們的談話，而感到不滿。因此整體而言，做丈夫的對婚姻的滿意度與幸福感高於做妻子的（Ross Mirowsky & Goldsteen, 1990）。

✳ 影響婚姻角色的要素

　　許多研究指出，影響婚後角色關係的要素，有下列幾點：

定向家庭（family of orientation）

定向家庭係指我們所出生的或我們所生長的家庭，它是個人生命中很重要的一個參考團體。它給我們定向、它教導並決定我們的思想與行為取向、角色學習與社會地位等；子女因長期耳濡目染父母的婚姻關係，很容易向其父母所扮演的角色認同；所以來自暴力家庭的小孩，長大後也易於形成施暴者；來自傳統的家庭女性，也較容易習慣或接受大男人主義丈夫的頤指氣使；反之，若是來自現代化兩性平權的女性主義者，則易引發衝突。此外門當戶對的相似家庭背景，也較容易建立和諧的家庭。

傳統的社會規範

中國幾千年來的文化傳統對女性的要求不外乎三從四德，男主外、女主內，這些都說明了性別角色的定位。今日e世代社會許多另類家庭的出現，正說明了傳統婚姻角色已不符合時代的潮流，也企盼重整婚姻中兩性角色的關係，但在新制度尚未達成熟階段之前，傳統規範仍深深影響著婚姻中各種角色的關係。

對婚姻的期待

每個人都有自己的價值觀與人生哲學，因而塑造出對婚姻各有不同的期待與憧憬。戀人時期，彼此沉醉在激情浪漫的氛圍中，對婚姻的期待是夢幻、理想多過具體與實際的。Harold T. Christensen和Kathryn P. Johnson（1971）指出，如果一對夫妻分享對未來生活共同的期待，身為人妻的，也接受丈夫的抱負水準，這個家庭必充滿了一切榮辱與共、相互砥礪的氣氛。

三種夫妻類型的角色比較

根據彭駕騂（民84）引用克伯提克的資料，認為夫妻的角色可分成三種類型：傳統式、情侶式、伴侶式，每一種類型的夫妻，各有其不同的角色義務，如表1-1所示 ：

表1-1　夫妻三種不同類型之角色比較

妻子─子女的母親責任	丈夫─子女的父親責任
傳統式之夫妻角色	
1.生兒育女	1.忠於子女的母親
2.治理家務	2.提供經濟的安全與保護
3.照顧丈夫、子女	3.好好的扮演一家之主的角色
4.完全依附丈夫	4.決定家庭中最重要決策
5.接受賢妻良母的使命	5.為妻子的犧牲表示感謝
6.在各方面表現高度容忍	6.一旦離婚，負責贍養費用
情侶式之夫妻角色	
1.女為悅己者容	1.讚許太太各方面的表現
2.提供必要的支援，以取得丈夫的歡心	2.給予太太以羅蔓蒂克情緒的反應
3.幫助丈夫，擴大社交圈子	3.提供妻子以足夠的家用與其他支出
4.保持認知的增進	4.決定家庭中最重要決策
5.為丈夫解憂解愁，安排開心的活動	5.儘量找機會跟太太一起活動

伴侶式之夫妻角色

1.以工作所得，貼補家用
2.全心養育子女
3.與丈夫一起處理家務
4.分享一切的責任與權益
5.樂於奉獻一切，為他的事業及家庭的幸福而努力
6.以自己的事業為傲，更以丈夫的成就為榮，同意全力各自發展、又齊頭並進
7.樂於與丈夫協商家庭與事業的一切計畫

1.全力提昇家庭生活水準
2.全力養育子女
3.與妻子一起處理家務
4.分享一切的責任與權益
5.肯定妻子在社交上、財務上與個人事業上的貢獻與表現
6.以自己的事業為傲，更願意全力支持妻子的事業，同意全力各自發展、又齊頭並進
7.樂於與妻子協商家庭與事業的一切計畫

　　黃德祥（民86）認為現代家庭的妻子，大致擁有下列的角色任務：

1.理家與持家。
2.管理財務。
3.先生的性伴侶。
4.承擔家庭教育的責任。
5.擔任女主人。
6.休閒夥伴。
7.家庭內外的溝通者。
8.家庭採購者。
9.發展自己的事業。

　　今日妻子的角色，主要與是與丈夫維持關係與教養子女，其次才是進入男性的世界，擔負更多的傳統男性所承擔的角色，諸如領導者、主管或決策者。

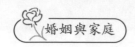

丈夫的角色任務則有：

1.賺錢養家。

2.支持者。

3.妻子的性伴侶。

4.協助子女教育。

5.擔任男主人。

6.休閒伴侶。

7.照料家務。

綜觀以上各種的看法，發現每個人都有自己的人格特色，有人外向、喜廣結人緣，終日留連於社交場所，而幾乎忘了家的存在，家對他而言，只是個旅社或飯店，專供休憩之用；有人內向，只喜歡在夜晚與家人共處一室，享受家的溫馨感覺；有人則習慣生活在「無我」的境界，專以取悅他人為生存的主要目的；也有人生活在不能沒有被愛的感覺中；有人則認為丈夫乃一丈之內方為夫，所以理應享有比妻子更多的自由與空間；也有為人妻者，認為自己乃「夫」人也，是比「天」還高的「太座」也。

此外，又當如何與彼此的定向家庭，維持良好姻親關係？如何與自己原生家庭保持適當距離，以避免因父母過度涉入自己的創造家庭（即新結合的家庭），而帶來不必要的困擾？還有新婚夫妻如何學習在獨立與依賴之間，找到平衡點？這些皆是新婚期夫妻二人需要不斷的調適與學習，才有可能成功的經營這個家。

❋ 增進新婚的適應

新婚第一年我們俗稱為「紙婚」，意含結婚第一年如果彼此適應不良，容易發生婚姻破裂，葛登柏格（1990）認為造成婚姻破裂、適應不良的因素，主要可歸納成十二項：

1.無效的夫妻溝通。

2.性不適應或不適配。

3.對長期的承諾有高度焦慮感。

4.較少共同分享的活動。

5.較少情愛的交流。

6.不忠貞。

7.對配偶的情感與需求不敏銳或冷淡。

8.有權力與掌控的衝突。

9.問題解決能力較低。

10.對金錢、獨立性、姻親關係、小孩等的看法，有所衝突。

11.身體虐待。

12.無法積極適應角色改變的需求。

　　婚姻中原本就充滿著許多問題，需要夫妻二人共同去面對、因應與克服，若能以開放心胸，一起學習，則婚姻滿意度會較高，衝突也較易化解；否則婚姻功能既無法正常發揮，甚至可能導致婚姻破裂，故在新婚之初，若能增進適應力，對日後婚姻生活將大有助益。

　　下列是婚姻專家Around和Pauker（1987）針對新婚夫妻的適應，提供幾點建議：

對敵意的認知與處理

　　在親密關係中很容易因溝通不良，就產生誤解與敵意，如何有效的表達這些負面情緒（如生氣或因攻擊而引起的憤怒），且不破壞彼此間的情感，應對此有所認知並學習有效的表達情緒技巧。

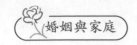

對不完美與相異有包容之心

承認並接受每個人皆不完美、也都具有不同的獨特性，夫妻二人除了要學習包容彼此的差異性，更要學習欣賞並接納。

與定向家庭分離或分開

此處所指分離或分開，除了是外在形體上離開原生家庭，在心理上更應該及早脫離對父母的依賴，轉向獨立自主的自我，以避免割不斷的「臍帶情節」。

承諾

新婚夫妻應不斷提醒彼此對婚姻的許諾，以堅固自己對婚姻的信心。

了解婚姻是有喜、有樂、有上、有下的

「相愛容易，相處難」 正道出婚姻中的現實面。人生原本就充滿著酸甜苦辣，起起伏伏，也唯有經過各種考驗與不斷學習，婚姻才有可能是多采多姿又富有生機的。

> 阿德勒曾說：「每個配偶都要把對方放在比自己更重要的地位，這是愛與婚姻成功的唯一基石。如果希望兩人是親密的，則不能有任何一方覺得自己是被壓制的或被輕忽的。唯有如此，兩人之間才有平等的感覺。婚姻的幸福來自那種價值感，覺得自己在對方心目中是無可替代的、有被需要的感覺、有被肯定的感覺、以及深覺自己是配偶最好的朋友」（引自 Sherman, 1993）。

這段關於婚姻關係的本質描述，對我們現代人實彌足珍貴。

第二節　家務分工與決策

✺性別角色與家務分工

夫妻間家務分工與決策，一直是近年來大家所關注的焦點。隨著社會經濟的快速發展，女性教育程度的提昇，自我意識的抬頭，性別平等的運動均不斷在發酵擴張，這些都是促使更多女性投入就業市場、施展其抱負與潛能的主要原因。

依據行政院主計處在八十八年所公佈的「台灣地區社會發展趨勢調查結果提要報告」中提到有關台灣家庭的家務分工，呈現下列面貌：

1. 65歲以下現住一般家庭之成年人，平日在家活動時間，不含睡眠，男性是5.33小時、女性是7.96小時；若有工作者，在家活動時間相對減少，男性為5.05小時、女性為6.18小時。

2. 在家務時間方面，男性平均是1小時，無論就業與否，差異不大。女性未就業者為3.36小時，就業者為2.15小時。女性就業者在料理家務時間上，佔去在家活動時間的三分之一，顯現負荷較男性的五分之一為重。

3. 核心家庭中夫妻分擔家務仍以女性為重心，因為丈夫就業且擔任家事主要負責人者，只占7%，故絕大部分（93%）仍以女性為主要家事負責人。

4. 若夫妻二人均就業者，丈夫經常承擔家務主、次要負責人者，比率由33%上升為46%，顯示女性就業，會促使部分男性逐漸開始協助家務。

5. 若由年齡別觀之，丈夫承擔家事比率隨年齡上升而下降：

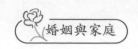

60歲以上且退休者佔11%；50～59歲者約佔30%；30～39
歲與20～29歲均在45%以上。

　　由以上調查報告可見，無論是傳統家庭或是現代家庭中，家
務分工與性別角色間呈現著明顯的規則。事實上，性別與家務分
工，大都並非由兩性的生物特性所使然的。固然，男性不能懷孕
生子，但卻能在妻子懷孕與經期時，有能力保護或分擔較多的勞
務，並成為妻與子們的倚靠。在任何一個社會裡，婦女都具有足
夠的力氣和速度，來完成大部分的任務。所以同樣的工作在某些
社會中，是被分配給男性做的，在另一個社會裡，卻是分配給女
性；這正說明有些分工是由文化所決定的。通常男性所分配到的
工作，大多為室外雜物、修繕工程、園藝、付賬單等，所以丈夫
的主要角色，就是家庭所需的主要「供應者」，是個「帶肉回家」
的人，這個角色不僅是因提供家庭生活所需而重要，同樣也是家
人自我肯定與建立自尊的主要來源，所以賦予他無上的權威！而
家中的內務與養育子女的責任、家人情感的聯繫，就並非丈夫這
個角色所需承擔的，雖然他也參與在其中，卻沒有義務；他的
「工作角色」被視為他主要的責任，且這個責任比其他任何人的任
務，都來得重要且優先。

　　妻子最主要的任務，就是養育子女與操持家務的管理者。她
的工作內容不外乎教養兒女、烹飪、清潔、女紅、編織、採購等
家事。因此「家務管理」的角色，就被視為女性的家庭義務，而
非一種「有給職業」。在台灣全職的家庭主婦，其職業欄一定為
「家管」二字，其來有自。

　　在傳統的社會中，即使兩性的生理差別不大，卻賦予男性某
些的優越性，這種優越性形成了性別上的分工。但在整個人類史
上，因男子在某些活動中的邊際效應，使得兩性都認為男人的價
值遠超過女性；這是因為在執行某些特殊任務時，是女性無法取

代男性的；所以男性就享有更高的特權。這些特權包括：行動自由、不必照顧孩子、能自由選擇職業等。傳統社會中也存在著，下層的人生來就不能做某些令人景仰的工作，如果有人躍躍欲試，就是違反常規。但據許多現代的研究顯示，兩性在能力與才幹上的生理性差異，對所從事的各種工作並無明顯的影響；並且男女兩性的才能，在很多方面都很相似，大多數男女都可以做好絕大部分的工作。

民進黨婦女部於民國九十年五月所公佈的一項「家庭民主指數」調查，他們呼籲全國應建立民主家庭的典範，使女人不再擔任家務工作的主要承受者，且能於個人擅長的領域中自由發揮。這項民調針對「家務與子女照顧分工方面」所做調查結果爲：受訪者中高達七成以上的家庭，主要仍由妻子操持家務與照顧子女的責任；夫妻共同負擔的比例不及二成；即使是全職工作的妻子，其負擔家務仍有高達八成以上。顯示現代家庭的家務照顧，仍停留在傳統的家庭狀況中。此外，有近五成受訪者，同意家事由女性來做較適合；超過五成者，同意妻子還是待在家中照顧家庭較好。然而教育程度愈高與年齡愈輕的受訪者，不同意此觀點的比例也愈高。仍有一半的家庭，停留在婦女最好以家庭爲重的傳統性別角色認定中。

有許多研究指出：夫妻分擔的家務愈少或付山的勞力與所得到的回饋相等，對婚姻關係就愈滿意。若丈夫沒有協助分擔家務，尤其對職業婦女而言，會造成其身心狀況的負面影響，進而對婚姻造成傷害。事實上，女性並不要求達到完全相等的家務分工模式，多數的夫妻認爲目前的家務分工是公平的，只要丈夫適時的表達關心、對妻子的要求做出適當的回應，便能紓解妻子的壓力與緊張，並可維持婚姻的品質。

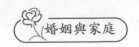

✳家庭決策

權力與決策

　　前面我們曾提到傳統社會賦予男性較多優越感與權威，這些特權都對家庭決策帶來莫大的影響。請回憶在你的家庭中，若遇有重大抉擇時（例如：母親是否可就業？出國旅遊的目的地？購買哪棟房子？）都是由誰當家做主？又是由誰去執行這個決策？是誰有莫大的權威，掌握分配的權力？是誰掌控了家中財物或重大決策的範圍？傳統以「男主外，女主內」的性別分工，是社會價值的核心，亦即傳統的性別角色態度，仍強而有利的支配家庭中角色和權力的結構。

資源與權力

　　當一個人的資源（包括：年齡、經濟、職業聲望、教育程度等）愈多，他的權力就愈大，就能參與更多的決策。對女性而言，資源愈多，所持的性別角色態度，就愈趨於平等，也愈有助於她本人婚姻權力的增加。有一派學者認為：夫妻權力依賴關係是導致傳統家務決策與分工的主因，也就是說女性必須用順從與花在家事上的勞力，來換取生活的保障。另有一派學者則認為：家務本身不僅是種察覺不到，既做不完又不支薪的工作，是沒有市場報酬的價值，是屬於女性的工作，所以家務分工，反應出女性在社會結構中是屬於「從屬地位」。

資源與決策

　　以上兩派的說法都含有性別意識型態，在夫妻關係中，權力結構常展現出夫妻對彼此的依賴程度，亦即丈夫的權力，來自妻子對他的依賴程度。夫妻間依賴的程度，是隨著雙方對彼此掌握

資源的重視而增加；資源包含六種型態：愛、地位、服務、貨品、資訊、金錢。只要掌握了對方所需要或重視的資源，就握有權力。許多研究者皆以家庭決策結果，來測量夫妻權力，亦即權力是視其在家務決策過程中的影響力而定。例如，由誰做最後決定？以誰的意見為主？個人擁有愈多資源，影響力就愈大；但在父權社會中，不論個人資源多寡，男性皆有較高的決策權，所以婚姻關係中的權力愈大，決策權就愈大。

近幾年來社會結構的漸次改變，在家庭決策與家務分工的意識型態上，呈現轉變。根據前面民進黨婦女部的「家庭民主指數」調查有關「家計與決策方面」中顯示：約有六成四的家庭，生計責任歸屬丈夫，夫妻共同負擔的比例佔二成八。「家庭決策權」約有四成六掌握在丈夫中，夫妻共同決定的比例約為三成八。有關「意見協商機制方面」，當意見不一時，有六成以上夫妻會透過協商；解決重大決策時，則更高達八成以上是經由充分討論來決定。另有項研究發現：大台北地區家庭事務的決策，多採取共同決定的模式，且有愈來愈多的男性，認為家事是全家人的事情，體貼的男人應該多做家事。以上皆顯示民主化的家庭指標，已大幅超越傳統以經濟功能為主的家庭。

決策分工與婚姻調適

個人的決策權愈大，投入家務分工時間就愈少，負擔家務也愈少，對家庭與婚姻的調適度會愈高。在婚姻關係中處於弱勢者，較易接受不平等的決策與分工模式；而抱有性別平等的意識型態者，較無法容忍女性應負擔大部分的家務觀念。另外，只有當個人知覺到家務決策與分工有欠公允時，才會對婚姻的滿意度造成負面的影響。

最適化的家庭決策模式

任何一個家庭不管其權力中心是誰，最重要的目的是共同營造一個溫馨美滿的家庭，使家庭成員都能互相尊重，並依個人的特質、專長、興趣、能力、時間與當時的環境狀況，來決定何人在何時做何事，使家庭成為一個既富有彈性，又充滿生命力的民主化家庭。「最適化的決策」模式，是家庭在做決策時，家庭成員可透過溝通，表達彼此的意見，更重要的是能互相了解對方的看法，並能考量彼此的需要，在經過充分的討論後，共同決定家中事務的模式。它共分成六個步驟（李茂興等譯，1996）：

1. 確定有做決策的必要。
2. 確認決策準則。
3. 分配準則的權數值。
4. 找出可行的方案。
5. 評估可行的方案。
6. 選擇最佳的方案。

此外「家庭會議」亦不失為一種良好決策手段，一個良好的家庭會議需具備下列幾個條件：

1. 每個家庭成員都擁有相同的權力。
2. 共同訂定家規，積極的自我要求比消極的教條家規更有效。
3. 家庭會議可定期舉行，且需全家人共同參與。
4. 針對家中共同計畫提出個人意見或分享彼此的生活經驗，經過充分的討論後表決、並執行，藉此可培養子女的民主風度與精神。
5. 主席應輪流擔任，並給予每位成員充分的發言權，但避免使會議時間拖延太久。

在做決策的過程中，著重的不是步驟的先後順序，而是讓家人都有同等機會參與，學習如何表達、尊重、欣賞、接納、妥協等相處之道，藉著感情與理性的交流，使家庭成爲孕育民主精神的最佳所在。

第三節　家庭管理

✳ 家庭管理的意義

1994年聯合國爲配合「國際家庭年」的活動，賦予家庭另一個意義就是「家庭是資源」。家庭不僅是個人、社會、國家的資源、財力，也是有困難者的依賴、是可以提供個人面對困境時的應變能力。所以家庭既是一種資源，就需要有良好的管理，使人們能縮短期望需求與現實資源間的差距，並幫助家庭善用有限的資源，實踐家庭重要的生活目標與價值。換句話說，管理就是「明智的選擇，應用最佳的方法，以達成目標。」

我國正處於經濟結構與情勢改變的轉捩點上，許多家庭正面臨或處於失業狀態，使家庭財務結構產生了變化；家庭如何因應這種挑戰，使家庭成爲一種事業能永續經營，則有賴規劃完善的短、中、長期目標與計畫內容，使夫妻二人皆能發揮經營長才，並按部就班逐一實踐完成。

✳ 家庭管理的資源

從管理的定義觀之，資源的功能是使工作達成目標的工具；運用資源的知識與技巧，可決定生活方式與家人的滿足感。

家庭資源的種類有三種

人力資源

　　它是屬於個人內在的資源，是無形的，卻是一切人類活動的動力。它涵蓋了個人的：

　　1.才能

　　知識能力與技術才能是個人適應一切生活的資源。家庭應提供最適合的生活環境，幫助家人健全才能的發展。

　　2.態度

　　是種對環境刺激所做出的一種心智反應狀態。每個人對不同的人、事、物都有其特定的反應態度，個人態度的良否，不僅影響其個人生活，亦影響家庭生活的氣氛與品質。

　　3.時間

　　上帝對人類最公平的事就是給每個人一天都是二十四小時，而人生就是時間的累積。如何做最有效的投資運用，將關係到個人與家庭生活的效率，所以應訓練每個人做好時間規劃，以增進生活效率。

　　4.精力

　　是指個人從事一切活動的力量。每個人的精力不同，有強健、有文弱，所以應指導家人依個人精力的特性，做妥當安排，方可輕鬆完成工作，且不致過分勞累。

物力資源

　　包含物質與金錢。

1. 物質

指有形的經濟財。例如，家中一切硬體設備與所用的一切物質。有效的使用物質，可減少浪費並得到最大效益，此乃物質管理的最高原則。

2. 金錢

亦指家中的收入，它是維持家庭生活的重要工具，與家庭幸福、安全有莫大關係。中國人常說：「貧賤夫妻百事哀」，所以有效的金錢管理可使家人獲得更多的滿足，且可改進或安定家庭生活，進而促進社會經濟的發展。

社會資源

社會上有許多公共設施，供我們免費或付少許的費用即可使用。諸如：家庭教育中心、圖書館、文化中心、博物館、體育館、張老師、生命線、衛生醫療院所等，均提供有關家庭教育、休閒、醫療、保健、安全或工作等各方面的服務與諮詢。

現代社會中的家庭，可善加使用以上各種資源，並配合家庭內的人力、物力資源，來從事各種活動，或解決家庭問題，或做有利的投資等，務使家中每位成員都覺得自己對家庭都是有價值的，是重要的，是有貢獻的資源。當孩子被父母尊重並肯定，其自尊與自信就相對提昇。間接的，家庭中的資源，就隨著這種富有彈性與生命力的成員，而不斷增長。

家庭管理的功能

家庭管理的基本功能有下列四項：

計畫

計畫是規劃達成目標的方案。它是一種心智活動，是對未來的工作目標訂定一具體可行的實施方法。對整個管理過程而言，計畫是管理的第一步，任何一項活動須對目標先做充分了解，才能訂定合理的計畫，設立目標時最好考量家庭目標的協調性，以免發生衝突。

組織

組織是將家中所需做的工作活動，做合理的分配，以達成目標的手段。為順利完成任務，組織的規劃確有必要，務期使「人盡其財、物盡其用」。家中的活動其組織型態可分為三種：

一件工作一人組織

管理者即工作者。

管理者安排他人去完成工作

例如：職業婦女請幫傭代勞家務。

一件工作由二人或二人以上共同完成

例如：家務分工全家總動員，既可訓練子女治家技能，又可增進家庭和諧，但在做家務分工時，最好配合個人的條件，做適當的合理分配。

領導

是指爲了達到目標，有效的激勵他人行動。所有的團體工作，都需仰賴每個成員，以分工合作的方式，朝共同目標努力推進，領導即是運用他人的能力、意志力，去完成目標的管理功能。它包含了激勵與溝通技巧，在家庭中可利用前面所提的「家庭會議」，讓家人參與管理、交換意見、溝通觀念，不僅可收良好的領導效果，也可培養合作的態度及管理技巧。

控制

根據設定的工作目標，衡量實際表現，若與標準不符，即進行矯正措施的管理活動。任何一周詳的計畫，有系統的組織，卓越的領導，在實施過程中難免會發生錯誤，因此控制的手段，能使工作按照預先規劃，如期達成目標。家庭管理的控制標準，須依家庭需求與實際情形，擬定合理標準，才會爲家人接受。例如：家庭預算應訂定合乎家人需求與經濟能力所及的標準，在實施的過程中，隨時檢視預算與實際支出之間的差異，並做合理的調整。

家庭管理的過程是整體進行的，在任何階段中，每個功能都是環環相扣，相互影響的，不一定要逐項分開實施，其順序與功能有重疊部分，管理者須能同時發揮各項功能，方能做有效管理。

✳ 有效的家庭管理

所謂「有效率」是指事物或行爲，在一定時間內所生的功效程度。完成一項工作的途徑，有很多種，選擇一種最佳手段，以

達成目標，即為提高效率。換句話說，以最少時間、精力、金錢的代價，也就是在最經濟的情況下，獲得最佳效果，就是最有效率的方法。例如：家庭主婦每天要洗滌全家衣物，若先將衣服分門別類，再放進洗衣機清洗，則不僅省事、省時也洗得更乾淨，此極為有效率的手段。

良好的家事工作效率，不但使家人感到生活舒適、方便、愉快，且因所費時間、精力、物力減少，對本人的身心健康、休閒娛樂生活，都有幫助，所以如何提高家庭工作效率，有兩個基本原則供參考：

有效的時間管理

時間是最重要的資源之一，家庭生活應以配合家人工作活動為主，家庭主婦若能善加管理時間，將可提高其工作效率，節省時間、精力、金錢，獲得適當的休息與個人活動的時間，因為養成事前規劃的好習慣，所以能從容的從事各項事物，凡事依計畫而行，如此，可消除猶豫不決所造成的緊張壓力，且更有能力處理突發狀況，因有一良好的家庭生活習慣，無形中也促進了家庭生活的愉悅。

每個人的家庭時間。可分成三部份來管理：

自己的時間

再忙也要讓自己有獨處的時間，可做自己喜歡做的事，或是思考、計畫下一個目標。

配對的時間

是指與另一位家人共處的時間，或是夫妻、或是父子、母女共處的時光，藉此學習彼此關懷，分享喜樂，分擔痛苦憂慮。

家庭的時間

指全家人共聚一堂的時刻。

如果每個家庭成員，都能事先規劃好這三個時段的清單，並在經過一天之後，每個人拿出自己的時間清單來對照，將會戲劇性顯示出每個家庭的特色。例如：有些家庭要找出二十分鐘的家庭時間都不易，因其父親在外地工作；或是職業婦女每天要上兩個班（second shift），往往找不到個人時間，特別當孩子還幼小的時候。

故有效的時間管理，是家庭必備的能力之一，如何達到有效的時間管理，下列幾項因素供參考：

1. 分析各種家庭活動的種類，依其發生的頻率分成恆常性、週期性與臨時性等三種，依不同種類，予以適當安排處理，將可如期完成。
2. 分析各項工作活動所需時間。
3. 配合家人的需求。
4. 了解個人的工作習慣。
5. 擬定工作的優先順序，如此可減少疲勞與緊張。
6. 避免在同一時間，同時處理多項活動，以免造成過重的負擔，例如：繁重的與輕便的家事，可交替安排，使一天的精力能平均分配。
7. 善用資源，藉由他人的協助，可減輕工作負荷，只要懂得如何向各種資源求助，你將有意想不到的收穫。

妥善的財務規劃

財務規劃是指家庭依據自己所擁有的資產與目標，做妥善的規劃。它涉及家庭整體收入的實際支配與理想的運作方式，它是

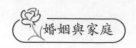

因應環境的變動，而做彈性的調整。所以，妥善的財務規劃，有助於家庭訂定目標與消費的優先順序。李與茲蘭克（Lee and Zelenak ,1987）曾提出家庭財務規劃的優點有下列幾項：

理性支用收入

家庭財務規劃可減少對以往財產的依賴，降低巨額支出，以及減低被媒體誘惑的機率。

因應收入變動

家庭財務規劃有助於家庭收入驟減或驟增時的調適。因所建立起來的消費模式，可以在遭遇變動時引以為用。

因應家庭人口變動

家庭支出應隨著人口變動而更動。這種調適過程，可以借助有系統的理性規劃而達成。

有助於未來重大財物支出

理性的規劃是對未來需求的預先考量，一個完善的財務規劃，必須顧及未來的資金需求，而預先存置，為因應未來可能的大筆花費，有時必須減少眼前的支出。

確保重大需求的經費來源

因事先規劃得宜，因而家庭預存了資金，以備遇有重大需求時支用。

此外「開源節流」是確保家庭有足夠的經濟資源的首要原則，亦是致富的不二法門，一般家庭經濟規劃的管道，有下列幾種方式：

儲蓄

是最保守穩當的理財方式以累積財富。

開源

除了固定工作外，另闢財源，以兼職方式爲家庭增添第二份收入。

投資

透過股票、短期證券、基金投資、民間互助會、期貨、黃金等方式投資，事先預估風險，制定完整的投資計畫，再進入市場。

置產

精打細算購買房地產，實現無殼蝸牛的夢想。

保險

買保險以提供未來的保障，評估自己適合的投保科種或組合，衡量保費的合理性，再行投保。

第四節　親屬關係與適應

親屬關係的基本概念

社會上流行這著麼一句話：「有關係就沒關係，沒關係就有關係」。多麼耐人尋味，譬如你開車上街，最頭痛的事就是找到合適的停車位；如果你恰巧要停的位置，是你熟識的人家門前，打聲招呼就萬事OK（這就是有朋友關係）！在諸多的人際關係中，

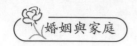

與個人有最親密關係者非家人莫屬了。依Schaffer分析影響家人
關係有四個要點：

家庭的大小

因為人數愈多家庭中的互動系統就愈複雜。

家庭的組成方式

通常家中女人多過男人時摩擦就會愈多。

父母的態度

如果父母希望擁有大家庭且又形成大家庭，則家人關係較和
諧；如果希望的事小家庭，結果卻出現大家庭，則家人關係較緊
張。

子女出生的間隔

如果間隔不大且符合父母的期望則家人關係較和諧

每個已婚者大都擁有兩個家庭，一個是生長家庭稱為「原生
家庭」，一個是「生殖家庭」。前者擁有三種主要家人關係：父子
（女）、母子（女）、手足；後者則擁有配偶、父（母）子、父（母）
女三種關係。從法律角度來看，家人關係分成血親與姻親；從人
類學的角度來看，可歸納出三種親屬網：

初級關係

包括父母、兄、弟、姊、妹、子女、配偶共七種。

次級關係

是初級關係的親人，他們各自的初級關係，共三十三種。

三級關係

是二級關係親人的初級關係，多達一百五十一種。

由以上觀之，顯示家人關係的複雜性、包容性、與延伸性。家人關係與兩個概念有關：親族與親戚合稱「親屬」；「親族」指的是有血統關係，且同宗的，又稱爲「宗族」。「親戚」是指親族以外有姻親關係，或有血統關係，但不同宗族者而言。

表1-2可幫助我們了解每個人的家人與親屬關係狀況如何：

表1-2　主要家人關係與思考架構

	夫妻關係	親子關係	手足關係	婆媳關係	三代關係	其他親人關係
1.關係主軸						
2.關係特性						
3.溝通情況						
4.常見問題						
5.主要危機						
6.未來變動						

※ 親屬關係的特性

中西方比較

今日社會往往強調多元文化脈絡下的不同影響，事實上，隨著科技不斷進步，媒體資訊的傳播，交通工具的發達，「地球村」的概念於焉產生。然而，中西文化仍各有其主要思想與不同的傳統價值觀，在家庭中的人際關係發展過程中，就出現了明顯差異。今由下列五個層面來做比較，說明中西間的差異所在（王以仁，1990）：

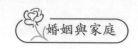

1.西方家庭強調個人利益，中國重視家庭整體的福祉。

2.西方家長只照顧子女到成人，中國家長往往會照顧其一生。

3.西方家長尊重子女的自由選擇，中國家長則經常替孩子決定一切。

4.西方家人之間擁有個別隱私，中國家庭成員間幾乎是無個人空間。

5.西方家庭強調夫妻關係，中國家庭則較重視親子倫理。

許烺光（民77）認為中國社會是以「父子關係」為主軸，父子關係是尊卑的，子不可踰越父，父子關係比較有「包容性」，一個父親可以有很多兒子，且愈多愈好，因「多子多孫多福氣」。西方重視的「夫妻關係」，不是尊卑的，基本上，它是具有「排他性」，容不下第三者，所以一旦夫妻感情不佳，就比較可能終止關係。中國人在談到自己家庭時，常包括了祖父母、叔伯等在內；美國人則通常指自己的核心家庭成員。相較之下，中國人的家人關係就顯得複雜多了，中國人的親屬認同範圍，只限於父系派絡中；例如：父親的親屬優於母親的親屬，父親的家人是「血親」，母親這方的家人則屬於「姻親」，女兒嫁出去就是潑出去的水，是別人家的人了；媳婦雖然非親生的，卻因是嫁進來的，所以是自家人，地位可能比女兒高一些。

姻親關係

依民法規定「姻親者，謂血親之配偶，配偶之血親及配偶之血親之配偶」。所以當夫妻二人結合時，雙方家人就產生了姻親關係，也擴大了家族關係。它包含了下列幾種關係：

公婆與媳婦

　　世俗自稱其妻或稱他人之妻為媳婦，但此處係指兒子的妻子為媳婦。中國的「媳」字係借「息」，息有孳生之意，所以自古以來，公婆對媳婦最大的期望，就是要能「生育」，生生不息，故「媳」從「息」聲。

岳父母與女婿

　　姻親關係中最高權威者除了公婆外，便是岳父母大人；「岳」乃指大山，世人取東岳泰山，係有丈人峰之意，故稱妻之父為「丈人」或「岳丈」、「岳父」，其母為「岳母」。

嫂嫂

　　兄之妻謂嫂，在姻親關係中，嫂持有尊長的地位，備受弟妹妯娌的敬重。

妯娌

　　兄弟之妻彼此間的稱呼。妯娌因兄弟同堂而同居，且要共同侍奉公婆，所以妯娌間衝突，主要來自爭取公婆寵愛，與家務分工兩個原因。

姑姑

　　女子嫁到夫家稱其姊為大姑，妹為小姑，其地位與嫂嫂同等，所以媳婦對姑嫂，也要必恭必敬；昔日的家庭，姻親關係中的兩人問題，其一為婆媳，其二為姑嫂問題。

手足關係

　　同胞手足是培養個人合群能力的最佳人選。兄弟姊妹間常見的關係有：親密、友愛、互助、爭執、吵架、忌妒、競爭等情

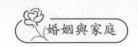
形，藉這些互動過程，逐漸消弱個人的「自我」觀念，並產生「他人」的觀念，進而了解人與人之間互助的關係，且學習並培養如何適應社會的行為與能力，所以家中有手足是件很好的事情，即使當中有衝突，也都是刺激其社會化的良好機會。

※ 姻親關係中的動態

在家族治療界中有一種說法：「當配偶上床時，其實是有六個人共同在床上：妻子和她的父母，丈夫和他的父母，除了性之外，配偶的日常行為與思想，也都與父母親息息相關」（Deursch, 1979）。

新婚者的婚姻滿意度與姻親的支持成正比的相關。許多新婚者指出當他們需要協助時，生父母與姻親，是他們社會支持的主要來源。

影響姻親關係的變數

年齡

一般而言，年輕夫妻較易與公婆發生衝突，最大原因是年輕人渴望獨立，自主。姻親介入新婚夫妻生活常見的問題有：凡事都要加入意見或忠告、埋怨孫子們的行為、建議該何時上床睡覺、該吃些什麼東西等，無關重要的情事。

角色的改變

姻親關係中的衝突，最常見的有婆媳與妯娌之間，其中最大原因是女性們都扮演類似的角色，因「婆婆」的角色，也是「媳婦」的角色熬出來的，無形中易陷於比較的情境中；於是產生嘮叨與不滿，若再加上省籍情節、教育程度、社經地位的差異，更促成婆媳間的隔閡，所以婆媳衝突佔姻親衝突的九成。

界限不清楚

「界限」是指人與人互動時，區分個人之間，夫妻與子女之間，世代之間，性別之間等，看不見的界閾或範圍，這個界限是抽象的，有彈性的，可以互相滲透的心理線，所以一個成熟獨立的個體，應學習與父母建立一種「成人互動模式」。當建立一個新家庭時，除了要發展與配偶的個人界限，同時也要發展與原生家庭的新關係與界限。

背景因素

有研究指出：「若有父母祝福的婚姻，其婚姻滿意度較高」。所以「門當戶對」在中外婚姻中，自有其道理。因兩個來自背景愈相似的個體相結合，在婚姻適應上較優於背景懸殊的夫妻。

倚賴程度

婚前婚後與原生父母間的互賴關係，亦是影響姻親關係的另一變數。尤其是失去配偶的父母，在情緒上較易過分倚賴兒女，所以不大樂意兒女婚後，自其情緒生命中獨立出去。再者「掌控形」的父母，即使兒女結婚了，仍常常遙控對方的新家庭，以滿足自己的權力慾。

姻親的互動模式

許多文獻與媒體都大量報導姻親的負面關係，易使人誤以為姻親關係充滿了衝突。事實不然，在美國調查發現，有四分之三的受訪者，表示對婆婆尊重她們的隱私權感到滿意，且有許多已婚者表示能享受與姻親間熱誠而友善的關係。姻親也提供許多的協助，包括：家務、照顧小孩、金錢、坐月子等，其中約有八成的父母在子女剛結婚時，給予較多支援（例如：提供金錢購買房子或幫忙照顧孫子女等）。媳婦若有急事，往往先找自己的母親幫

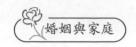

忙；媳婦在生下第一胎時，與婆婆的關係常會有較大的改變；媳婦坐月子時，常喜歡自己母親幫忙。此外，中下階層的家庭，女方父母給予子女的協助，多於男方父母。女兒生產時，得到母親較多的實質上幫助，婆婆則較傾向給東西而已。女兒向母親請教養兒經的次數多出婆婆的四到五倍。但媳婦常向婆婆問有關其丈夫的事情。約有85%的女兒會照顧上一代老人，這比例遠多於媳婦，媳婦即便願意照顧年老的公婆，但實際行動遠遜於女兒。

姻親之間的互動模式，常常是相對的。姻親之間，雖有互助行為，但不如想像中的多，子女與親生父母間的互動頻率較密，中國大多數父母仍不願意獨居。

�֎ 增進和諧的姻親關係

姻親關係常是影響家庭關係的穩定與品質好壞的重要因素。而在諸多的姻親關係中，又以「婆媳關係」問題最多，在中國傳統社會裡，家庭制度發展的主軸是以父子的縱向關係為主，夫妻橫向聯絡為輔，夫妻間情感遠不如母子間的連絡，也因此兒子成婚，母親通常感覺受到威脅。但夫妻間橫妯關係，已隨時代變遷日趨強化，丈夫（兒子）的情感支持，遂成為妻子（媳婦）與母親（婆婆）彼此競爭的稀少資源；而丈夫（兒子）如何拿捏他及母親與妻子這一天秤的兩端？亦即丈夫成為母親與妻子的家庭生活關係是否衝突或協調的重要關鍵人物。換言之，姻親關係的驚爆點─婆媳問題，係一三角關係，而非兩個女人的戰爭。所以解決之道，則在處於中間地位的兒子（丈夫），如何運用其智慧，來處理衝突的局面，若是以退縮或偏袒一方的方式來面對問題，相信將使婆媳問題永遠無解。

今雖以婆媳關係為例，但要特別聲明並非婆媳一定不和諧，也並非只有婆媳才有問題，在此僅以婆媳為代表，來探討各種姻

親關係中的問題與調適策略，並藉這些原則，應用到其他姻親關係中。

婆媳不和諧的原因

「家家都有本難唸的經」且每本經的內容也不盡相同，但婆媳間不和諧的原因，常見的有下列幾種：

思想不同

生長的時代、社會、文化都不同，觀念自然不同，人們常以過來人的身分，用自有的經驗，去衡量別人的行為或想法，如果揣摩的內容是負面的，自然容易產生誤會。

個性不合

年輕人愛好自由，不喜受約束，較豪爽，好動，敏捷，勇於嚐試新鮮事物。年老者較保守，謹慎，安靜，動作較遲緩，若彼此對對方的期待太多，失望與衝突必大。

媳婦不善處理家務事或人際關係

核心家庭人口少，若媳婦是職業婦女，在外食文化充斥都會的今日，婆婆或許看不慣，不會下廚做羹湯的「笨媳婦」；年輕人往往不善去經營婆媳關係，做媳婦的心裡老是想著：「如果你是好婆婆，就會把我當成女兒看待，而這些事就不會捨得要我去做」。做婆婆的則心裡想：「這個媳婦眼裡根本沒有我這個婆婆」，及或有心示好，也往往以自己以為好的方式，去對待對方，結果有時反而弄巧成拙。

心態不平衡

婆婆認為媳婦搶走自己的兒子，所以是她的敵人。媳婦老覺

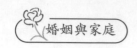
得自己是局外人，不被重視，感覺孤苦無依；婆婆為了顯示在家中有較優越的權威地位，處處要掌大權，有時半夜起床，還要繞到孩子房裡巡視一方，更有甚者，不准兒子把房門關上，以便於她可隨時提供幫助。婆媳對治家的理念、方法無法協調，若皆欲求掌握大權，以確定自己的優越地位，這種種潛意識中的佔有或報復等不成熟情緒，形成婆媳間永無止境冷戰或熱戰的導火線。

與姻親關係太接近

每一對新婚夫妻實際上屬於三個家庭，即「我們的」、「你的」、「我的」家庭。這三個家庭必須平衡，否則易發生問題，一般而言，女兒與母親的結比較強，所以婚後女兒比兒子更難與她的定向家庭分開。當新婚夫妻發生衝突時，在傳統社會中，又習慣以父母意見為至上，而夫妻倆則被認為應該「犧牲小我，完成大我」，來處理衝突。Duvall（1954）以這三個家的距離來說明「結婚生活的三角關係」。如果說夫妻一方的定向家庭太靠近「我們的」家庭，可能表示這方的家人中，佔有慾太強，無法讓他自定向家庭獨立出去，也有可能因為情境因素，他必須對家庭更忠心，並且獻出更多的時間與精力，無論任何原因，假如「我的」或「你的」家庭對「我們的」家拉力太強的話，我們就無法建立新婚家庭的認同。所以當妻子太黏娘家時，就易產生姻親問題。事實上，新婚夫妻在面對各種不同新角色任務時，必須先重新界定與雙方父母的關係。自己扮演兒女的依賴角色，也應隨之調整為獨立的個體，並逐漸脫離與定向家庭間的依賴關係。學習使「我們的」家庭與「我的」、「你的」家庭，保持同等距離，如此既不失去「自我」又能與父母、姻親維持良好的親情關係。

✳ 建立良好的婆媳關係

為人丈夫的態度

在姻親關係中尤其是婆媳關係，丈夫的態度最為重要，也是最難為的角色。但是為了促進婆媳間的良好關係，丈夫應毅然決然的肩負起居中協調的責任，幫助妻子與母親間的相互了解。例如：常強調做媳婦的孝順或母親的關懷，暗示母親多體會做媳婦的辛勞或適度提醒妻子完成職責。對婆媳間私下所發的抱怨，除了予以勸慰外，不加以傳話，也不任意偏袒任何一方；往往做妻子的抱怨，常是種情緒性的發洩，不一定須加以傳達給母親，即或有需要，也應先處理好當事者的情緒反應，再找合宜機會，改以「暗示」方式，表達給對方知道即可。若可行的話，最好再教給太太如何與你母親相處的密招，讓妻子也有機會學習做個討人歡喜的媳婦兒。所以，丈夫的主要任務，就是幫助雙方學會溝通，也就是幫助對方了解自己的抱怨是什麼，幫助她們學會怎麼表達。丈夫雖是個「夾心餅乾」，如果這當中的餡兒是甜美的，那麼就能讓週遭的人們分享到喜悅，否則將導致更難堪的後果。

做個好媳婦

媳婦雖非公婆親生的，雖無領受他們的養育之恩，但是丈夫的成長與成就，等於就是他們的辛勞成果。況且我們今日做在老人家身上，有一天我們的兒女，也將如此報答我們。所以為人子媳的，理應孝順公婆，除了給兒女一個好的榜樣外，更能因此營造出和樂的家庭氣氛。以下幾點供參考：

角色的調適

認清「女兒」與「媳婦」的角色不同，女兒可以和父母吵架

過後就算了，但媳婦可不能與公婆吵架。女兒是被父母照顧的人，媳婦是要照顧公婆的人，所以婚後角色的調適很重要。

用對方所需要的方式來表達愛

愛一個人不是用自己的想法或自以為是的方法去愛對方。最好的方式是，以對方能感受的方式，來表達你對他的愛。所以當老人家愛錢，你就體諒他過去成長的背景，是在缺乏與不安的環境中成長，就多找機會給對方，你能負擔得起的金錢，來表達你對他的愛。

尊重與真誠的態度

每個人都需要被別人的尊重。做媳婦的若能常尊重老人家的意見，先聽聽他們的看法，往往會有你意想不到的智慧在其中，即或意見不一，也可以慢慢溝通、解釋，總要試著獲得他們的諒解；切記，不要把對方當成不可理喻的怪物，是落伍的LKK。真誠可感化人心，真誠也就是站在對方的立場來設想，少猜忌、少說人是非、多用同理心與人溝通、交往，將可化解許多不必要的誤會，且可贏得對方的信任與尊重。

善盡自己的職責

扮演好自己份內角色的各種職責，諸如：好妻子、好媽媽、好媳婦、好女兒等。

腰軟嘴甜

要懂得放下身段，不一定每次都要理直氣壯的爭到底，尤其是家人相處，「情」字有時更重要。對老人家應當偶爾嘴巴甜，以適度的表達方式，來取悅他們。

學習優點

多發現公婆的優點，並與它看齊學習。至於缺點，則睜一隻眼閉一隻眼，畢竟人沒有十全十美的，自己不也是如此嗎？

適度表達對他們的愛

讓你的公婆知道，他們在妳心中佔有很重要地位。所以在各種節慶中，適度表達對他們的愛；或對他們的喜好表示感興趣，且樂意陪同前往。

不隨意批評

不在公婆面前批評自己的父母，也不要公然比較兩方的是與不是。

做個好婆婆

媳婦雖非親生的，但也是人家父母的掌上明珠，所以做婆婆的，若想做個受人歡迎，又快樂的婆婆，就當一改過去悲情婆婆的角色，下列幾點可為參考：

將心比心

把媳婦當成自己另一個女兒處處疼愛、關心。

勿倚老賣老

年輕人若不來求教，千萬不要主動提供您老的寶貴意見，因有時這些寶貴的意見，對他們而言，往往只是過了氣的想法，但也不要鄙視他們幼稚的想法。

避免過度干涉

給他們足夠的空間與時間，讓他們自己慢慢地去成長，不忘隨時鼓勵他們獨立的精神。

不忘適時的讚美媳婦

讚美會使人變得更有自信、更可愛，也能拉近兩方的距離。

切勿介入

當兒子與媳婦意見不合時，切勿介入，讓他們自己去學習解決之道，除非他們有求於你，若問題超過自己能力範圍，不妨建議尋求專家協助。

儘量不批評

儘量不去批評媳婦及與她有關之人的事與物。

適時伸出援手

願意隨時伸出援手，幫助年輕夫妻，讓他們感受到上一代的愛，仍是不怨不悔、永無止盡的付出。

聯絡感情

主動邀請親家聚餐，聯絡兩家感情。逢年過節不忘提醒媳婦送些禮物回娘家。

不比較優缺點

不要比較媳婦間的優缺點，以免造成妯娌間的衝突。

婆媳關係真的很重要，因為兩個家庭內，若婆媳相處不好，這兩個姻親家庭也就相處有問題。在人生過程中，自己與配偶都不斷在改變、成長與成熟。姻親關係亦如此，每個不同階段的家

庭成長史，有不同的挑戰須面對。所以先學習做一個成熟的人，才能面對各種挑戰，進而組成一個成熟的家庭，並建立良好的姻親關係。

第五節 結語

「如果你想擁有美滿的婚姻，

那就做一個能產生助力，而非阻力的人，

不要一味強求對方，

當對方感受到我把生命中，

最美好的東西都給了他時，

他自然會以此回報我。

主動給予的行動中，

個人會因體驗到自己旺盛的生命力，

而感到無比的喜悅。

而這種喜悅的感覺，

又激發他更進一步的給予。

亦即有了新歡。

也將無損對舊愛的的愛。

因此增加自己生命力的方式，

就是增加了他人的生命力！」

有人做過一項調查，發現夫妻一天當中，有兩百六十次的「機會」，可以給對方鼓勵，不管是一個動作，或是一個眼神，或是一句感謝的話，這些機會比比皆是。《今日心理學》雜誌訪問調查一群結婚超過二十五年的夫妻，發現維繫婚姻的第一大原因

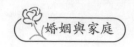

是：「彼此一輩子的委身」，也就是說，從最早結婚之日起，就立下心志，絕不輕易說出「離婚」二字。第二大原因是「常有時間在一起相處」，現代有許多夫妻因工作壓力大，或事務煩身，身雖在一起，卻已無話可說，夫妻間慢慢地就變得陌生。因此，彼此在年輕時，就應學習花時間相處在一起，每天花一點心思在配偶身上，發現對方有何優點，有何進步，並在單獨相處時，告訴對方。如此你將發現對方的優點愈來愈多，且讓對方發現自己也愈變愈好！人與人相處，就像「報酬遞減律」一樣，第一個月領薪水時最興奮，第二個月次之，第三個月又更少。以此遞減到下一次「調薪日」的來到。夫妻相處亦如是，剛開始很新鮮，久了就平淡無奇，最可悲的就是「一成不變、數十年如一日；嚼之無味，棄之又可惜」。所以要在婚姻中，不斷加入新目標、新計畫、新期待，好讓婚姻生活中維持熱情。

活動一　家庭關係測試

每個家庭都有不同的長處與弱點，隨著時日的發展，時有消長，以下是有關家庭功能的測驗量表。說明：

1. 給家庭成員每人一張，請他們依自己的想法、感受做測驗，然後再共同分享不同經驗，家庭成員若期望改變某些弱點，也可以彼此交換意見，尋求改變之道。
2. 以□表示現況；以○表示一年後的結果；完成後註明日期並保留檢視之。

1.雙親的一體感	弱	1	2	3	4	5	強
2.雙親的權力	不平等	1	2	3	4	5	平等
3.角色的運作	定型／受指定	1	2	3	4	5	交互運作／可協商的清晰
4.溝通	混淆	1	2	3	4	5	清晰
5.家人相互的關係	孤立	1	2	3	4	5	自由
6.感覺、腔調	敵對譏諷	1	2	3	4	5	隨和
7.價值／目標	不明確	1	2	3	4	5	清楚
8.決定權	僵化	1	2	3	4	5	調整
9.家規	一成不變	1	2	3	4	5	富彈性
10.傳統家規	不存在	1	2	3	4	5	次第形成
11.休閒娛樂時間	少有	1	2	3	4	5	經常
12.工作／進修	單調辛苦	1	2	3	4	5	愉快滿足
13.心靈成長	不見發展	1	2	3	4	5	正常發展
14.對生命的期許	悲觀消極	1	2	3	4	5	樂觀積極
15.與外界關係	隔離	1	2	3	4	5	參與
16.家庭士氣	一盤散沙	1	2	3	4	5	有歸屬感

本文改編自張資寧編著的在婚姻中成長一書,頁46-47—Oklahoma W. E,1978)

活動二：家事誰做？

家庭生命之和諧與快樂，端視家人如何分工合作，以下項目提醒你家人是否善加協調分工安排：

（　）1.表達感激　　　　（　）11.決策權
（　）2.協商差異　　　　（　）12.照顧子女
（　）3.子女管教　　　　（　）13.給予安慰
（　）4.設計共處時光　　（　）14.採購
（　）5.烹飪　　　　　　（　）15.清理房間
（　）6.洗曬衣服　　　　（　）16.家用記帳
（　）7.屋內修理　　　　（　）17.屋外維修
（　）8.庭園工作　　　　（　）18.洗車檢修
（　）9.金錢管理　　　　（　）19.假期計畫
（　）10.策劃紀念日　　　（　）20.靈性指導

一般說來有四種情形：A.我常做　B.我偶爾做　C.我從未做過　D.大家一起做

家中成員分別在各項之前標示A.B.C.D，而後一起討論，並做出令大家都滿意的調整。

（本文改編自張資寧編著的**在婚姻中成長**一書,頁83—ACME,1982）

參考書目

中華民國家庭教育學會主編（民89）。家庭教育學。台北：師
　　大書苑。

余德慧等（民80）。中國人的父母經。台北：張老師。

余德慧等（民80）。中國人的幸福觀。台北：張老師。

林麗雲等（民80）。中國人的新孝觀。台北：張老師。

邱書璇（民84）。親職教育：家庭學校與社區關係。台北：揚
　　智。

莊慧秋等（民80）。中國人的姻緣觀。台北：張老師。

晏涵文（民78）。婚姻生活與生涯發展。台北：宇宙光。

張資寧編著（民89）。在婚姻中成長。台中：天恩。

章惠芬譯（民87）。步入婚姻之道。台北：揚智。

彭駕騂（民83）。婚姻輔導。台北：巨流。

彭懷真（民85）。婚姻與家庭。台北：巨流。

陽琪、陽琬合譯（民84）。婚姻與家庭。台北：桂冠。簡春安（民
　　82）。美好婚姻─教學指引。台中：天恩。

蔡文輝（民87）。婚姻與家庭。台北：五南。

蔡妙芳主編（民81）。婚姻與家庭。台北：台灣地區家庭教育
　　中心。

劉章田（民82）。成長 戀愛 婚姻。台北：校園。

簡春安（民82）。美好婚姻─教學指引。台中：天恩。

藍采風（民85）。婚姻與家庭。台北：幼獅。

Chapter 2

親職與為人父母

戴美雲

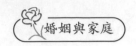
前言

　　家庭從二個年輕人結合，養兒育女，子女長大成人，到老年、死亡而家庭瓦解，這一連串的動態發展過程，稱之為家庭生活週期。隨著不同的階段，家庭面臨各種不同的挑戰和危機，父母與子女各有不同的角色以順利完成發展任務。美國學者Duvall（1977）將家庭的生命週期分為八階段：（1）剛結婚未有小孩；（2）老大出生至兩歲半；（3）家中有學齡前的小孩；（4）家中有學齡中的小孩；（5）家中有青少年階段的小孩；（6）孩子陸續離開家庭；（7）由家庭空巢期到退休；（8）由退休到夫婦倆人都死亡（彭懷眞，民85）。本章參考Duvall的架構，綜合父母的角色發展後分成三個階段：新婚時期的準備階段、初為人父母階段、子女的養育階段，來探討為人父母的角色選擇與適應以及子女發展的重點與親職技巧。

第一節　新婚時期的準備階段

　　婚姻雖然只是兩個人的結合，實際上參與的卻是兩個複雜的大家庭系統，兩個人來自不同的家庭背景、有著不同的文化價值與態度，要由一個人的生活變為兩個人的生活，雙方如何調整各自的差異，彼此適應，以建立讓兩人都能滿意的生活方式，可以說是未來婚姻幸福與否的重要關鍵。此階段重要的任務從協調雙方對婚姻的看法、建立容忍尊重的良好婚姻特質，到取得均衡、有歸屬感的新家庭外，最重要的就是準備做生兒育女的抉擇了。

　　現代夫妻因個人主義盛行加上婦女的投入職場，使現代夫妻面對生育問題有多種選擇，例如婚後立即選擇為人父母，或是延後為人父母，或是選擇當個頂客族不為人父母。

❋ 選擇不為人父母

　　傳統的農業社會中，家庭制度以大家庭為主，結婚的目的主要是為了傳宗接代，因此青年男女一旦結婚後，隨即懷孕生子乃是普遍現象，因為婦女的能否生育，是家族的大事，甚至攸關此婦女在家族中的地位。現在進入工商業時代，社會繁榮發展，使家庭的許多功能漸被林立的社會機構所取代。又因社會觀念開放，個人主義盛行，家庭型態已多元變化；教育機會增加且教育水準提昇，婦女也能投入就業市場，再加上避孕措施與技術的進步，家庭制度漸以小家庭為主，因此成家、立業、生子被視為理所當然的生涯軌道，如今卻有不同的選項—夫妻結婚後選擇不生孩子。

　　對於婚後不生育的選擇，在美國甚至成立了一個「不做父母

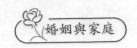

聯盟」（彭懷眞，民85），這個聯盟認爲：父母的角色不是人人都必須自動接受的，他們認爲雖然沒有孩子依然是完整的家。這個聯盟並提出選擇不生育子女的理由，重要的如下述：

1. 世界人口已經飽和了，更多的小孩只會增加糧食及政府公共設施的負擔。
2. 過多的小孩，加速世界與國家社會的人口問題。
3. 母親的角色會是女性的一種選擇，而不是所有女人都應該扮演的角色。
4. 還沒有小孩的夫婦，會比已爲人父母的夫婦，能夠花更多的時間在一起，能夠享受自發性的生活，不會被撫養小孩的責任束縛，能發展更親密的夫妻關係。
5. 雙職業的夫妻能夠在工作崗位上，得到比撫養小孩更大的回饋。
6. 沒有小孩的婚姻，夫妻能有較多的存款，使年老時經濟上有更大的安全感，因爲他們認爲養兒防老的觀念已不切實際。
7. 父母的角色是任何人都無法取代的，它需要更多的時間、金錢、愛心、能力以及心力的付出，這並不是每個人都能夠付出的。

基於以上的各種考量，現代夫妻突破傳統的思維模式，選擇不生育孩子。

☀選擇延後爲人父母

有許多夫妻結婚後也打算生孩子，但他們將爲人父母的時間往後延至三十歲以後，這樣的情形在國內有上升的趨勢，周麗端等人（民89）究其因有下列幾點：

1. 女性的教育程度提高。
2. 追求自我事業的發展。
3. 經濟的壓力。
4. 單身生活的吸引力。

※ 選擇爲人父母

學習父母角色的必要性

　　一個人自生至死，受到家庭環境、成員、氣氛的直接薰陶或間接影響，在情感生活的學習上、倫理觀念的養成上和道德行爲的建立上，能獲得身心健全發展的指導效益。我們都知道家庭是每個人接觸的第一個社會化單位，嬰兒剛出生的時候只不過是一個「生物體」，要經過家庭的薰陶和照護，他才能逐漸地成爲一個「人」，一個「社會人」。因此，個人人格的成長受到他小時候生長的家庭影響最大，家裡的父母、手足、和其他親戚常常成爲孩童模仿學習的對象。

　　孩童最早從家裡學習到社會規範和文化價值、自我認知、生存和生活的技能、社會對他們的期望，以及學會如何對別人的行爲做出適當的反應等。換句話說，家庭對一個人的影響從孕育期就開始，這提醒每一個成熟的青年男女，孩子的教養工作要慎始。生兒育女雖然是父母的天職，然而它卻不是一件天生就會的事，它和學習某種技能一樣需要學習得來的。我們必須提早學習如何爲人父母，才能避免自己成爲父母時的茫然失措，而能順利適應角色轉換，做個稱職的父母，孕育出健康快樂的下一代。

　　父母角色是社會角色之一，而在眾多的社會角色中，父母角色被賦予特別重要的職責與高度的角色期望。因此爲人父母是人生一個重要的轉戾點，他不僅代表著新的人生經驗、期待與責

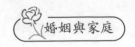

任，也代表著可能要面臨種種新的問題與考驗。因此決定選擇爲
人父母者，需要先認清自己的角色並善盡職責，才能建立幸福健
康的家庭。

爲人父母的學習歷程

林清江將人的一生視爲學習做父母的歷程，分爲五個階段
（引自林敏宜，民87）：

觀察時期

家庭的社會化功能中，性別角色的認同與學習是重要的一
環，孩子從幼年時即觀察父親及母親的角色呈現，這也是他們在
玩「扮家家酒」和哄娃娃的時候經常實踐的事情，孩子除了觀察
自己父母的言行舉止之外，也觀察別人的父母甚至從大衆傳播中
學習，成爲將來扮演爲人父母的樣版。

結婚準備爲人父母時期

這個階段他們會根據過去觀察到的父母親角色，融合現在的
事實，作爲他們爲人父母的參照經驗。

爲人父母初期

子女一出生，便是給父母一個最佳教育的機會，他必須在子
女的各種行爲中，調整自己的行爲學習做父母。

重新思考的時期

父母對於撫養子女的基礎知識來自於他們的自身經驗，即他
們的父母是如何從小把他們帶大的，而當本身做了父母後，會從
成年人的角度來審視一下父母是怎樣撫育自己的，經過一段時
日，若發現其教育子女的方式不理想，能警覺到並檢討自己甚至
改變小時候父母對待自己的方式，期使子女能更好。

子女獨立時期

　　子女在父母的養育下長大成人且獨立，此時部分年老的父母親角色會重新檢討其往昔所扮演的父母親角色是否成功，隨著子女的獨立而調整自己的角色，期與子女能相處良好。

檢視生兒育女的動機

　　新婚夫妻若是選擇爲人父母，那麼先要確定自己生兒育女的動機爲何？蔡文輝（民87）認爲夫妻的生兒育女的動機大約可分爲四大類：滿足自我、養兒防老；彌補不足、挽救婚姻；天經地義、順理成章；喜歡小孩、發揚愛心。簡述如下：

滿足自我、養兒防老

　　有些人生兒育女是想要有個光宗耀祖的孩子、有個像自己優美品格的孩子、有個敬重自己的人、證明自己可以做大事。

彌補不足、挽救婚姻

　　有些人童年不快樂，認爲有了孩子絕不會讓其步後塵，有些人爲了彌補婚姻或生命的不足，認爲有了孩子就可挽救已呈危機的婚姻，使婚姻更添姿彩。

天經地義、順理成章

　　有些夫婦計畫生育，是因爲覺得延續香火傳宗接代，這是順理成章該做的事。例如想要討父母歡心、免遭親友批評、或是爲了與別人看齊。

喜歡小孩、發揚愛心

　　這類的夫婦是因爲喜歡小孩，願意將愛心灌輸到他們一起創造的小生命，有真正機會可使孩子快樂，想教導下一代認識生命中美好的事物，會因捨己爲下一代而得到滿足。

除了要了解自己生兒育女的動機外，也應了解養育子女所需付出的代價以及子女所擁有的價值。

生育子女的代價

生育子女所需要付出的代價，正是選擇不生育的夫妻所考量的理由，整理如下：

經濟壓力增大

許多家庭的收入都投注於孩子的養育中，孩子曾經被視爲是一項經濟資產—在鄉下自足家庭，他是可供利用的工作者—現在則大多被認爲是一項經濟負擔。在農業社會時期，生育子女可以增加經濟資產，爲農事提供人力，強調多子多孫多福氣，且在父母年老時挑起家庭經濟的重擔。但是工商業的今天，子女已不再是家庭經濟資產。

爲人父母後，由於其中一方可能必須放棄工作或事業的發展，因而減少家庭收入。就算夫妻雙方仍出外工作，子女的托育仍是一大支出。子女從出生到獨立離家，不論是吃、住、穿、或生活交際都需要花錢，尤其國人仍有濃厚「萬般皆下品，唯有讀書高」的價值觀，因此父母鼓勵子女多讀書，在養育及求學階段的費用上，多半是由父母完全的支付，甚至進入研究所亦然。

根據國外的統計顯示，今日養育一個孩子由出生到十八歲的平均花費，介於十五萬到二十萬美金之間，這個數字比二十年前出生的孩子預估的六萬六千美金，要多出兩倍多（邱書璇譯，民84）。我國根據教育部1999年度各級學校學雜費收費的標準計算，一位子女從幼稚園一直到研究所畢業的教育費用，加上每年的通貨膨脹率，大約要花將近八百萬元。加上許多父母對子女求好心切的態度，會讓子女參加才藝補習班或升學補習，甚至送出國留學，這些額外支出的費用更是不容忽視。

空間要求擴大

除了金錢的花費之外，居住空間的考慮及調整亦是不可避免的，尤其父母希望子女在就讀時能有較好的學區以利其升學時，居住的地區成爲父母必須考慮的因素。此外孩子出生之後家庭內房間的安排也往往必須有適度的改變，原本夫妻倆人可從容寬裕使用的住家空間，會因子女的陸續出生之後感到侷促，家庭空間可能需要換更大，或父母必須犧牲自己的工作室或書房以滿足新成員的加入，而這些都是選擇爲人父母時所必須花的代價。

除了實質的空間需求之外，另有象徵性的空間需求，指的是家庭中的關係，子女的到來會使單純的丈夫—妻子的關係，增加了父親—子女、母親—子女的關係，要使這三種關係發展均衡亦是爲人父母所要努力的。

婚姻關係疏離

有一項長期的研究針對二百五十多對結婚三年有他們的第一個孩子、已懷孕到最後三個月階段的夫妻而進行。研究結果指出，壓力不可避免，夫妻在爲人父母之前的婚姻品質是決定孩子的加入是否會擾亂夫妻之間關係的因素。這段過渡期夫妻均因加入新的角色而必須改變生活方式，而這些改變影響著婚姻滿意度的升降。「研究指出，滿意程度是呈U型，從孩子出生後開始下降，隨著孩子成長開始獨立而逐漸上升，又有些研究指出滿意度下降後不會再恢復」（邱書璇譯，民84）。子女的出現改變了婚姻關係，隨著子女的出生，不論夫或妻皆須花更多的時間與子女相處，也將所有的焦點皆放在子女的身上，相對的夫妻之間的關注及感情的依賴減少了許多，且單獨相處的時間也明顯減少。

失去自由與耗費精力

在我們的文化裡，母親承擔了懷孕及哺育嬰兒的主要任務，

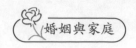

孩子出生後的照護工作佔去母親所有的時間，也使整個家庭作息及休閒隨之改變。照顧新生兒常感困擾的是睡眠不足、體力透支。就算這個階段順利熬過，隨著子女日漸長大，父母更無法只考慮自己的興趣、社交活動，孩子的發展、學習等都成為家庭的重點，父母需投入更多的時間和精力

擁有子女的價值

有些人成為父母，是因進入成人關係而未經考慮的結果，是一可能引起畏懼和憤恨的事件；有些人則是經過仔細考慮和計畫，是在預期和歡樂中生育子女，產生父母的角色。因此有小孩是一件對不同的人有不同意義的事。L.W.Hoffman和M.L. Hoffman（Michaels.& Goldgerg, 1993）提出九種子女可能帶來的基本價值，分別是：

成人地位和社會的認同

「為人父母」是成人發展過程中一個重要的轉變，並且親職角色的轉換，被視為是邁向成人發展的關鍵指標。這種價值能滿足被社會視為一個有責任感和成熟的成人看待的需求。在中國家庭中子女有時還可帶來個人在家庭地位的擁有。傳統中國家庭的媳婦地位並不高，但若能為家中增添壯丁，則在家中的地位立即提升，尤其是嫁到獨子的家庭更是明顯。當然這與中國人傳香火仍以男性為主的觀念有關，而這也是父系社會中很普遍的情形。所幸由於兩性平權的提倡，民法的修改，子女不一定是從父姓，這不但使得家中沒有兒子香火無法傳承的情形得到解決，也為女性爭取到部分應有的權利，但不可否認的對許多中國家庭而言，即使在現代的社會，生兒子確實仍會為媳婦帶來地位的提升。

自我的延伸

有個像自己優美品格的孩子、有個敬重自己的人、證明自己可以做大事。這種價值使個體有新的成長與學習經驗並增添生活的意義，更讓個體覺得死後有人能接續香火。

道德價值的成就

子女的來臨可以使個體學習不自私、學會犧牲奉獻、甚至對宗教、對社會更樂意付出，滿足也能有所貢獻的成就。

初級團體的感情和連結

在子女成長的過程中，親子間彼此的情感連結，可以滿足情感的表達以及人建立親密關係，並且也能接受他人的情感。許多夫妻都感到當子女來臨之後，才像是一個完整的家，雖然子女帶來夫妻感情及生活的影響都很大，但他們甘之如飴。同時最重要的是夫妻有了共同的骨肉，使原本只具姻親關係的夫妻，藉由子女的血緣性，將兩者更緊密的連接在一起，而這強有力的凝聚力使他們成爲眞正的一家人，這正是子女所帶來的好處之一。

刺激和樂趣

子女能帶來生活樂趣的增加。在美國的一項調查中問及「有子女帶給你最大的事情是什麼？」許多的受試者皆指出「孩子帶來了愛和親密，看著孩子的成長即是一種喜悅，他們帶來歡樂、幸福及趣味，他們創造了所謂的家，他們更帶來成就感與滿足感。」（Benokraitis, 1993，引自周麗端等，民89）而這些許多正反回饋正是子女帶給這個家庭新的感受與方向，也是有子女的最大好處之一。

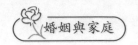

成就與創造

許多父母認為子女帶給他們生活新的重心及意義，子女成長所隱含的生命喜悅及傳承，帶給夫妻的快樂與滿足似乎較其他生活中的事項更為有成就感，有助於父母滿足自我實現獲得成長的需求。

權力和影響

有了孩子能滿足對他人擁有權力和影響力的需求。

社會比較和競爭

經由與其他孩子的行為、外表與成就的比較與競爭獲得優越感的滿足並能提升自己的威望。

經濟效用

子女能帶來經濟效用，有時能協助父母的工作或本身的工作收入是一項增加家庭經濟的資源。另外子女的出生對一些父母而言，有安全感增加的感受。中國的養兒防老觀意味著有了子女年老生活便不用擔心。中國人還強調死後祭祀的問題，有兒子就有人祭祀，死後就不會成為沒人祭祀的鬼魂，這也是中國人重視多子多孫的原因之一。隨著社會福利更佳，社會觀念的改變，養兒防老的觀念雖有了修正，但對子女出生所帶來的老年時期的安全感仍是許多家庭所重視的。

第二節　初爲人父母階段

✳父母要扮演的角色

　　家庭是一個孕育人格、提供最早社會化的場所，父母親的角色扮演對孩子的影響很大。親職角色就是父母親對孩子的角色、責任，是指父母親克盡父母的角色以養育子女。父母的角色包括生理照顧者、心理照顧者、學習觀察者、教育者、消費者、示範引導者、提供協助者、以及是子女眞心的夥伴等。溫世眞（民82）介紹父母親的三個基本角色，如照顧、管教及引導角色及其行爲特質如下：

生理照顧角色

　　父母必須提供子女適當的生理資源及社會資源，以滿足子女的生理及情緒的短期需要。照顧目標放在營造一個能使嬰兒及兒童滿足基本生理需要及感到安全、不受傷害的環境。在營造這種環境時，最重要的是父母要顯示出立即的回應、敏感、一致及溫暖。

管教角色

　　父母要做的不祇是教訓懲戒子女而已，還要顧及子女的發展情況，特別是子女的行爲。父母在執行管教角色時，有五種特質要顯現，包括彈性、一致性、愛心、堅定及一些特別的管教方法的使用。

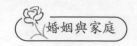

引導角色

　　父母不僅要提供照顧及管教，也必須促進子女的發展，如此，他們才能成為有用、能幹的成年人。在這個角色中，父母的重要特質是要以支持、鼓勵和包容的態度對待子女，並以示範的行為來引導子女、尊重子女及允許他們有某些自由，對子女有高而合宜的期望及規範子女的行為，以幫助子女的發展。

❋ 父母面對的壓力與調適

　　對許多夫妻而言，第一個小孩的出生往往造成夫妻生活的巨大變動，它改變個人的社會角色、日常生活、家庭氣氛、夫妻關係、自我概念，使得許多父母，尤其是婦女聲稱他們生活最大的轉變不是由於結婚，而是由於第一個小孩的到來。

父母面對的壓力

　　唐先梅（民90）認為為人父母會遭遇的壓力如：子女養育及教育的問題、夫妻與家人間的互動關係因孩子出現改變、以及對社交生活、工作時間安排及角色適應等生活問題。

父母角色的調適

　　夫妻為了扮演為人父母的新角色，雙方在感情上、生理上、生活上以及經濟上都必須有所調適：

心理方面

　　初為人父母的可能對於子女的照顧一點經驗都沒有，所以孩子的來臨造成生活作息大亂，夫妻手忙腳亂，無所依從，使得照顧嬰兒的心情變得更緊張失措，若照顧者心中存有許多無奈、不

滿和抱怨，無形中，會降低對嬰兒照顧的品質。因此為人父母心理上的穩定與成熟是很重要的，夫妻宜時時自省之。

婚姻關係

在婚姻關係中，夫妻之間被期望為感情的相互依賴、生活上的相互協助以及親密的頻繁互動，然而這樣的關係是需要時間和精力的投入與付出才能維持，但孩子的來臨後，照顧孩子會使夫妻覺得身心俱疲、夫妻單獨相處時間減少。這時夫妻需要有共識，共同負起子女的教養責任，並且相互體諒減少衝突與爭執的發生。

經濟方面

孩子的出生後的養育、教育費用，林林總總是一大筆的支出，如果此時尚有其他的貸款要繳付，父母的經濟壓力會更大。因此為人父母的需要量入為出，做好家庭預算計畫。

家務分工重新調整

傳統中國家庭「男主外、女主內」的分工模式仍普遍存在現今的家庭中，由瞿海源所做的調查資料顯示（民85）日常家務工作中，妻子所分擔的時數遠超過丈夫。然而新生兒的加入，會使家庭生活作息大受影響，因此夫妻雙方必須在時間安排及家務工作方面互相協調，透過溝通協商找出可行的方式，以滿足個人的生活需要並保持家庭生活的正常運作。

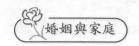

第三節　子女的養育階段

✿ 父母教養的型態

雖然親職有社會族群的差異性存在，但仍存有若干共通性。對於父母的教養型態可分為五種類型（李紹嶸、蔡文輝，民73）：

殉道型

殉道型的父母把自己完全投入子女的身上，他們願為子女做任何事，甚至犧牲自己的需求。這種教育的方式會產生許多問題，因為殉道者所立的目標無法全部達成，因此做父母的就會產生罪惡感，以及過度保護子女的行為。

夥伴型

主要是那些子女較年長或在青春發育時期的父母，感到應該做其子女的好夥伴。他們採用了放任主義的政策，讓孩子在些微的或完全無指導下設定自己的目標、規則及限制。這類父母認為這種方式可以避免由代溝所引起的衝突，由於父母在養育子女時既無法定權力，又無道德約束力，因此夥伴型的教養方式是不實際的。在今日社會中的父母有責任指導其子女在各方面的發育，做子女的應有權受教於父母的知識及經驗，在任何年齡的子女都需要一些規則及限制，雖然它會隨子女的年歲而有所改變。這類型的父母常在出錯後，退而採取正常的、有權威的親子關係。然而一旦夥伴式的關係建立後，做父母的就很難重建其威信。

警察型

　　這類型正好與夥伴型相反，警察型的父母要求子女隨時隨地都得遵守規則，即使一點點的小錯誤也會遭懲罰。

教師型

　　這類型的父母是根據子女的教養發展理論，視子女為極具彈性，子女依其豐富的潛力，根據父母如何的培植及鼓勵，就如何的發展，這個教師型的觀點幾乎將父母當作子女發育的唯一引導。如果在正當的時刻能做得恰好，子女就會是比較愉快的、有智慧的及成功的。

教練型

　　教練（指父母）應對某項比賽有足夠的知識及能力，以領導隊員（子女）盡最大的努力，並希望在比賽中贏取勝利。

　　這類父母像教練一般有其個人的特性及需要，他們規定家規，而照規條教養子女，若違反規條時則受罰，教練型的父母鼓勵子女努力、練習，以發展才能。教練可以讓不合作的隊友離開，或自己辭職，但為人父母的角色是一生保有的。

※ 父母的教養責任

　　瑞特（1975）認為父母的教養責任包括提供情緒的聯結、提供一個安全堡壘、提供行為及態度的模範、提供生活經驗、模塑孩子的行為、提供一個溝通網路（Rutter, 1975，引自蘇淑貞，民82）。簡單分述之：

提供情緒的聯結

　　孩子在二、三歲以前，孩子與其主要照顧者通常會形成一個特殊的情緒聯結，一般稱之為依附關係，這個早期的情緒聯結是個體將來人際關係的基礎，不論是友情、夫妻關係、家庭關係都受到它的影響。而這個依附關係建立的對象，通常都是與其接觸最頻繁而深入的父母，父母對這個孩子訊號、需求的敏感度就影響了這個依附關係的形成。當然親子之間的關係一直對個體有所影響，並不只限於早期的依附關係才有其重要性。

提供一個安全堡壘

　　孩子把父母或其依附的對象當作一個安全的堡壘，才能勇敢地向外探索，在新環境中嘗試新的作法；在遇到挫折壓力時，才能獲得安慰而有再跨出的勇氣。所以親子關係的良好與否，會影響他向外探索世界的機會。

提供行為及態度的模範

　　孩子是擅於模仿的，模仿的對象通常是與其關係密切的人，隨著年齡增長模仿的對象除了父母外，也會有師長、鄰居、朋友，然而父母是孩子最認同的模仿對象。孩子在模仿的不只是外在的姿勢動作行為，也會觀察父母對壓力因應方式、人際互動關係等，因此父母影響孩子的行為、態度的來源，不僅在於言教，身教的配合也是相當重要的。

提供生活經驗

　　孩子的生活經驗主要是靠父母提供，而生活經驗對孩子的發展具有多方面的影響。例如在孩子年幼時，父母提供較多孩子可

探索的刺激、花較多時間陪伴孩子玩、帶孩子接觸圖書館等,都是幫助孩子智能發展的有效做法。生活經驗也有助於個體社會情緒的發展,讓孩子有接觸友伴的機會,可以學習與家人以外的人相處之道。

模塑孩子的行為

父母有可透過獎懲方式讓孩子學會哪些行為是被接受的,哪些行為是被禁止的。孩子亦經由觀察父母的言行為參考,來決定自己要怎麼做。因此父母的言行是否一致,也是模塑、教導孩子行為建立的重要關鍵。

提供一個溝通網路

家庭氣氛如果是愉快、開放且自由的,家人間的溝通是清晰明確的,孩子有機會將自己的想法表達出來,也由家人的反應中學會調整自己的想法,而逐漸訂立適當的行為。同時在溝通的過程中,彼此除用口語表達外,從語氣、表情、姿勢等也傳達一些訊息,孩子得以在這些經驗中,學習運用語言與非語言做清楚的溝通。

✳ 子女的成長發展與親職技巧

父母的教養責任目的是要使孩子身心能健全發展,正如幸曼玲(林翠湄等譯,民84)所說:「孩子的成長是多面性的,包括身體我、情緒我、社會我、認知我和創造我。」因此子女的成長與發展我們分成身體、語言、認知、情緒、道德發展等幾個方面來談。

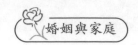

身體方面

養育子女階段最重要的是讓子女擁有健康的身體，首先要注意飲食。人體所需要的基本營養素皆可由食物中獲得，若能均衡攝取，那麼應可維持身體生長的所需。

目前在台灣的社會較少有食物不足的情形，常見的問題是孩子偏食、不肯吃。對於這類問題的發生常見的原因：一是照顧者在餵食時缺乏彈性，孩子吃得少，照顧者就擔心孩子會不健康、長不大而強迫小孩吃，結果適得其反，反而造成親子緊張，孩子的胃口更差。二是照顧者未考慮孩子的發展階段，急於要求餐桌禮儀或顧及屋內整潔，看到食物掉落地上或是吃得較慢，就責怪孩子而堅持由照顧者餵食，孩子受到挫折失去進食的樂趣。三是食物缺乏吸引力，照顧者烹調的方式與食物的色澤，引不起孩子的興趣。四是外在的誘惑力強於食物，例如想玩玩具或看電視。五是照顧者本身對食物即有偏好而影響孩子。

因此父母除了以身作則外，要注意提供多樣化的食物、注意進食的氣氛、避免吸引他的事物來干擾它進食。不必疾言厲色，只需讓孩子知道超過時間食物就會收起來，而不是要讓他覺得吃飯是一件痛苦的事。

再者，養育孩子除了注意飲食外，還要有充分的休息、睡眠與運動。千萬不要因爲擔心孩子弄髒、受傷，就限制孩子活動，這樣會減少促進其動作發展的機會。

語言的發展

語言可分爲接收與表達兩個部分，這兩種能力都是從嬰兒早期就開始發展，

例如一個月大的嬰兒就已經能區辨人和其他來源的聲音，也會發出哭聲以外的聲音，所以要促進孩子語言的發展，在嬰兒期

就可以開始提供有利的刺激環境，不是等到孩子能說出較有意義的字彙才開始。

父母幫助孩子語言發展的方法（蘇淑貞，民82）：

多說

父母可常常對著嬰兒說話或發聲，說話時語調要清晰、速度緩慢，如此可增加孩子熟悉常用語言的語音，也增加他區辨各種聲音的機會。

適當回應

當嬰兒發聲時，即使不是有意的，父母若針對其發聲做一些回應，可促使孩子發聲的次數增加。隨著孩子能說些有意義的字詞時，周遭人的反應有助其認識語言的意義與功用，而學會適時的使用。

拓展生活經驗

兒童語言發展的最佳方式是提供孩子與不同的事物、事件及其他孩子互動的機會。父母主要的任務是與孩子交談、互動，提供書籍、不同的生活空間、認識玩伴，平時多鼓勵孩子發問、勇於探索。

補充與修正

當孩子已能說出單字或詞句時，若發現孩子說得不完整或不正確時，父母親就可以協助補充使語意完整，或修正其語句，以助其學會使用完整的語言表達。

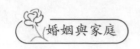

認知發展

認知就是一般所謂的智力，它是集合「感覺、知覺、注意力、學習、記憶、思考和語言」於一身（龐麗娟、李輝，民84）。

皮亞傑的認知發展理論，主張人與生俱來有一個認知基模，而這個認識外在世界的基本認知結構必須經由與外界環境的互動，產生調節、同化的歷程，逐漸提升其層次。以這個論點認為認知發展既重視先天遺傳因素，也強調後天環境所提供刺激的重要性。

至於為人父母要提供的協助如：

1. 提供豐富的情境與活動，以讓幼兒探索與認識生活環境，增加生活經驗。
2. 給孩子創造與想像的空間，不要阻止孩子的好奇心，僵化孩子的想法，讓他們有充分發揮的空間。
3. 給孩子「做」的機會，如美國教育家杜威強調的讓孩子從做中學，實際的操作是孩子學習的主要管道。
4. 適當時機製造生活問題，使孩子能發現問題並加以探索，而學得解決問題的技巧與能力。

要促進孩子的認知發展應注意提供適當的環境配合，父母的教養態度要溫暖、關愛，並隨孩子的發展做調整，切忌一味地將教材填鴨式的塞給孩子。事實上，過多的刺激對孩子學習來說不見得有效用，凡是適量為要。

情緒發展

情緒是因情境改變而引起生理感覺、認知及行為上的反應。剛出生的嬰兒就有怕、愉快與怒的情緒反應，隨著年齡漸長，情

緒的分化愈精細。情緒的表達可以透露一個人當時的感覺，而適當的表達才能與他人建立良好的互動關係。

父母可以和孩子談論自己的情緒，分享自己的經驗。例如：「外婆生病，媽媽很難過」。在孩子發脾氣或哭鬧時，父母利用機會教育來教導他用語言述說的方式來表達情緒，例如：「你生氣就說出來，氣什麼人、氣什麼事，摔東西是沒有用。」另外父母也要給孩子機會來分享情緒，並尊重他們的情緒。如：「媽媽看得出來你不高興，跟我說說是怎麼回事。」再者運用角色扮演方式，是讓孩子體會了解其他人的情緒及感受的有效方法。

道德發展

一個個體自呱呱落地到成爲一個社會人，需要許多學習的歷程，在他人的教導、示範以及個人實際與他人互動經驗中，學習在社會中如何待人處事。隨著孩子漸長，父母希望孩子能學會如何判斷是非，找出其行爲之依據。柯爾柏格把道德發展分成三個層次：

道德成規前期

行爲的依據是權威的獎懲，評估是否對自己有利來決定做不做某事。

道德循規期

重視人際和諧，自己所爲是否符合他人期望，進而重法治秩序。

道德自律期

重社會契約、法律的精神與目的。

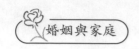

　　父母要促進孩子的道德發展，使孩子行為能符合社會期許，同時自己具有判斷力不盲從，那麼對子女行為的獎懲原則較很重要。我們常聽見母親對子女說：「你如果不……，等你爸爸回來你就慘了。」這樣的說明是乎告訴孩子他做這件事就可以避免挨打。換句話說，孩子學習到的是：行為的依據是會不會受罰，而不是判斷該行為是否對自己、對他人有害或違反了什麼人際間的規則。如此一來孩子的道德發展自然就停留在較低層次了。要使孩子道德發展層次能提升，父母的以身作則也是重要關鍵。

　　以上各種子女的發展僅臚列幾項說明，若想更深入了解子女各種行為的處理技巧，則請參考本章附錄的可進一步閱讀的書籍。

第四節　做個有效能的父母

☀ 親職教育的需要性

　　儘管現代的父母難為，但是父母與子女的關係卻是他人無法替代的，因此如何有效的教育子女，是每個父母無可逃避的責任。

　　在過去農業社會的大家庭中，有許多長輩協助初任父母撫育孩子，因此利用代代承襲的觀念和方法，自己怎麼被養大就用這套經驗教養子女。但是現代社會經濟的蓬勃發展、社會的遽變，大量婦女投入就業市場，家庭結構以小家庭為主，家庭成員角色亦隨之改變，傳統家庭的許多功能已被社會其他組織所取代，家庭型態的多樣化，使生兒育女的教養工作變得更複雜，親職角色面臨社會環境轉型的挑戰，所以現代父母不能只是沿用上一代的

教養經驗，而是要隨時代變遷來學習親職方法，才能避免教養子女時產生的衝突與挫折。

※ 親職教育的涵義

所謂的親職教育就是教導父母如何了解與滿足子女身心發展需求，善盡其職責，以協助子女有效成長、適應與發展。亦即是爲父母提供子女成長、適應與發展有關的知識，增強父母教養子女的技巧與能力，使之成爲有效能父母的歷程。

父母與子女是人世間最親密的關係，父母與子女不僅有血緣關係，而且雙方長時間生活在一起，共同形成社會體系，並有共同的心理連帶與強烈的依附關係存在，父母與子女並且會互相影響。因此父母是否稱職、是否恰如其分的扮演適宜的角色，攸關子女一生的成長與發展，甚至終生的命運。可是欲成爲有效能的父母是需要學習的，親職教育即是協助父母當好父母角色的教育。

親職教育的對象可分爲未婚青年與已爲人父母，針對未婚青年則應從小就建立正確概念，國中小的課程也融入相關的議題，隨著年齡增長、兩性關係的發展而將內容加深加廣，高中職與大學更需設置親職教育的正式課程，讓每位成熟未婚的青年均能做好爲人父母的準備工作。至於已爲人父母的親職教育則強調父母的角色職責與教養的觀念與技巧。

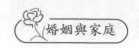

☀如何做個有效能的父母

良好的親子溝通

　　建立良好的親子關係是父母教育子女的基礎，若沒有這個基礎，一切的管教策略和方法形同空談。建立良好的親子關係，首在開啓和增進親子溝通的管道，而良好的溝通方法是透過積極傾聽、接納、注重語氣聲調、反應傾聽、清楚的自我表達等方式達成（張珍莉、張海琳譯，民78）。

　　一般而言父母與子女溝通時，雖然很願意了解子女的內心感受，接受孩子的情緒，不過常常在無意中流露出某些傳統的角色，而造成親子溝通的障礙，打消了孩子情緒表達的勇氣。例如：

1. 司令員的角色：時時對子女下命令、要求與威脅。
2. 道德家的角色：一再對子女採取說教的方式，告訴他們什麼是「應該」與「不應該」做的行為。
3. 萬事通的角色：好像無所不知、自己很行，喜歡替別人解決問題。這類父母常對孩子講：「看！和我告訴你的結果一樣吧！」
4. 法官的角色：時常沒有經過審判就給孩子定罪，認爲父母永遠是對的。
5. 批評者的角色：這類型的父母一直嘲諷、批評或論斷子女，處處證明自己是對的。
6. 撫慰者的角色：這類父母以爲輕拍孩子的肩膀，是對孩子保證或是給孩子一杯熱騰騰的湯就可以解決孩子的困擾，達到安慰孩子的目的。
7. 心理學家的角色：類似扮演一位心理學者善於發覺孩子的問題，並加以分析、診斷與質疑孩子的問題所在，而且常將問題歸於孩子身上。

積極傾聽

積極傾聽的技巧如：對孩子的談話感興趣、放下你的判斷與批評、讓孩子把話說完、察覺非語言的訊息、反映孩子的感受。

與孩子溝通，就是父母、子女彼此互相尊重，讓孩子能放心表達自己的感受，而不怕被拒絕。要成為一個有效的傾聽者，就需要有「全神貫注」的功夫，包括眼神的接觸及散發「我正在聽」的訊息，能適時給對方一些反應，孩子感受到了之後，才有可能打開心扉與你溝通。

接納

孩子常常很誠懇的想表達自己內心的感受，渴望被接受，希望父母能重視、了解他的想法。在溝通的過程中，一方面固然可以讓父母對子女有更多的了解、更重要的是表達出父母對孩子的接納，父母對子女的接納可以提供一個安全互信的關係，在這個關係中，孩子得以成長、做建設性的改變、學習解決困難、邁向心理健康實現更多潛能。

表達接納的方式如：不干預的態度、靜聽、自由發言以及上述的積極傾聽的方法。

注重語氣聲調

當孩子來向你傾訴，父母以接納的心情傾聽的方式來回應，但是如果沒有適宜的語氣聲調還是不行。同樣的一句話，用不同的口氣說出，會有不同的效果。因此可用「你的意思是……」、「你是怎麼知道的？」來替代問孩子「為什麼」，並使用一些友善溫和及信任的口氣，避免批判或說教的方式。

反應傾聽

當父母聽了孩子所表達的感受後，應該對孩子有所回饋，讓

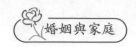

孩子覺得「我被了解了」，但是父母不可能完全明白孩子的意思，因此你可以用反映內在感受的方法，看看你是否完全了解他的意思。例如小君：「希望我也可以去，小莉每次都可以去。」此時媽媽可問：「你覺得這樣對你不公平？」另外父母可用改句子的方式，引導孩子繼續說下去。孩子：「你從不讓我做任何事。」媽媽：「你很生氣，覺得我不公平？」孩子：「對！你老是把我當小孩子看。」媽媽：「你覺得我不信任你？」直到問題明朗化或孩子聲調和行為告訴你想停止這種互動為止。

清楚的自我表達

當孩子面臨困擾，父母要運用傾聽來表達接納，以幫助孩子解決困擾。有些時候也會碰到一些情境是孩子帶給父母困擾，此時父母需有良好的表達技巧，說明自己的需要與感受，這就是運用「我的訊息」的技巧。

如果要讓孩子知道他的行為干擾到你，可使用下列步驟來表達：

1. 描述那個正在干擾你的行為（只描述它，不加責備），例如：「當你放學晚回家，又不打電話回來時……」。
2. 指出你對這個行為的感受「…我擔心你會出事……」。
3. 指出行為的後果。

我訊息的傳達可使孩子了解他的行為，對父母產生什麼影響，但不會使孩子產生「爸媽討厭我」的心理。父母在使用「我……」語氣時，最重要的一點就是針對自己的感受而非用來責備孩子的。

訂立適當的規範

一個有效能的父母，並不是一味的順從孩子，而要訂定適當的規範使孩子行為有所依據。分析如下：

適當的教導

要求孩子擔負某些責任或遵守某些規範時，需注意該項工作是否符合孩子的能力及發展階段，不可過於心急而揠苗助長。

當然也不要以孩子還不懂就算了，例如未得他人允許下，把別人的玩具帶走，此時孩子雖沒有所有權的概念，但仍要嘗試說明所有權的概念，告知這是不被接受的行為，經由幾次經驗後，孩子會習得「未經允許不得拿取」的規則。因此適當的教導是非常重要的。

親子協商訂立規則

家庭是由父母小孩所組成的，要創造家庭和諧氣氛、訂立有效的規則，就該尊重孩子的意見，經由協商後訂定雙方都同意遵守的規範。

適當的彈性

與孩子訂定的規範不要過於瑣碎，免得讓孩子感覺動輒得咎。

運用自然邏輯的結果

當孩子有任何行為需要改進時，就運用自然結果，父母並沒有任何干預。例如不起床所以上學遲到。有些事情的似乎沒有立即可見的自然結果，這時就要採用合乎邏輯的結果，例如孩子玩具玩得散一地，沒有收拾就去看電視，此時父母應是要求孩子把坑具收好否則不能看電視。

溫和堅定的態度且一致性

訂定家庭規範後，要讓孩子了解父母有執行的決心。對於執行的標準父母之間要取得一致性，這樣孩子就不會混淆，也不會養成投機取巧的心理。

第五節　結語

隨著社會的快速變遷，社會的型態也日益複雜，於是存在孩子身上的問題也就更加嚴重，而為人父母者在小家庭制度盛行後，失去了傳統的依恃，面對棘手的教養問題常會束手無策。因此為人父母雖是天職，但仍須體認父母的角色與職責，學習兒童發展相關知識以及養兒育女的技巧，才能成為有效能的父母，教養出健康快樂的孩子。

【問題思考與討論】

1.選擇生兒育女要付出的代價以及可擁有的價值為何？

2.子女主要的發展有哪些？

3.親子溝通中父母不宜扮演何種角色？

4.分組討論自己和父母間的親子溝通模式為何？

5.體驗活動

　　活動名稱：養兒方知父母恩。

　　準備器材：負重三公斤的背包內放一顆生雞蛋。

　　進行方式：由同學分別背著背包一天，體驗懷孕的不容
　　　　　　　易，檢驗誰護蛋成功，並分享之。

6.影片觀賞：三個奶爸一個娃、看誰在說話。

參考書目

李紹嶸、蔡文輝合譯（民73）。婚姻與家庭。台北：巨流。

周麗端、吳明燁、唐先梅、李淑娟等合著（民89）。婚姻與家人
　　關係。台北：空大。

林敏宜、邱書璇、林秀慧、謝依蓉、車薇等編著（民87）。親職
　　教育。台北：啓英。

林翠湄、王雪貞、歐姿秀、謝瑩慧譯（民84）。幼兒全人教育。
　　台北：心理。

邱書璇譯，Carol Gestwicki著（民84）。親職教育—家庭、學校
　　和社區關係。民84。台北：揚智。

唐先梅、黃迺毓、林如萍、陳芳茹編著（民90）。家庭概論。台
　　北：空大。

彭懷真（民85）。婚姻與家庭。台北：巨流。

溫世真、曾嫦娥、蘇淑貞等合著（民82）。親職教育。台北：匯
　　華。

張珍莉、張海琳譯，Thomas Gordon著（民78）。父母效能訓練：
　　別讓孩子開除你。三重：新雨。

蔡文輝（民87）。婚姻與家庭—家庭社會學。台北：五南。

瞿海源（民85）。台灣社會變遷基本調查計畫：第三期第二次調
　　查計畫執行報告。台北：中央研究院社會學研究所。

龐麗娟、李輝（民84）。嬰兒心理學。台北：五南。

Michaels,G. Y.&Goldgerg,W.A.（eds）（1993）。
　　Thetransition to parenthood：current theory and
　　research.New York：Cambridge University Press.

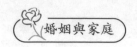

可進一步閱讀的書籍資料

董媛卿（民86）。改變孩子的壞習慣。台北：台視文化。

葉貞屏等譯（民84）。兒童諮商的理論與技術。台北：心理。

盧台華譯（民83）。管教孩子的16高招。台北：時報。

陳艾妮（民86）。親子守則。台北：陳艾妮工作室。

楊麗燕（民85）。親職教育──溝通與管教的藝術。高雄：百麗。

曾漢榮主講。孕育生命的幼苗：談有效的親子溝通。台北：張老師。

劉壽懷譯（民85）。怎樣教養高EQ小孩。台北：遠流。

劉焜輝等（民84）。伴我成長親職教育家長手冊。台中：省政府教育廳。

附錄

作者 美國　桃樂絲‧諾蒂

如果孩子的生活環境裡盡是吹毛求疵，他將會責難別人。

如果孩子的生活環境裡充滿了敵意，他將學會打架。

如果孩子生活在恐懼中，他將變得鬱鬱不樂。

如果孩子生活在充滿憐憫的環境裡，他將學會自憐。

如果孩子生活在充滿嫉妒的環境裡，他將容易有罪惡感。

如果孩子的生活環境裡充滿了鼓勵，他就有強烈的自信。

如果孩子的生活環境裡充滿了容忍，他就學得有耐心。

如果孩子的生活環境裡充滿了讚美，他就學會欣賞別人。

如果孩子的生活環境裡充滿了愛，他將學會愛人。

如果孩子的生活環境裡處處對他贊同，他將學會喜歡自己。

如果孩子的生活環境是公平誠實的，他將學會如何去判斷真理。

如果孩子生活在安全的環境裡，他將學會信任自己與別人。

如果孩子的生活環境裡盡是吹毛求疵，他將會責難別人。

如果孩子的生活在充滿友誼的環境裡，他將學會肯定這世界是美好。

Chapter 3

工作與家庭

吳秋鋒

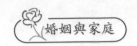

第一節　工作與家庭觀念的轉變

☀ 工作與家庭的傳統觀念

在農業社會時代，大多數人的家庭和工作的角色是重疊的。因為無論是家庭或工作都是在一起的。隨著時代的變遷，工業化和都市化社會的來臨改變了這個現象。大部分的工作都是在遠離家庭的工廠、辦公室或其他地區。這種現象造成了家庭中性別角色的差異。

丈夫／父親的角色

傳統社會中，家庭的經濟來源主要是靠丈夫的收入。因此，在家庭中丈夫／父親所扮演的角色是一個「工作者─供應者」的角色，供應家庭中的物質需求。基於此，家庭中的一切家務與養育子女的責任就不能視為丈夫這個角色所必須擔負的，儘管丈夫可以參與其中，但在傳統的社會中，丈夫所扮演的角色仍就是以工作者為主要的角色。

妻子／母親的角色

妻子角色的重點是在家庭和子女，因此在傳統社會，妻子最主要的工作是養育子女和操持家務。而且這些家庭管理的工作，在傳統社會中都被視為是女性的家庭義務，而不是一種職業。隨著社會的工業化與都市化，妻子的家庭角色和工作角色已經分開了。

✳工作與家庭角色觀念的轉變

　　昔日的家庭丈夫所扮演的角色是工作的角色，也就是賺錢者的角色；妻子所扮演的角色是家庭的角色，亦即家務管理者的角色，丈夫和妻子在工作和家庭的角色是完全的二分法。現代的家庭已有了很大的轉變，越來越多的丈夫在家務工作扮演了更積極的角色，也有越來越多的妻子離家在外工作。這樣的變化減弱了傳統家庭中家務和工作角色的差異，以及丈夫和妻子之間角色的差異。

　　觀念的改變對男性所形成的影響有以下幾點：

分擔家務

　　丈夫比以往分擔更多的家務。

養育子女

　　越來越多的父親在養育子女的工作上比自己的父親更為積極。從父親參加學校的親師合作的會議中發現父親參與子女學習的比率有逐漸增加的趨勢。

男性的新角色—家庭主夫

　　現今有一些男性是全天或不分時間待在家中，照料家務與子女。他們的角色與妻子對換其原因可能是：暫時失業、健康狀況不佳無法外出工作、希望多花些時間陪孩子成長或協助妻子追求全職工作的機會。

　　觀念的改變對女性的影響如下：

家務責任的分擔

　　女性不再一手承擔全部的家務，因為性別角色觀念的改變，

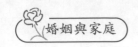

女性認為男性也應負擔部分的家務，再加上科技的發達，很多的家務是可以以機器來代勞，如洗衣機、洗碗機、吸塵器等。而且外勞的開放申請，女性在家務的操持壓力不若以往沉重。

養育子女

雖然職業婦女花在養育子女的時間上是明顯的減少，但是在教養子女的品質上並沒有明顯的降低。相反的，職業婦女的孩子獨立性較好。

自主能力的提昇

職業婦女擁有經濟自主權，因此可以在家庭中掌握部分事務的決定權，間接的也提昇了女性的自主性。

第二節　工作對家庭的重要性與影響

☀工作對家庭的重要性

家庭的主要功能之一是提供家庭成員基本的食、衣、住的需求，但這些需求的滿足必須建立在經濟的資源，而個人的工作收入是家庭經濟的來源之一。家庭經濟的幸福感是植基於家庭中提供經濟來源的總數和家庭的總收入，所以，個人的工作與收入對家庭有其重要性。

☀工作對家庭的影響

工作對家庭的主要影響有兩方面：一是工作收入的多寡程度；二是工作的特性。工作的收入越高和職業地位越高，那麼家

庭生活的品質可能會比較好，因為家庭生活的各種水準和很多的
價值觀都和家庭中成員的收入多寡有很強的相關。但是工作的特
性也會對家庭生活的品質有所影響，舉例來說：工作的時數（一
天工作八個小時或十二個小時或更多）、工作時間的安排（如正常
班、輪三班制或兩班制）、工作地點距離家的遠近等都會影響個人
與家庭的相聚和聯繫。而且在工作中所承受的壓力及個人在家庭
和工作兩方面的角色混淆所形成的衝突對家庭生活都會有所影
響。因此，工作收入的多寡雖然會影響家庭生活的品質，但是在
選擇工作的時候也必須考慮工作的特性、個人的能力和家庭的需
求或狀況，才能覓得適合個人和家庭需求的工作，更進而能讓個
人的能力在工作中有所發揮並營造個人工作的成就感，間接的也
能提昇家庭生活的品質。

❋家庭對工作的影響

　　個人所承擔的家庭責任和家庭的結構（如單親家庭、雙薪家
庭、家中有老人或小孩或重病的家人）對工作有很重要的影響。

　　家庭的責任對男性和女性在勞力的參與和工作的執行提供了
一個很重要的動機（張惠芬等譯，民87）。有一些男性會將自己視
為家庭經濟來源的主要提供者，所以擁有一個適當的工作對男性
而言是非常重要的。而且，有不少的男性會因為家庭經濟的需
要，利用大半夜工作或自動加班或兼差的方式來增加家庭的經
濟。女性是否外參與工作是依據以下幾個因素來決定的，茲將其
詳述如下：

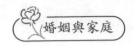
家庭的結構

單親家庭和家中需要更多照顧的年幼小孩或其他的老人或重病者的家庭等可能因為經濟的開銷較大，所以需要額外的一些收入來支援，此時，女性參與工作的需要性提高。

家庭經濟的需求與先生的工作收入

家庭目前的經濟收入不敷所出時，則可能需要女性參與工作以開家中經濟的來源，如以貸款的方式購置房屋或汽車，只有先生的一份工作是無法支付家中的生活開銷和貸款費用，此時就需要家中的女性參與工作了。

視家庭目前所處的階段來決定

家庭中的每一個階段所承受的經濟壓力是不同的，以長子女的年齡來區分時，長子女在接受教育或創業階段，家庭中的經濟壓力比較大，及可能需要另一薪資來支付家庭的子女的教育經費或創業基金。

所以，工作和家庭彼此是相互影響的，工作的型態和收入的總數與家庭的生活型態和家庭的社會地位有關聯；工作時間的總數量和時間的安排對於家庭生活的工作與運作有很廣泛的影響，工作和家庭生活的衝突在單親家庭和家中有學齡前孩子的家庭其比率較高；雙薪家庭的工作特質如夫妻雙方的社經地位與成就、工作地點遷移的需求、對工作的要求與投入、工作時間的總數量和時間的分配與安排都會影響家庭生活的本質和品質。因此，個人在選擇工作時必須考慮到個人的能力和家庭的實際需求，如此，才不會造成工作和家庭兩者之間的衝突。

第三節 工作者性別和家庭生活的關係

　　家庭中工作者的性別會影響家庭的穩定性、生活的品質以及夫妻之間的婚姻關係和親子的關係。

※男性工作者和家庭生活的關係

　　在過去，男性一直被視為是家庭中經濟的主要提供者，因此，男性工作的穩定性、確定性和收入的總數對家庭生活的品質有一定程度的影響，高穩定性和確定性的工作對家庭生活有比較正面的影響，因為家庭的收入正常，無須承擔斷炊的現象，且可利用工作之餘的時間和家人進行休閒生活，進而培養親密的家人的關係。反過來說，如果工作的穩定性和確定性不高甚至失業，此時，家庭生活就面臨挑戰，如可能必須延緩生育孩子的時間和數量。而已生養小孩者，可能必須和媽媽或丈母娘同住，以減少房屋的租賃費和保姆費。此時，家庭的組成和結構可能與原來的有所不同，必須還要有一段家庭生活的適應期。因此，穩定和確定的工作對個人而言是非常重要的，因為它會影響家庭生活的品質和家人的關係。

　　男性對於工作的投入或承諾程度和家庭生活有關聯。有家庭的男性比尚未組成家庭的男性有比較強烈的工作責任和承諾，因為前者必須提供家庭中各種需求的經濟資源，所以可能超時工作或有一份以上的工作。此外，已婚男性的工作時間可能會因為家庭中小孩數目而增加其工作的時數。相對的，男性對工作的投入情形會影響其分擔家務的狀況，舉例來說：男性花在工作的時間很長，則其分擔家務與孩子的相處的時間相對地就會縮短，因此，可能會影響夫妻和親子之間的關係。

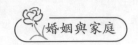

✳ 女性工作者對家庭生活的影響

女性在家庭中一直是扮演情感的支持者和家庭主婦的角色，但是，由於社會的變遷，經濟結構的改變，越來越多的已婚婦女及母親進入就業市場。因此，女性在外的就業對女性傳統角色及家庭責任和生活也產生了影響，其影響的層面如下：

延緩結婚的年齡

職業婦女有晚婚的傾向，其原因可能是受教育年限的延長與經濟的獨立自主，不若以往，適婚的年齡一到，必須以結婚的方式來尋求經濟的依靠。

減少小孩的生育

女性的就業與家庭存在著複雜的互動關係。婚姻和家庭生活的初期，可能因生育小孩而減少參與就業；小孩逐漸成長之後，這些因素又會逐漸消失。因此職業婦女和想就業的女性會比其他的女性計畫減少生育小孩。

對婚姻關係的影響

如果職業婦女擁有較高的教育程度，是自願就業而且得到先生的支持時，則職業婦女比一般的家庭主婦有較高的婚姻滿意度。相對的，若職業婦女的收入較低，而且是被迫就業或做自己不喜歡的工作時，則其婚姻滿意度較低。職業婦女和家庭主婦兩者比較之下，職業婦女在家庭中有較大的權力，尤其是在財務決策方面，其可能的原因是職業婦女有其經濟自主權。

對家庭責任的影響

　　外出工作的女性，在家庭中仍比她們的先生負擔更多的家事，雖然平均起來職業婦女的家務工作時數比家庭主婦孩少，但是將她們工作和做家事的總時數比先生和全職的家庭主婦還要多。

對兒童的影響

　　一般而言，職業婦女的小孩在學校的表現不錯、有較高的成就動機、獨立、在性別角色的態度較趨於平等。如果母親所從事的工作是個人的興趣，則其教養小孩的品質高，孩子的表現也較優秀。

　　總之，男女性在從事工作的過程對家庭的運作如家庭成員間的凝聚力、夫妻之間的婚姻關係、親子關係等都會有些正負面影響。因此，家中的成員應該要彼此關懷、支持與協助，建立家庭的共同願景，讓不管是在外的工作者或是家中從事家務的工作者都能全力以赴，創造出幸福和諧的家庭環境與品質。

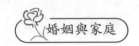

第四節　工作特質對家庭生活影響

　　工作的特質會因為職業的類別不同而有所差異，而且這些工作的特質對家庭生活會造成影響。基本上，在這一節中我們將工作的特質分為二大類別來討論其對家庭生活的影響，包括：一、基本的特質：如工作的時間及工作的地點；二、工作的心理特質，如工作上的要求，壓力、工作的態度以及工作者本身的特質（如自主性及自動）。

✳工作的基本特質對家庭生活的影響

　　工作的時間量和地理位置對家庭生活的影響層面很大，因為這兩個因素會決定工作者和家庭成員在何時、何地可以在一起相處，也決定了工作者與家人相處時間的多寡。所以在這一個工作特質中我們將從工作的時間量、上下班的時間、工作地點的遷移、因工作需要的出差活動來討論這些因素對家庭生活的影響。

工作的時間量

　　男女性每週的工作時數是有所差異的。一般來說，女性每週的工作時數大約是41～48小時，男性是49小時以上。而超時工作的程度會因家庭類型而異。已婚的男性較未婚的男性可能超時工作；而女性的情形恰好相反，亦即未婚的女性比已婚的女性更經常超時工作（引自張惠芬等譯，民87）。而且不同種類的職業其工作的時間量也有差異。根據一份調查報告指出，家庭經濟壓力較沉重者或工作的收入較低者，其兼差（職）的可能性更大，如有些人會利用晨間送報紙、羊奶或利用下班之餘到便利超商兼差，

以賺取更多的薪水來滿足家庭的所需。工作的時數和家庭生活的品質有關，工作時間長的人其工作／家庭衝突和緊張的程度比較高。此外，超時的工作或兼差的父母親經常感覺時間不夠用，與孩子相處的時間較短。因此，工作的時數與工作／家庭衝突和緊張有直接的關係。

上下班的時間

　　較常見的上下班時間是朝九晚五的工作，亦即早上九時上班，下午五時下班；但是除了朝九晚五的工作之外，最常見的工作方式是輪班及彈性的工作。因為有些工作的作業過程必須維持持續不中斷的過程，如紡織廠、鋼鐵業、化學工廠、煉油廠、玻璃容器業、醫療體系及汽車零件等產業，輪三班制的情況相當的普遍。一般而言，上非日班的比率，男性比女性還要高，可能是因為女性必須照顧家中的孩子，因此在選擇工作或工作時段時，會儘量避開上晚班的時段。彈性工時是上班時間的最新的趨勢，是指上班及下班的時間可以不同，但是必須在上班時間內完成份內的工作。彈性的大小因地制宜也因工作的內容不同而有差異。彈性工作的類型有：專業的人士、經理、各種業務的業務員、交通運輸的從業人員以及現今流行的SOHO族（意指有個人的工作室）等，參與彈性工作計畫的人數男性比女性多一點，而且已婚的男性和有子女的男性對彈性工時的參與率也比較高。哪一種上下班的時間對家庭生活的影響會比較大？一般來說，上非日班及需要週末工作的人他們會有比較高的工作和家庭的衝突，且其在婚姻和對家庭的滿意度也比較低。因為在非日班和週末工作的先生在分擔家務和協助照顧小孩的時間會減少，而且夫妻和親子之間相處溝通互動的機會也減少。彈性工時的選擇通常被視為減少工作和家庭衝突的一種方法，因為彈性工時可以增加與子女和配偶相處的時間。

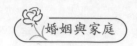

工作地點的遷移

　　因工作所造成的異動和調職對家庭生活也會造成影響。通常個人會為了求職、或被裁員、增加收入等因素而舉家遷移，只為了可以找到更好的工作或增加就業的機會；當然也有部分是因為升遷而必須更換工作的地點。工作地點的遷移對家庭生活所形成的影響可能是在新環境上的適應問題，舉例來說，地區文化和生活習俗上的差異，是需要一段相當長的時間來適應的，如果可以得到當地社區人士的協助，那麼將可收到事半功倍之效，否則就需要很長的適應期；再者，因為先生換工作而搬家的妻子，也可能必須面臨找不到工作或交不到朋友適應期；最後，孩子也必須去適應新學校的環境與同儕。所以，因工作而搬家對家庭生活所造成的影響是不容小覷的。

因工作所需的出差

　　有很多的工作都必須經常的出差或每星期必須有幾天是待在公司或工作場所的，如職業軍人、演藝人員、政治家、專業的運動人員、船員、建築工人、漁夫、流動性的勞工等。出差對家庭生活所造成的影響是：經常出差者，他們無法履行家庭中的某些角色（父親、先生、妻子或母親）。而且長時間的分離，讓家庭成員不論是在分開或重聚時，都需要有一段時間來適應。

※工作的心理特質對家庭生活的影響

　　個人的工作心理特質可以分為幾項：對工作的要求、對工作的投入、對工作的滿意度等。這些特質會影響家庭的生活與家人的關係，對工作要求、投入與滿意度較高者，會將時間投注在工作上，忽略與家人的互動與關係的建立。

不同的職業其工作的心理特質也會有差異，容易造成工作壓力的職業有：警察、醫生、交通管制員及秘書等具有高工作壓力特質的職業。地位高的職業，如專業人士及經理級的人士對工作的投入度愈高。妻子對丈夫的支持度有會影響丈夫對工作的投入程度，妻子的支持度高，丈夫對工作的投入度就越高，兩者是成正相關，因此妻子的支持成為男性對工作投入的重要因素。

第五節　雙薪家庭的家庭生活

由於就業機會的增加與就業機會的多樣性，加上生育子女的數量減少，使得已婚婦女有較多的機會參與受僱的就業市場。因此，婦女的外出就業的家庭稱為雙薪家庭，也就是說一個家庭中的父母各有一份全職的工作，共有兩份的薪水。中上階層的婦女參與就業多半是為了滿足自己的興趣與抱負；而中下階層（或勞工階層）的婦女參與就業市場多半是為了增加經濟所得。而婦女參與就業市場不論是經濟原因或非經濟因素，都將面臨相同的問題：家務工作時間的減少。除了家務工作的難題之外，雙薪家庭所面臨的最大困擾是年幼子女的照顧問題。目前台灣社會的年輕家庭普遍都面臨了此一難題（王振寰等主編，民88）。因此，本節中我們將探討一些雙薪家庭所面臨的困擾，與其所帶來的好處。

✳雙薪家庭的困擾

在生活作息方面

雙薪家庭經常面對的問題就是生活作息的安排，工作的作息

和家庭的作息必須互相配合，以因應成人、子女及家務上的需要。這些作息的安排包括：子女上下學的接送、生病送醫、參與子女的學習以及購物、打掃、社交活動，以及其他的家庭活動等事宜，該由誰來負責與決定。事實上，在雙薪家庭中，夫妻雙方應該要共同負起這些責任，並彼此協調來完成這些必要的事務。如果其中一方是屬於彈性的工作方式，那麼這些問題就可迎刃而解。否則，以僱用家庭雇工來代勞也是一個不錯的方法。總之，夫妻應該在工作之餘，想辦法將家務分擔處理。

家務責任的安排

在雙薪家庭中，雖然夫妻雙方都應該負起共同的家務，但是，一般來說，妻子仍然擔負大部分的責任（陽琪等譯，民84）。儘管在提倡兩性平等的現代社會中，已有較多的先生分擔家務，但是妻子所負擔的家務仍高達四分之三。因此，婦女經常利用夜間、週末或休假的時間來從事家務，而使得婦女的社交生活、娛樂時間以及與先生和子女的相聚時間縮短。尤其在經濟不景氣時，需要增加工作時間來增加家庭收入時，妻子們過度負荷的程度可能會更為嚴重，此時夫妻雙方所承受工作和家庭的壓力更大，將可能造成家庭中更緊張的局面。

在照顧子女方面

在雙薪家庭中，職業婦女無法以傳統的方式來照顧孩子，而必須尋求替代性的方案。在過去，婦女就業的比率不高，如果與祖父母同住，祖父母還可以分擔照料子女的工作。如今這種情形雖然仍存在，但是已不再是那麼的普遍，而且其他的許多方法也漸漸形成替代如現代的鑰匙兒和托育即是現今較為普遍的替代方案。

鑰匙兒

小家庭的結構普遍存在於現代的社會中，因此大半的學齡兒童在放學後是回到空無一人的家中，為免除孩子在屋外等門，通常父母會將鑰匙交給孩子，讓孩子放學後得以進到家中。但是，鑰匙兒的安危仍是令人擔憂的。

托育

托育的方式是雙薪家庭日漸採取的變通方式。家中有學齡前的子女，約有百分之六十的職業母親會為子女尋求托育的協助；托育方式可分為將孩子送到領有合格保姆執照者的家中和將孩子送到托兒所，前者的托育方式其所需費用較高，如果雙薪家庭中無法持續負擔托育費，則在孩子年齡稍長約1.5歲左右，就會將孩子送到幼稚園或托兒所，因其所需的托育費只有保姆費用的一半。家中如有學齡兒童，父母下班的時間比孩子的放學時間還要晚或家中無人可照料時，大部分的父母考慮到孩子的學業和晚餐問題，通常會將孩子送到安親班或課輔班，下班時間再去接孩子回家。

現今的台灣社會托育的方式相當的普及，因此父母在選擇托育的方式和場所時，除了因應個人工作的需求之外，更應該為孩子考慮到托育與安親環境的品質。

※ 在工作上的衝突

在雙薪家庭中，夫妻可能因為工作的需求或壓力或差異而產生衝突。在傳統的家庭中，男性可以從工作中獲得滿足與地位，而妻子則從養育子女與管家中得到滿足。但是，社會的變遷帶動家庭結構的改變，「男主外，女主內」不再是家庭的規範了。因

此男尊女卑或在職場上男性的薪資一定高於女性也不再是一個定數了。所以，如果雙薪家庭中女性的薪資如果高於男性或晉升的速度比男性快，便會引發衝突，此時，夫妻雙方仍將工作擺在第一優先順位時，則可能會引起婚姻的衝突。

❋ 通勤婚姻

在雙薪家庭中，夫妻雙方可能會因為工作的關係而分開居住，僅利用假日團聚共處，夫妻以這種方式共同生活的方式稱之謂「通勤婚姻」。通勤的夫妻經常是每週會面一次，這種婚姻的好處是：夫妻雙方可以將工作和家庭的角色分開。而且彼此有更多的時間來應付工作上的需求，在工作的生涯中可以全力以赴。但是另一方面，通勤夫妻容易感受到孤獨與寂寞。費用的支出：通勤夫妻在交通費和電話費的支出費用很高。通勤夫妻較不易生養兒女，最主要的原因是家庭中人力的支援較不充裕，子女的生活適應較困難。但是，如果通勤婚姻在婚姻基礎穩固，夫妻雙方願意克服困難、盡心維繫以及在家庭健全且固定時間會面和相聚之下，較容易持續。

❋ 雙薪家庭的好處

家庭收入的增加

雙薪家庭的收入比僅有一份收入的家庭來得高。較多的收入可以用來應付生活上的所需獲改善生活的品質與水準。因此雙薪家庭的物質生活可以過的比單薪家庭還要好。

符合女性的需求

在雙薪家庭中不少女性的外出工作是因為她想追求自主的生活和達成自我的實現。因為有不少的婦女從工作中的到自我的滿足。尤其是受過高等教育的女性，更希望自己所學能有所發揮。

男女性的地位日趨平等

夫妻同時在職場工作，較不易與社會脫節而且觀念相近，可以分享彼此的共同興趣，對事情的看法容易達成共識，減少衝突的發生。

☀家庭分工

家庭分工指的是夫妻分攤經濟活動與家事工作的比例（王振寰等，民88）。男女兩性因為生理和心理上的差異而有不同的學習經驗和社會的期待。因此，夫妻的經濟角色和家務角色會有不同的偏向。夫妻雙方如能在角色的扮演上充分的協調與溝通並達成共識，有助於工作和家庭的運作。

家務分工的項目

傳統的中國家庭的分工模式是「男主外，女主內」。近三十年來台灣的家庭結構有了很大的改變，不再以大家庭、折衷家庭為主幹，小家庭或核心家庭是現今社會的主流。依據調查台灣社會家庭分工的項目有：買菜煮飯、洗碗、洗衣、清潔或整理房屋、家庭修繕或修理簡單的水電、接送家人上下班上下學、參加社區或村里會議、輔導小孩的課業、照顧或陪伴小孩、參加學校的各種活動。這些調查的項目無論從丈夫或妻子的觀點來看，買菜煮

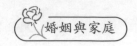

飯、洗碗、洗衣、清潔或整理房屋、接送家人上下班上下學以及
參加學校活動等項目，大多由妻子負責；而家庭修繕或修理簡單
的水電、參加社區或村里會議則大多由丈夫負責；至於輔導小孩
課業、照顧或陪伴小孩大都由妻子或夫妻共同負責（引自王振寰
等，民88）。

家庭分工的時數

依據台灣社會變遷的調查資料顯示：無論從丈夫或妻子的觀
點，妻子所負擔的家務時數遠超過丈夫所負擔家務時數。平均而
言，丈夫每週所分攤的家務時數不超過五個小時，約四分之一的
丈夫甚至從來沒有做過家事；而妻子所分攤的家事時數每週平均
十五個小時以上（王振寰等，民88）。

家務分工的類型

家庭分工的類型，如果依「夫妻的經濟活動」與「夫妻家務
分攤的比重」，可將夫妻的家庭分工分成四個類型如下：

平等互惠型

夫妻兩個人都從事全職的經濟活動，家務工作亦由夫妻倆人
平均分攤。

夫兼內外型

丈夫除了從事經濟活動外，還分攤至少半數的家務工作。但
是妻子並沒有從事經濟活動。

妻兼內外型

妻子除了從事全職的經濟活動之外，還分攤至少半數以上的
家務工作。而丈夫除從事經濟活動之外，很少分擔家務工作。

夫外妻内型

夫妻的分工模式傾向丈夫從事經濟活動，妻子負擔家務工作的「男主外，女主內」的傳統家庭分工類型。

台灣中部地區的家庭分工類型以「夫外妻內」的傳統性別角色分工最為普遍，約有50％；「妻兼內外」次之，約30％；「平等互惠」的家庭分工模式日益普及，但仍佔少數，約13％；「夫兼內外」夫妻的分工模式比例最低，約7％（王振寰等，民88）。

第六節　雙薪家庭角色衝突的因應之道

雙薪家庭是社會變遷之下的產物，主要是受下列的原因所致（郭靜晃等，民86）：

人口結構的改變

家庭人口數減少，家庭結構以核心家庭為主，家庭的主要功能有逐漸式微。

個人主義的抬頭

個人的成就、自我實現及經濟上的成就吸引婦女進入就業市場。

兩性平等

家庭內夫妻關係與權利義務的分配有趨於平權。

社會經濟結構的改變

現代社會需要勞力工作的機會降低，取而代之的是服務業及不需勞力工作的機會增加，也刺激婦女就業的機會。

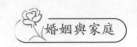

經濟所得的提昇

男性的一份薪水不足以支撐家庭生活的開銷，爲求家庭經濟生活的充裕，並提昇家庭生活的品質，所以婦女也外出就業。

在雙薪家庭中所面臨的最大衝突與挑戰是家務分工與協調不好時，舉例來說：家務的分配若未能妥善，一旦遇到狀況，便會手忙腳亂，夫妻之間爭吵的情形增加，導致婚姻品質受影響。再者，雙薪家庭中，夫妻二人每天辛勤的工作，下班回家時還必須面對瑣碎的家務事，尤其是面對兒女的照顧問題時，更是雪上加霜，令人身心疲憊。美國的《職業婦女》雜誌做過調查發現：已婚的婦女健康狀況比未婚婦女差；男女相比較時，發現女性比男性更不健康，理由之一是女性在工作之餘，回到家仍需面對繁瑣的家務及負起育兒的大部分責任，使得她們角色的負荷過重，壓力過大，以至於影響個人的身健康（郭靜晃等，民86）。

面對這些問題，唯有掌握有效的家務管理才能解除家務的壓力，減少夫妻間衝突的發生，因此，雙薪家庭對於這些問題的因應之道有（郭靜晃等，民86）：

1. 男性必須破除傳統的大男人主義，主動且積極的參與家務的工作分配，並經常溝通協調互相遞補角色以因應突發狀況。
2. 充分利用時間管理的方法，將工作和家庭的時間做一妥善的規劃與分配，儘量避免將工作和家庭的時間混合使用。
3. 尋找社會資源或替代方案：對於家庭壓力的處理，可以尋求親戚、朋友或其他機構的支持系統來緩衝；繁瑣的家務，可以儘量使用科技產品來代勞，增加個人休閒或與家人共處的時間。
4. 夫妻彼此相互尊重與配合，設身處地爲對方著想，並實際體會了解對方的壓力與問題，進而互相欣賞。

5. 避免遷怒，特別是不要將工作情緒帶回家中。

6. 個人的工作角色和家庭角色有衝突時，可以與相關的人士進行溝通，如在工作方面可藉由提昇個人的專業能力來降低因工作上所帶來的困擾；在家庭方面可藉由參加成長團體來調適內在的衝突。

所以，為因應社會的變遷，家庭中夫妻雙方在工作和家庭所扮演的角色要重新去定位與檢視。每一個和諧的家庭都需要有效且永續的經營與管理，夫妻之間也需要適時且坦誠的溝通與協調，這樣，才能增加婚姻的滿意度，以作為解決家庭衝突的基石。

【問題與討論】

1. 個人的工作對家庭生活的影響有哪些？家庭生活對個人的工作會造成哪些影響？

2. 哪一些的工作對家庭生活的影響層面可能比較大？

3. 在雙薪家庭中，男性和女性對家庭經濟的貢獻為何？

4. 家務分工的不平均可能對家庭生活的影響為何？

【你的看法】

1. 在選擇工作時，你考慮的優先順序為何？

2. 你比較願意從事哪些家務的工作？請列出五項。

3. 在你個人的家庭中，父母親的家務是如何分配的？是屬於哪一種類型？如果是你，你和另一半的分配方式又為何？

4. 對工作的投入程度可能會影響家庭生活？因此當工作和家庭生活發生衝突時，你會如何處理與調適？

參考書目

王振寰、瞿海源主編（民88）。社會學與台灣社會學。台北：巨流。

郭靜晃、吳幸玲（民86）。親子話題。台北：揚智。

張惠芬、郭妙雪譯（民87）。工作與家庭。台北：揚智。

陽琪、陽琬譯（民84）。婚姻與家庭。台北：桂冠。

Chapter 4

多元化的家庭類型

☆ 混合家庭：離婚、繼親家庭

☆ 隔代教養家庭

☆ 無子女家庭

☆ 跨國聯姻家庭

☆ 同性戀家庭、同居家庭

☆ 結論

涂信忠

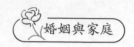

前言

　　家庭是社會的基本單位，個人在家庭中接受人生的第一個教育歷程，許多人格、觀念的養成皆是在家庭中奠定基礎。同時，中國自古以來即強調家庭對個人的重要性，亦重視個人對家庭的依附與義務關係，對中國人來說，家庭與個人更加密不可分。然而，隨著工商業的發展促成經濟繁榮，以及西方文化的傳入，許多社會結構逐漸轉型、改變，並與過去有明顯的差異，家庭組成、結構也隨之產生變化。這些社會的變遷，導致價值觀與過去產生出入，尤其在家庭價值觀上更因此產生重大變革。

　　在現代社會裡，家庭結構已高度分化，核心家庭與主幹家庭為主要的家庭結構。許多家庭功能也發生了變遷：生殖功能已不如以前重要，但在生育控制能的效率上則愈來愈高。感情功能現今愈來愈重要。經濟功能變化很大而留下消費的部分。保護功能與社會化功能已漸失其重要性而為其他社會機構所取代。因此，家庭的型態便有愈來愈多元的狀況，若干與傳統家庭不同者稱之為「非典型家庭」。如：混合家庭（離婚繼親家庭）、隔代教養家庭、無子女家庭、跨國聯姻家庭、同性戀、同居家庭等。

第一節　混合家庭：離婚、繼親家庭

　　有情人多希望能終成眷屬，一朝有幸能締結婚姻，又希望能天長地久，永遠擁有對方的愛，但夫妻畢竟是人作之合，非如父母子女乃天作之合，終有愛情消失，彼此分離之可能。婚姻如同「生命的有機體」一樣，會成長茁壯，也會生病死亡。婚姻因夫妻雙方共同的努力經營而成長，固為人人所稱羨，然若婚姻因夫妻感情的變異，而逐漸衰弱甚或死亡，則婚姻不免邁向解消而離婚。我國舊社會亦認為「夫妻乃人合者，可制以去就之義」，故對夫妻之離婚方式採較寬的規定，除了裁判離婚外，我國也允許兩願離婚（陳弘明，民89）。

　　在傳統核心家庭型態的主流社會價值觀下，一般人認為因家庭解組而形成的單親家庭形式，是一個不完整的家庭，對生活在其中的兒童與青少年發展和社會化的過程，會有不良的影響。所以離婚不論是對雙方當事人及其子女皆須重新在適應。

　　離婚女性單親家庭兒童對父母離婚事件的看法「不要瞞著我」是他們面對父母離婚事件時共同的心聲，雖然許多家長會因為考慮兒童的年齡，擔心兒童受傷而有所保留，但對兒童而言，他是能感受到生活的改變的，生活中缺少一個人是明顯的事實，他們隨時在擔心沒有下一次的見面的機會了，這反映出離婚單親兒童對安全感的需求，需要被穩定。因此將兒童當成成人一般面對，對兒童解釋離婚的原因，有助於兒童平衡認知與現實的差距，幫助兒童在父母離婚後的適應。

　　雖然「假日父親」帶給兒童許多正面的感受，但卻也給與兒童同住的母親許多壓力，同住的母親因為生活與教養的壓力扮演著嚴格的角色，使兒童的生活存在著雙重標準，為此，父母兩人

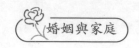

應嘗試協調出一合作關係，來提昇兒童的福祉，並共同分擔對兒童的教養責任。

離婚女性單親家庭兒童與父親接觸的經驗多是正向、良好的，對父親的想法也很重視，即使接觸時間不多，父親對他的影響卻仍存在，父親是兒童接受程度最高，且最想得到的資源，因此，父親很有潛力可以成為這些兒童的一個可用資源，以提供情緒上的支持、角色學習的對象，甚或可以分擔母親在生活照顧上的壓力（林慧華，民89）。

單親父親對父親角色的職責從雙親到單親並沒有太大改變，是以經濟為主，教育為輔為實踐方式。在單親父親父兼母職時，同住親人是單親父親最主要的支持，能將母職完全的負擔起來；而沒有親人同住的單親父親則必須承接母職的勞務面。其因應之道則有學習成長、調整工作及尋求肯定。然而父親的形象、子女的成長以及社會對單親的負面印象等卻讓單親父親倍感壓力。而在子女的部份，雖然不同年齡對父親會有不同的期待，但子女對父親父職的扮演大多予以肯定與支持的態度。

單親親子關係方面，初期時都有親近的現象，所不同的是心理依附或是生活接觸。在適應階段中與母親的關係是微弱且間接的，且隨時間的增加而遞減，然而不論是父親或是子女，都以不主動談起的態度為因應。而在子女國中以後會重新調整親子互動的關係，以各退一步的方式避免可能的衝突，維持親子關係的再穩定。

在父親管教方式與子女覺知方面，單親父親對子女是嚴厲管教的觀點，但原則是動口不動手，其管教因應是以彈性的見招拆招或是預先的建立規則；而子女的覺知則是專制權威和冷淡忽視。而在親子衝突的解決上，隨著子女的成長父親都鼓勵溝通，而子女對父親的鼓勵溝通卻是敬而遠之，以避不見面或是間接的傳遞溝通為多，而父子關係的整體發展趨向類似師生的親子關係以及互惠的親子關係兩種（張佩韻，民88）。

　　對於單親後再婚的家庭狀況卻潛藏在核心家庭外貌下而忽略了其真實生活經驗與需求。繼親家庭的組成對家庭成員而言，帶著過去的生活經驗進入繼親家庭，經驗了離異與重組的過程，一連串的改變、壓力與調適，尤其對於繼親家庭中的青少年而言，游走於獨立與依賴之間，但卻又深受家庭之影響。

　　依據黃瑞雯的研究繼親家庭中的適應情況摘述如下：

※ 繼親家庭的準備與改變

　　繼親家庭不可避免的面臨成員間的第一類接觸：對於生親而言，以再婚時子女年齡的大小作為詢問與否的標準，但有少數例子是持續保持家庭秘密─繼親家庭事實；對於繼親而言，小心翼翼的期盼「好的開始是成功的一半」，以討好子女之方式，並著手家庭一體感之建立，如：稱呼的改變或姓氏的更動，再者，有些家庭則是在婚前以同居方式增加繼親子相處與調適之機會。然而，對於子女而言，多是被動的接受繼親家庭的事實，認知並體貼大人的需要。

　　經驗了繼親加入後的一段蜜月期，伴隨著忠誠問題而勾起雙重失落的經驗，失落了過去與生親之親密依附，也失落了單親家庭中的代親職角色。子女學習以樂觀、跳脫傳統的家庭框架來面對繼親進入的優點，以及經由雙親和平轉化子女的分離焦慮，皆有助於繼親家庭中青少年之調適以及繼親家庭之建立。

※ 繼親家庭職務模式

繼親家庭之管教模式多呈現以「生親為主、繼親為輔」，或是「生親扮黑臉、繼親扮白臉」之情況。分析狀況主要為互動結構使然，繼親家庭缺乏過去共同的歷史，繼親被視為「局外人」，管教衝突互動下來之結果，繼親多半會選擇淡出管教之列；相對於生親的職務角色則呈現「中間人」之兩難角色情況，子女多會體諒生親之兩難而選擇以忍耐、逃避來因應。建立信賴的親職系統，有賴於三角關係的動員，繼親善意對待、生親背後支持、強化新配偶間的婚姻連帶、以及子女樂觀信念。

※ 繼親家庭關係

繼親子關係

子女帶著對過去經驗或價值來評量繼親，對繼父之評量焦點為經濟能力、對於繼母則多為親職能力、或是全方位評量綜合，顯然繼母較繼父難為。子女依照評量標準進而決定心理取向與因應；子女多以工具取向評量，並接納繼親成為生親輔佐者、家務氣氛調劑者、家務與經濟分擔者角色。子女們也多認知養育較生育來得有恩典。

生親子關係

生親子間具有單親生活的革命情誼，面臨繼親之進入，挑起親子關係與婚姻關係的爭戰，雙重束縛之情緒油然而生，子女仍維繫著「代親職」的角色而對生親有心疼之感受，加上不安全感所引發對生親的氣憤與失望、擔心「又」被生親遺棄。

原親子關係

原親子間多呈現不聯絡、不穩定之情況。原親探視之過程中除了表達關心、提供支援、並與繼親相較彼此之親職能力,尤其在「兩個女人的戰爭」中更是鮮明。原親子關係中也發現,手足中排行老大者之依附關係尤其明顯,以家庭系統來檢視,老大的疏離反倒有助於其他手足或成員轉而投向繼親家庭之融合。

手足關係

手足關係潛藏著陪伴與競爭的關係,繼親家庭中的手足關係可能是親手足、半手足或是無血緣連帶之繼手足關係,而半手足間容易競爭資源或是寵愛,但卻也可以經由血緣關係的聯繫而強化繼親家庭的合法連帶。

✷ 支持系統與適應情況

支持系統與適應情況息息相關。青少年最主要的支持系統為親屬與朋友。親屬資源中又以直系血親為最,常成為替代父母的義務照料者,尤其是「娘家」的資源。朋友資源則是青少年的另一個避風港、或是逃避家庭的防空洞。然而繼親家庭具有環境上易變動之特質,轉學「後遺症」常導致小孩缺少時間來建立信任與親密關係。個人情緒適應與影響;青少年多以求助朋友或是轉移注意力來調適情緒與壓力。而繼親家庭對於其人格之影響,明顯表現在:追求獨立的課題上,期待離家生活,或在經濟上尋求獨立;再者,由於受到過去父母婚姻經驗之影響,模仿與學習父母因應之道,人格特質呈現兩個極端─敏感與無力感。

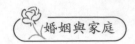

學校社會適應

　　學校對青少年而言是個具體而微的小社會縮體，面對繼親家庭之社會負面刻板印象。多數青少年對外採取隱瞞繼親家庭之事實，或是以敷衍帶過的方式，甚至以「單親家庭之名」來包裹繼親家庭之事實，少數則是僅對小團體透漏，全然不在意的則佔少數。

　　關於繼親家庭，應注意的事項包括：

在準備工作方面

　　1.確認夫妻雙方的合適度。

　　2.增加繼親子間的親密度。

　　3.解除親友對離婚單親者的疑慮。

在家庭系統方面

　　1.體認家庭結構的獨特性質，溝通家庭角色與關係的認知差異。

　　2.促發繼親子關係，形塑家庭認同感。

　　3.合力抵禦負面的社會評價，充份利用有限的社會資源。

在社會環境方面

　　1.修正社會評價。

　　2.健全制度化規範。

　　3.開發社會資源。對繼親家庭而言是非常重要的課題。

在專業的家庭教育系統方面

　　閱讀相關書籍以瞭解繼親家庭特質、評估家庭問題時採多向度、參考國外及其他家庭結構的處遇方案、參與研究等將能對此類家庭提供實質的幫助（黃伶蕙，民87）。

第二節　隔代教養家庭

　　隔代教養事實上早就存在的家庭型態，隨著社會、經濟結構上快速的改變，傳統家庭結構中，小家庭逐漸取代大家庭及折衷家庭，這樣的改變對於傳統家庭的功能產生很大的衝擊。一般人認為在傳統家庭中，父親主要扮演家庭經濟的來源，而母親則扮演持家照顧老幼的角色，整體而言，對於小孩的教養雖有祖父母的協助，但基本上仍是母親為主。然而，現代社會小家庭的經濟負擔增加，同時也因女性主義的抬頭，有越來越多的女性在婚後仍必須就業以增加家庭的收入，形成許多雙薪家庭，不但無法肩負奉養父母之責，甚至連教養子女的任務也無法勝任，卻需要他人來協助，這所謂「他人」中，大部份以自己的父母為最優先考慮，而祖父母基於愛護子女的心態，再加上祖父母常需依靠子女在經濟上的協助與照顧，自然形成「隔代教養」的家庭型態。

　　隔代教養的情形並不侷限於孫子女年幼時的照顧，也不僅限於白天的托育，有許多祖父母面臨孫子女因母親死亡或離婚的狀況下，擔負起照顧孫子女的全部責任，隨著時代的改變，有越來越多的父母親則是不能或不願意照顧孩子，所以，祖父母必須擔負起照顧孫子女的任務，這包括父母親在獄者、情緒或精神失常者、身體暴力或性暴力犯罪者、藥物濫用者、未婚生子者、父母

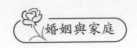

親故意遺棄者、父母親喪偶者等等。近年來還有更多的父母親是因為工作的關係，無法兼顧小孩的照料，必須將孩子交由祖父母來照顧。

隔代教養對家庭及子女而言有其正負面的影響：

正面功能

1. 協助照顧孫子女減輕父母負擔，且因有較多時間陪伴小孩能給予小孩較多的安全感。
2. 建立新的兩代或三代關係，促進家庭和諧。

負面影響

體力上的問題

由於祖父母年齡較大體力自然也較差，因而常無法勝任教養子女的責任。

語言溝通的問題

由於祖父母與孫子女相隔年代較久，且所處外在社會環境不同，可能會使祖孫間產生語言溝通上的問題。

價值觀念差異的問題

祖孫所處的年代大不相同，彼此所形成的價值觀念時常大相逕庭，而容易有代溝情形的產生。

管教態度與技巧問題

由於上述問題使得管教態度與技巧方面產生問題，且也導致婆媳間的問題這是不容忽視的問題。

文化刺激的問題

時代的快速變遷，對於隔代教養的祖父母被視爲文化刺激較弱的一群，即使其過去有教養小孩的經驗，卻不見得能給予孫子女完善的照顧，更別說能給予課業上的指導，或是提供較多的文化刺激。

相關資源網絡的問題

因祖父母對孫子女的照顧常處於封閉的狀態下，欠缺有效的資源網絡，特別是教養孫子女能力的支援與培養上。

李玉冠（民89）研究結果發現如下：

1. 祖父母管教孫子女以「不一致管教」類型和「放任寬鬆」類型最多。
2. 在祖父母夫妻次系統方面，有配偶的祖父母比鰥寡的祖父母有較好的角色適應。
3. 孫子女手足次系統多呈互持和睦、相依爲命的關係。
4. 祖父母會面臨「教孫」和「疼孫」雙重角色兩難的矛盾。

隔代教養家庭所顯示出的問題，不論是從祖父母、父母親及孫子女皆有努力的空間，以求消極的減輕隔代教養家庭的問題，同時教育部社教司建議也應積極配合學習型家庭的建立，以達下列目標（教育部，民88）：

以祖父母為對象者

1. 學習重新面對及調整自己新的角色。
2. 學習如何安排自己的生活及維持良好的健康生活。
3. 學習新的知識和處理事情的能力，特別管教上的技能與態度。

4.體認當前生活型態的改變，並認知當前流行文化及價值觀。

5.學習及調整家人溝通型態，著重在祖孫間之溝通為主。

6.建立新的支援網絡，並在被助當中學習如何助人。

以父母為對象者

1.學習及調整家人溝通型態。包括面對隔代教養婆媳間之溝通，以及因長久分離親子間之溝通為主。

2.透過父母婚姻關係的健全，積極改善隔代教養現象。

以孫子女為對象者

1.學習及調整家人溝通型態，強調面對祖父母之溝通為主。

2.協助建立學習支援網絡，以減輕隔代教養所可能造成的文化刺激不足、或學習課業無人指導的問題。

上述目標的達成有賴家庭、學校及相關社教機構積極努力配合推展教育方能達成。自八十八年起全國各家庭教育中心已陸續推展「隔代教養學習型家庭」工作。

第三節　無子女家庭

　　近年來，由於整體大環境及生活型態的快速變遷，例如：工商發達而導致環境污染、工作忙碌、生活壓力倍增，以及結婚與生育年齡的提高等，使得不孕症人數有不斷增加之趨勢。據統計顯示，約有百分之十至十五的育齡期（二十二至四十歲）夫妻有不孕症的困擾。而人類自我延續乃是一種本能，希望擁有自己血緣的子女以綿延子嗣，更是人類基本的欲求。因此，不孕症不僅為已婚夫婦個人帶來身心的痛苦與煎熬，更成為其家庭問題，日後甚且可能形成社會問題。

　　當不孕症患者遇到壓力時，最常求助的社會支持系統有非正式支持系統及正式支持系統，協助調適負面的情緒。在非正式支持系統包括：丈夫在情緒、行動上、知識上的支持，婆家的體諒、娘家的支持；而在正式的支持系統方面有社會服務機構、醫護人員。

　　拜現代人工協助生殖科技進步之賜，大部分的不孕症夫婦已可借助此項技術一圓擁有後嗣的夢想。而人工協助生殖技術乃屬生物科技之一環，此項科技的發明，對受困於不孕症的人們而言，不啻為其找到了解決「無後」的良方，其內心之喜悅自是不可言喻。然而此項科技的快速進展，卻也對倫理、道德、血統、法律等產生巨大的衝擊。尤其是傳統上父母子女關係的建立，血緣與懷胎是母親必備的要素，然而代理孕母的出現卻使二者可以分離，一為基因上連繫者（捐卵人），一為生理上連繫者（分娩人），其對傳統親屬法體制產生之嚴重衝擊可想而知。

　　主張代理孕母合法化之理由，概可歸納如下：為不孕夫妻之利益著想，認為此種技術如配合完善的管理，可造福不孕夫妻，

從憲法保障生育權或追求幸福權的角度出發，認爲人民有自由選擇包括代理孕母在內的生殖方式的權利；持女性主義立場者，認爲代理孕母合法化，女性得以保有選擇生涯發展與擁有子女之自主權。至於反對者，約持以下之理由：認其牽涉之醫學、倫理、法律各層面之爭議及影響過鉅；認其造成女性子宮的商業化與工具化及嬰兒商品化之隱憂。至於由行政院衛生署擬議之「人工生殖法草案」，則將贊成與否決兩案併列（蔡惠雅，民88）。

　　無論代理孕母的爭議結果如何，事實上其經濟上的負擔亦是一件重要議題，經濟能力許可者有幸能得到問題的解決，而經濟能力無法負擔者其所面對的精神壓力調適問題，值得家庭教育工作者深思並應積極研擬有效的教育方案。

第四節　跨國聯姻家庭

　　台灣地區外籍新娘現象的歷史發展背景大約是在1970年代中期開始，因爲婚姻市場中「男多女少」性別比例不均衡的因素、及女性選擇不婚的比例增加，許多社經地位處於劣勢的男性由於受到「婚姻排擠」及「婚姻坡度」的影響而必須向外通婚，因此有外籍新娘的持續引進。由於東南亞各國開放觀光及投資的時期不同，進入台灣地區的外籍新娘依序是泰國、印尼、越南新娘。

　　外籍新娘在台灣的空間分佈主要集中於中南部及台東縣，而這些地區在台灣都市工業發展過程中，相對屬於較爲邊陲的地區。若再從小範圍的外籍新娘分佈區域來觀察，外籍新娘多集中於此區域內的相對邊陲區。

　　外籍新娘在台灣地區的人際網絡係以在夫家中的人際關係爲基礎，而逐漸延伸至社區。

☀ 在夫家的人際

　　從外籍新娘與夫家成員的相處關係中，發現其原鄉文化會深刻影響到其適應台灣環境的速度，當不同的文化傳統接觸就會產生衝突並進而調適，如外籍新娘對婚姻的期許及其婚姻觀、原鄉夫妻相處模式皆會影響到她們與丈夫的關係。此外，其調適程度與其結婚年齡、教育程度及娘家家境有密切相關，結婚年齡較高者通常能代表其教育程度較高，其娘家家境也較為優渥，而其在處理與夫家成員的關係上亦呈現較佳的情況。

☀ 在社區中的人際

　　外籍新娘在社區中的人際交往會受到其與夫家成員關係的影響，尤其是婆媳關係，婆媳相處的模式會影響到親友及鄰里對外籍新娘的觀感，進而表現於他們與外籍新娘的人際交往上。在同國外籍新娘間，會慢慢地聚集成為一個友誼性團體，彼此之間提供重要的情感支持。

☀ 與原籍國的聯繫

　　在先生很少與女方家人來往的情況下，夫家這邊與原籍國的聯繫大多侷限於外籍新娘一人，而聯繫方式有經濟援助、情感依賴、引介人力、仲介外籍新娘、孩子的牽絆等。與原籍國的聯繫會隨著她們在台時間的增長而減弱，取而代之的是夫家或在台朋友，但若長期和娘家維持著緊密的聯繫，尤其是對娘家經常性的金錢援助，這樣的行為因較無法取得夫家與鄰里的認同，會使得她們在與鄰里的接觸上往往遭遇挫折。

整體而言，外籍新娘與台灣人（包括夫家、鄰里、同事等）的人際建構主要受其與原籍國的聯繫、生育、工作等因素的影響而有消長的情況。

而外籍新娘對夫家的影響為外籍新娘透過家務工作而將原鄉習慣文化逐漸流露出來，並進而影響到夫家成員的飲食生活、家庭內的空間擺飾、子女的語言教育、家人職業及心理上的改變等。當東南亞女性透過婚姻遷移的方式進入台灣地區後，其活動空間主要在夫家家庭及鄰里社區中，經由與夫家成員、社區居民的相處，一方面進行調適，另方面則將其原鄉文化逐漸流露並鑲嵌於當地。

大體來說，異國聯姻的男性多數是位居市郊、農漁業區、老舊社區，從事勞動工作居多，他們在一種社會期待與傳統文化要求推促，及仲介系統的鼓吹、拉攏下，帶著忐忑、靦腆的心情出國相親；甚且懷著些許在台灣的挫敗、無奈，步上外國「圓夢路」，成就一種其對「婚姻」或「家庭」的嚮往、期待。而女性則多半抱持尋求一種新生活的出口與可能性，或也在一種隱然為改善家庭經濟生活的著想、背負下，勇敢、堅強地走進陌生的新家庭，走進陌生的國度。大多數的他／她們其實都努力地生活著，努力地扮演新的角色；家中成員也跟隨在調整相處的方式。

這類新興的新「傳統變型」的家庭，衍生不少新社會現象；如外籍新娘聚居卻孤立、大肚子比賽；如台灣郎的逃妻恐懼症；還有夫妻年紀差距大，外籍新娘在台獨立生存資源薄弱；長久以來，我們文化裡的婆媳關係緊張與角力。透過對這些現象的研究與瞭解，未來我們也希望能針對研究對象的需要，發展出一些支持性改善策略乃至從「賦權」（empower）以至自發性的組織、行動（蕭昭娟，民88；蔡雅玉，民90；鄭雅雯，民89）。

第五節　同性戀家庭、同居家庭

在都市中來自不同地方、不同血緣的人，經由不同的感情組成各式各樣異於傳統的家庭形式。而都市中人際間的高度匿名性，使得一些傳統父權所不容的家庭形式如：同性戀家庭、異性戀未婚同居等，得以有逃脫輿論制約的隙縫。越來越多的此類家庭形式出現。

※ 同性戀家庭

同性戀同居伴侶要面對異性戀社會的岐視與污名，他們無法與身邊的友人（大部分是異性戀）分享自己的同居生活，他們也得不到家人與親友的諒解，他們更沒有選擇「合法」結婚的餘地，男同性戀伴侶的社會處境比異性戀同居伴侶承受更大的壓力與阻礙。

對同性戀同居伴侶而言，彼此之間並沒有固定的性別角色扮演，呈現出「去性別」的關係。同樣是「生理上」的男人或女人，異性戀者與同性戀者在建構伴侶間的平等的權力關係時，卻有著完全不同的態度與認同。一般家庭男伴侶雖然也會分攤家務工作，但是卻是在女伴侶的「主動」爭取與鞭策下，男伴侶才「被動的」參與家務分工。異性戀男人是父權社會裡的既得利益者，他們通常不會「主動」的去改變既有的男尊女卑的性別權力關係。但是當女人的主體性夠強壯時，便可能影響男人、迫使他們改變自己。

另外，關於同性戀者的原生家庭方面，曾寶瑩研究發現，同性戀家庭衝突之發生與演變牽涉到個人、家庭與社會三個層面，

由家庭系統功能理論出發，同性戀家庭衝突可以被視為是使家庭失能的原因，所以衝突必須被避免、排除，由批判家庭理論出發，同性戀家庭衝突則反應出社會歧視的結構問題，家庭衝突的發生可被視為是鬆動家庭、社會權力結構的機會，再由女性主義出發，則可以將同性戀家庭衝突視為是同性戀個體在家庭中追求主體性的具體現象，在這樣的爭取過程中，同性戀個體反抗了家庭權力結構，也反抗了社會機制的壓迫（曾寶瑩，民89）。

再者，同性戀家庭衝突的改變是一種動態歷程，以一種渾沌整體的方式進行，個人、家庭、社會間任一元素的變動都可能影響渾沌整體的變動，衝突促使改變發生，雖然改變並不一定以欲改變者所期盼的理想狀態出現，但改變依然會發生，衝突賦予改變發生機會。最後，不同型態的父母，對待衝突的方式不同，改變的歷程也不盡相同，權威性格的父母較容易以高壓方式要求子女改變，拒絕溝通，以此鞏固家庭結構，同性戀家庭衝突較易被壓抑，改變不容易發生，反之，較不具權威性格的父母則較能容忍衝突的發生與溝通的進行，改變較容易發生。

總之面對同性戀問題必須保持警覺，由個體、家庭與社會三個層面思考，並時時檢討角色位階與視角的問題，將衝突視為一種改變的動態歷程，才能豐富面對衝突提出可能的幫助。

✵ 同居家庭

異性戀女人選擇不婚同居時，其所面對的最大的社會壓力是由男人所訂定的道德標準對女人的身體控制與「貞潔」制約，因此女性同居伴侶往往藉由不同的策略向家人、親友隱瞞自己與男友同居的事實。相對的，社會並沒有給予異性戀男人任何身體控制與道德制約；父權制約是由男人所制訂，是男人來控制女人，男人本身並不受控制。因此異性戀男同居伴侶可以得到原生家庭

的認同與情感支援（甚至經濟上的援助）。另外異性戀同居伴侶可以選擇不婚同居或進入主流的婚姻體制，並因而得到社會的認同（吳昱廷，民89）。

第六節　結論

過去幾十年間由於急速工業化的影響，家庭結構已遠非傳統式的家庭，除了核心家庭佔最多數外折衷家庭、單親家庭、雙薪家庭等已在許多文章中被討論到。而在現代化變遷中亦衍生出若干非典型家庭型態的出現。

現代化社會的一個主要成就是給人們有選擇生命機會的可能性，以往的家庭是三代同堂，現在是核心家庭為多，以後的趨勢則有待觀察，然而每種家庭皆有其不同的生活方式，社會上的人應秉持相互尊重的精神，容納允許不同行為方式的和平共存。而對於家庭教育工作者而言，則應觀察了解多元家庭的可能性，並藉深入探討以規劃足以有效協助各種家庭之教育方案。

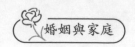

參考書目

李玉冠（民89）。隔代家庭祖孫關係之探討─以台北縣低收入戶
　　為例。靜宜大學青少年兒童福利學系碩士論文。

吳昱廷（民89）同居伴侶家庭的生活與空間：異性戀V.S.男同性
　　戀同居伴侶的比較分析。國立臺灣大學建築與城鄉研究所碩
　　士論文。

林慧華（民89）離婚女性單親家庭兒童對父親主觀經驗之研究。
　　東吳大學社會工作學系碩士論文。

陳弘明（民89）新離婚法之分居制度。中央警察大學法律學研究
　　所碩士論文。

張佩韻（民88）離婚單親父親父職角色與親子關係之研究。中國
　　文化大學兒童福利研究所碩士論文。

黃瑞雯（民89）繼親家庭青少年之生活適應歷程。國立政治大學
　　社會學系碩士論文。

黃伶蕙（民87）生與養─繼親家庭親子關係之探討。國立台灣大
　　學社會學系碩士論文。

曾寶瑩（民89）同性戀主體與家庭關係互動歷程探索。輔仁大學
　　應用心理學系碩士論文。

楊宇彥（民90）離婚女性生涯轉換之分析研究。國立高雄師範大
　　學輔導研究所碩士論文。

蔡惠雅（民88）代理孕母生殖治療過程中社會工作介入之處遇服
　　務─以醫療團隊人員不孕症患者的觀點為基礎之研究。東海
　　大學社會工作學系碩士論文。

蔡雅玉（民90）台越跨國婚姻現象之初探。國立成功大學政治經
　　濟研究所碩士論文。

鄭雅雯（民89）南洋過台灣：東南亞外籍新娘在台婚姻與生活探
　　究─以台南市為例。國立東華大學族群關係與文化研究所碩
　　士論文。

簡適敏（民88）別居法制化之研究—以我國親屬法之修正為中
　　心。國立中正大學法律學研究所。

蕭昭娟（民88）國際遷移之調適研究：以彰化縣社頭鄉外籍新娘
　　為例。國立臺灣師範大學地理研究所博士論文。

Chapter 5

家庭危機

許巧筠

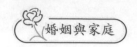

前言

　　由於社會快速變遷，生活形態的改變，家庭結構由以往的大家庭轉變成小家庭，許多夫妻在婚後不再如同過去和公婆同住，而是組成小家庭獨自生活，除此之外，家庭生活模式也有很大的改變，由於經濟的繁榮進步，許多女性在婚後仍繼續工作，使得小家庭中夫妻雙方皆工作的家庭不在少數，小孩則由他人協助照顧，在這整個外在社會環境及內在家庭結構變遷的過程中，家庭必須學著去改變，適應新的生活模式，然而，在現今的社會中我們不難發現，許多家庭面臨到一些問題及挑戰，時常發生在我們的四周，如：「離婚率上升」造成許多單親家庭、「家庭暴力」許多配偶遭受另一半的毆打、「兒童虐待」虐兒事件層出不窮，對兒童身心造成很大的傷害、「青少年犯罪」青少年犯罪率的上升及犯罪年齡的降低等問題，這些問題的發生，對許多家庭造成衝擊，且令人措手不及，影響著家庭中的每一位成員，在面對這些問題時，若家庭缺乏足夠、適當的資源，無法妥善解決，進而影響家庭本來的正常生活，很容易產生家庭危機。

　　在家庭面臨家庭危機時，家庭必須找出一個適合的解決策略，才能解決此危機，面臨危機並非完全是禍，在了解危機發生的原因及尋求外界的協助，加上家庭成員的努力，才能化危機為轉機，成功的的處理家庭危機，讓家庭更加成長、帶來新的契機。

　　本章探討「家庭危機」，分別從以下幾個部分探討，首先先介紹家庭危機發生的型態有哪些？進而了解一個家庭面臨家庭危機時，會經歷哪些階段？之後進一步探討家庭危機的相關理論，分別探討「ABC-X理論」及「雙重ABC-X

理論」，最後要了解的，同時也是最重要的是家庭危機發生後，解決危機的相關策略。

第一節　家庭危機型態

　　提到家庭危機，或許我們會想到「危機」（crisis）這兩個字，我們可以將危機定義為：事件過程中的一個緊要改變、一個轉捩點、一個不平穩的情況。這個定義包含著三個觀念：危機一定包括改變；而危機有可能是正面影響、反面影響或兩者兼具的一個轉捩點；且危機是在一個相當不穩定的時期。然而，家庭危機也具有類似相同的特質，是要求家庭份子在思想上及行為上的某些改變，以對付一種新環境的轉捩點。所謂家庭危機，有學者提出，「家庭危機」是一個家庭原本平衡的狀態產生了波折，而這個波折是大到無法抵抗的，且產生嚴重的壓力及造成家庭激烈的改變，導致家庭系統被阻塞、失去流動且失去能力，至少在一段期間內，家庭失去了原來的功能。也就是說家庭無法完成原本的工作和角色，且家庭中的成員在心理及生理方面接受到不佳的影響。也有學者認為家庭危機是影響了家庭中原本的日常生活，使家庭成員無法用平常的方式去因應事件。

　　家庭危機有許多不同的類型，若依引發危機的壓力來源作為分類，可以分為：

✳ 發展性危機

　　此種家庭危機可稱為「正常性（常態）危機」，是可預測的危機。往往是日常生活或家庭發展中的一部份，例如：新生兒的誕

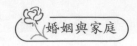
生、青少年離家、兒女結婚、父母年老退休等，皆爲一個家庭日常生活中會經歷的事件，雖然這些事件是可預測的，但事件發生後，若家庭無法適應，則會讓家庭面臨危機，爲發展性危機。如：新生兒的到來，是可預測的，可事前準備好所需的一切，但由於父母無法良好適應，雙方意見不和，不斷爲了孩子而爭吵，也可能造成危機；若能妥善的處理此類型的危機，可讓家庭不斷的成長，也因此被視爲正常性危機。

❋情境性危機

情境性危機被視爲「非正常（非常態）危機」，因此類型的危機是無法預測、突如其來的、讓人不知所措的，不屬於正常的家庭生活範圍，因此對家庭產生較大的衝擊，如：子女突然死亡、失業、天災、火災等所帶來的危機，在平時正常生活之外的突發事件，對家庭造成不良影響，因此也被視爲非正常危機。如大家記憶猶新的九二一地震，這突如其來的天災，雖然只是幾秒鐘的時間，卻對許多家庭造成相當大的傷害，面對突然的改變，失去親人、房子倒塌、經濟來源困難等，使家庭面臨了情境性的危機，由於此類型事件是無法事先預知的，往往對家所造成較嚴重的衝擊。下表分別爲其說明。

表5-1　引發危機的壓力源

可預期的	內在的：	事件的發生來自於家中某個成員，如自殺、生病、酗酒。
	正常的：	發生在家庭生命週期中，如：出生、離家、結婚。
	明顯的：	能清楚事件的情況，發生的時間、地點、人。
	意志的：	事件是被了解的、能決定的、能選擇的。
	長期的：	事件的發生已累積一段時間。
	單獨的：	事件單獨發生，不伴隨其他事件。

非預期的	外在的：	事件的發生來自外在，外在的事件影響家庭。
	非正常的：	事件不是預期中的，如：車禍。
	不明顯的：	無法清楚了解事件的狀況，不確定會發生。
	非意志的：	事件不被了解、無法決定及選擇。
	短期的：	事件在短時間內發生，且帶來相當大的衝擊。
	累積的：	事情一件接著一件發生，未解決且不斷累積，是危險的。

資料來源：周月清等，1994

由上表可知：

可預期發生的事件

預期發生的壓力事件是可被預測的改變及每天生活的過渡階段。例如：結婚、孩子出生、孩子第一天上學、離家及退休是預期的發生及轉變。

非預期的事件

經濟大蕭條、戰爭及天然災害如水災、地震、颱風等都是對家庭影響的非預期事件。發生在家庭外部的非預期災害除了天然災害也有人為災害，可能是全球性或是地域性的。

內在的與外在的事件

內在的事件是由家庭內部所產生，如：家中有人酗酒、有人生病、或家中有人離家出走等。而外在事件則是因社會環境所造成，如：失業是因社會這整個大環境所造成的，並不是家庭本身的問題，相較之下，內在事件是必須由家庭成員承擔起責任的。

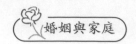

意志與非意志事件

　　非意志事件是由家庭外部延伸至家庭內，而非由家庭成員直接造成的，疾病及想不到的外部事件都是非意志的事件，是家庭本身無法決定的。解雇或成為強盜、家裡遭小偷、行兇搶劫、車子被偷的受害者都是非意志的事件。不過也有許多壓力事件都是意志的，因為它們是個人故意或是家庭成員決定所產生的，例如：離婚、結婚、計畫懷孕等都是意志的事件。

不明顯與明顯的事件

　　壓力事件由面對事件的無能或是期待事件所產生的，這樣的壓力源稱為不明顯的壓力事件。在經濟危機的期間，經濟或政府機構以裁員來解決預算的問題；而在還沒公告確實的裁員名單前，在公司內會出現長達數週或數月關於裁員的謠傳。這個不可靠或是不明顯的過程中，沒有具體事件是壓力源事件。許多父母會對孩子入學、離家、開始工作感到擔心，這些皆為不明顯的事件。然而，明顯的事件是清楚且可預知的，當解雇公告公布時，不明顯的事件就變成明顯了，如颱風、地震、死亡等都是明顯的事件。

長期與短期的壓力事件

　　短期壓力事件是突然發生且很快結束，而長期壓力事件是一個長期持續的情況，家庭無法在短期內解決，如經濟狀態、或社會情況、家中有長期臥病的親人等，一般而言，長期壓力事件帶給家庭的影響較大，因為家庭無法預期壓力何時能解除？不過，短期壓力事件也有可能轉變成長期壓力事件，如生病轉變成長期臥病在床則為短期事件變成長期事件。

單獨發生的壓力事件

單獨發生的壓力事件是一個沒有其他事件困擾家庭的時間內所發生的單一事件。

累積的壓力事件

壓力事件同時發生或接連不斷，成為累積的壓力，壓力事件不會總是單獨或只有在短暫的時間內發生。

☀ 家庭生命週期任務危機

要了解家庭生命週期任務危機，必須先了解何為家庭生命週期？可以先從一個人的一生來看，一個人從出生到死亡，會因各個時期發展上的變化而經歷許多時期，分別為嬰兒期、兒童期、少年期、青少年期、壯年期及老年期等階段，然而家庭的發展也有其週期性，從兩人結婚共組家庭開始，到夫妻死亡為終結，在此過程中一個家庭由形成、發展、擴大至衰弱，構成一個「家庭生命循環」，也可稱為「家庭生命週期」，也有學者指出「家庭生命週期」是一連串的階段或事件，是一種分析架構，可描述家庭的結構、組成及行為的改變。

若要了解家庭生命週期的階段，也可以孩子為關鍵人物，從孩子的出生及成長的過程中，觀察一個家的改變。學者Duvall（1977）曾對一個完整的、中產階級的家庭生命週期提出八階段論的說法，在家庭生命週期各個階段當中，不同家庭狀況中的家庭成員，都有其待解決、待完成的工作，社會學家稱這些為「家庭發展職責」，若要順利通過家庭生命週期中的各個階段，必須盡力完成各階段所面臨的種種任務。

由下表中可了解家庭生命週期各階段的發展任務，及在每個

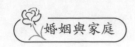

階段中可能會遭遇的壓力事件。每個階段的發展任務都可能引起家庭壓力，這些壓力可能造成家庭問題，使得家庭難以適應，若家庭無法找出解決之道，適應新階段的不同，容易產生家庭危機。在下表中所呈現的每個階段可能產生的壓力，只是列舉該階段較可能發生的問題，實際生活中或許有更多情形，有的家庭或許不斷遭受同一問題困擾，沒有停止，家庭也可能因為一項任務或改變而引發一連串的問題。

　　各種造成家庭危機的壓力事件會在家庭中不斷發生，有學者認為生命週期的概念也常與成年期的工作與家庭角色需求相配合，尤其是六歲以下兒童的父母，其工作與家庭間的衝突最大。家庭成員若能事先了解家庭發展中，各個不同家庭生命週期階段的重心及其影響因素則可根據不同階段家庭的組成、經濟情況與可能的需求，及早對家庭生活做規劃，先做好妥善的安排，來適應各階段的家庭及家人需求，可預防家庭發生問題。

表5-2　家庭生命週期各階段

階段	階段內容	父母的任務	可能產生的壓力
第一階段	未有小孩的已婚夫妻	1.夫妻雙方生活上的相互適應。 2.對新的親戚關係之適應。 3.可能開始期待第一個小孩的來臨。	1.婚姻調適、生活形態改變、親屬關係適應等。
第二階段	有幼兒階段之小孩	1.對父母角色之適應。 2.學習為人父母。 3.夫妻與父母角色之協調。	2.兒童照顧、經濟負擔、工作調整、就業婦女壓力等。

（續）表5-2　家庭生命週期各階段

階段	階段內容	父母的任務	可能產生的壓力
第三階段	有學齡前兒童之家庭	1.學習撫育兒童新的技能。 2.對因小孩成長的各種適應。 3.工作與生涯的適應 4.（對可能有第二個小孩的準備）。	3.兒童教養、婦女就業與兒童照顧、經濟負擔。
第四階段	有學齡兒童之家庭	1.面對小孩適應學校的學業。 2.妻子或丈夫可能重返工作。 3.增加參與與小孩有關的活動。	4.兒童教養與學習、二度就業問題等。
第五階段	有青少年子女的家庭	1.親子關係調整。 2.家庭經濟與事業可能在此達最高峰。 3.婚姻與生活的再調整。	5.親子衝突、事業穩定性及發展性危機等。
第六階段	從第一個孩子離家到最小的孩子離家	1.接受家中小孩的離家。 2.婚姻生活再協調。	6.婚姻調適、角色調適等。
第七階段	中年夫妻，從空巢至退休	1.對健康狀況之適應。 2.祖父母角色的適應。 3.可能增加休閒活動。	7.婚姻調適、健康問題、角色調適、社交生活再重組等。
第八階段	老年夫妻，從退休到過世老年的適應。	1.對健康衰微及步入老年的適應 2.接受退休和失去工作地位的調適。 3.對可能失去配偶的心理準備。	8.貧窮女性化的問題、疾病與照顧、寡居心理調適、死亡的面對等。

資料來源：高淑貴：1991；黃迺毓等，1996

第二節　家庭危機的時期

　　當一個家庭面臨危機時，常會經歷三個過程，其分別為：「突發事件」、「紊亂期」、「重組和恢復」此三個時期。如以下的例子：

　　小馬目前是十七歲的男學生，目前就讀於某夜間補校，因為想要更多的零用錢，因此利用白天的時間，找了一份工作來應付平時的開支，然而因為不想找太好費體力的工作，因為晚上還要上課，因此到一家KTV上班，因為那裡的工作輕鬆不流汗、小費多、不會影響晚上上課的體力，小馬自認這是份非常理想的工作。

　　不過，由於KTV中往來的人物非常複雜，有的人會在小房間內吸食毒品，且一同工作的伙伴當中也有一些人在吸食，據他們說吸食後精神百倍且有欣快感，雖然知道吸食毒品是不當的行為，但周圍的人有許多人都在吸食，因為好奇心，於是小馬嘗試了毒品，從此沈迷於安非他命無法自拔，甚至必須到處向他人借錢，才能購買足夠的毒品。學校老師發現後，通知他的家人……。

　　家中的父母得知此事時，不敢相信，平時每天白天上班，晚上還得上課的小馬，竟沈淪於毒品，這突如其來的消息震驚了家中的每一個人，造成一片混亂，打亂了家中原本的生活，父母的爭吵不斷，然而，這畢竟不是件光榮的事，因此父母親不敢找親友商量解決的方法，一直到聽了學校老師給的建議之後，才決定如何幫助小馬。

　　經過了一段時間的治療之後，才讓小馬脫離毒品，而父母親決定讓小馬遠離過去的求學環境，因此準備到其他學校就讀，一切重新開始，在經歷過此事件後，父母親了解到過去對小馬的關

心不夠，因此改變過去的態度，家中成員也因此事件變成更加親密。

在此例中，小馬的家庭經歷了一個家庭面臨危機時會經歷的三個時期，當小馬的父母親得知他吸毒時，對其父母親及家庭而言，為一「突發事件」；而得知此事後，父母親不知如何解決且不斷爭吵，使家中進入了「紊亂期」；而在小馬脫離毒品後，父母親有了新的認知，家中成員間的情感也變得更緊密，此為「家庭重組」過後的情形。以下為此三個時期的說明：

❈ 激發因素：突發事件

一定要發生某些事件後才會產生危機，這些事件就是社會學家所稱的激發事件或壓力源。家庭危機的類型可分為，「發展性危機」與「情境性危機」，不論這些引起危機的事件是否可預測，皆有可能成危機發因素，引發家庭危機。

然而當一個家庭面臨突發事件時，一個家庭如何「解釋」危機事件可能跟該家庭成員對處理該事件的能力有關，同時也深深影響著此突發事件會不會造成家庭危機。如：失業。此種突發事件的發生可視為家庭內在所造成，也可視為外在所引起的。一個家庭若將失業視為經濟不景氣的結果，認為是外在環境所引起的，在面臨此事件時在對當事人心理較不會產生太大的壓力。相反的，若將同樣事件視為當事人的缺乏才能，認為是內在引起的，也許會感到非常挫折。

往往將問題責怪於自己的會比那些將責任視為外在原因的家庭受更多的苦處，且當家庭無法承受這突發事件，不知如何解決時，則面臨了家庭的解組。

❀ 解組的時期

家庭解組的開始，家庭份子可能對此突如其來的壓力感到徬徨，也可能否認該事件的存在，經過一段時間後，漸漸的開始發現危機事實的存在，當家庭認清情況後，且不知解決時，就進入解組的階段；日常生活和角色分工變得混亂，家庭成員間的關係改變，可能彼此間情感更加緊密，互相扶持，也有可能變得疏離。且情緒不佳，感到憤怒和怨恨。

在此階段，家庭成員跟朋友親屬間的關係也可能改變。有些家庭會和親友疏離，在這情況下，他們會比危機發生前更為獨立，不過在此時期，解組的家庭應該是最需要親屬朋友提供支持的時候，不論在精神上或實質上，協助其解決面臨的危機。

❀ 復原與恢復時期

一旦危機達到了最低潮後，情況就會漸漸轉變。在經歷過紊亂期後，慢慢進入復原的階段，家庭成員常開始一種新的安排，不論是經由嘗試中求得解決辦法或經過仔細的計畫，改變其相互間的期待。他們面對過去的危機，對生活有正向的期待。有些家庭在危機後仍然會聚在一起，且家庭成員間的情感更加親密，不過有些家庭卻無法達到危機發生前的關係，如現今的高離婚率，不難發現有部分的家庭危機並無法恢復。

而家庭危機的過程也可使用Hill的調適雲霄飛車模式（roller-coaster profile）來說明，如下圖所示，此模式結合壓力事件、家庭資源、家庭如何定義壓力事件及危機而成。雲霄飛車模式起於危機的開始會產生家庭的解組，而家庭一旦解組會有一段時間的恢復，最後再建構家庭功能。

圖5-1　Hill's ABC-X理論的雲霄飛車模式

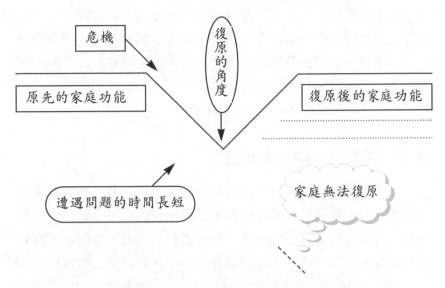

資料來源Bert N. Adams（1995）. The Family

第三節　家庭危機相關理論探討

Hill的ABC-X理論

　　由Reuben Hill所提出的ABC-X理論，可用來說明家庭危機，其中包括了壓力源、資源、家庭對壓力的意義、實質危機等四項因素，代表的意義為：

壓力源—造成壓力的事件或情境

　　Hill認為當家庭受到外在環境因素或家中成員所造成的事件

影響而引起不平衡的狀態且家庭無法應變時，即產生了壓力。家庭生活中預期或非預期事件都可能會引起壓力，而預期和非預期可能同時出現於單一事件中，如家中降臨一個有先天性疾病的新生兒，不論是預期或分預期的，壓力事件會改變家庭成員間的互動模式，這些改變會引起家庭功能失去平衡，若無法運用資源維持平衡，會破壞家庭機能，其中與家庭資源的多寡有關。

資源－面對事件時的家庭資源

有學者認為家庭資源是家庭系統防止受到壓力事件的破壞或改變的能力，此種能力被視為對家庭組織合適或不合適的資源狀況。也有學者認為家庭資源是家庭所富有的潛力，可防止家庭危機的產生，其中包含了「家庭統合」與「家庭適應」兩種概念，「家庭統合」意指透過家庭生活所孕育的凝集與結合的一個扭帶，成員間彼此感情互相牽繫、培養出共同興趣、及在經濟上相互支援；「家庭適應」則指在遇到危機時，家庭所具有的改變能力，以及家庭在解決問題時，於尋求相互支援時所具備的彈性。

家庭對事件的意義－家庭對壓力的事件的認知、
定義、評價

一個現象對於家庭來說是否為危機，可依據許多層面來判斷，不過在家庭面臨壓力事件時，是否造成危機，依家庭主觀的判斷才關鍵。由此可知，出現困難或壓力事件未必會對家庭造成傷害，關鍵在於家庭給予其何種界定與認知。

實質危機－壓力所引起危機的程度

壓力是需要和能力之間的不平衡，而危機則是不斷的壓力造

成互動和家庭結構的改變，若家庭欠缺恢復及解決的能力，則造成危機。壓力事件是否對家庭造成危機要看(A)、(B)與(C)互動的結果，如果認知到問題的嚴重性已影響到家庭功能的運作，且又缺乏充分的可運用資源或助力可以協助其解決困境，此事件一定會成為一股強大的壓力，對家庭產生威脅。

當一個家庭處於危機時，其家庭結構將會受到破壞且不再具有功能。而一個家庭是否陷入危機可以藉由以下的指標加以判別：

1.家庭成員無法完成一般角色或工作。
2.沒有能力作決定和解決問題。
3.沒有能力以平常的方式照顧其他的每一個人。
4.集中的焦點從原來對家庭的整合而改變為對個別成員的生存。（周月清，1994）

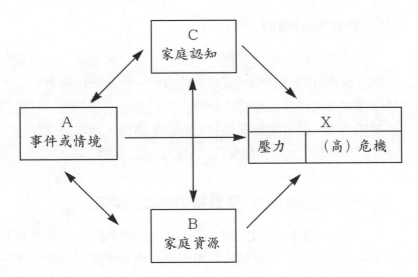

資料來源：周月清等，民83

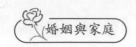

除了Hill提出ABC-X理論為家庭壓力理論發展的基礎，McCubbin和Patterson以Hill的ABC-X理論為基礎，形成雙重ABC-X理論。

※McCubbin & Patternson雙重 ABC-X理論

此理論中的主要因素分別為：

(aA) 累積的壓力源

有些壓力並不是短期的，而是經過長時間的不斷累積，使家庭往往同時面臨一種以上的壓力事件，為累積壓力。形成過去加上現在的一種累積的不良反應，這種累積形成事件的對家庭運作造成相當的影響。

(bB) 家庭的因應資源

家庭的因應資源中包括了，既有可利用的資源，以及面對壓力事件家庭所開發、加強或擴展的資源。家庭因應壓力的資源包括了家庭中成員應付危機的能力，及是否能適應壓力，解決問題而維持平衡。但當家庭無法自己解決困境時，獲得來自親戚、朋友、甚至專業人員、相關機構的協助是相當重要。

(cC) 修正家庭的認知及對整個情境的觀點

一個家庭對壓力的認知，表現對於內在與外在環境的觀點，與家庭成員間的動力有關，影響整個家庭如何運作有效資源，對家庭是否能成功因應壓力有密切關係。

(xX) 家庭因應的平衡

　　家庭因應壓力時，所採取的因應方式，必須在家庭、家庭成員與外在成員間取得平衡，一旦取得平衡，不僅能度過危機，也讓家庭及其成員更加成長，若無法取得平衡，對家庭及家庭中成員皆有相當的傷害。下圖為雙重ABC-X理論的說明：

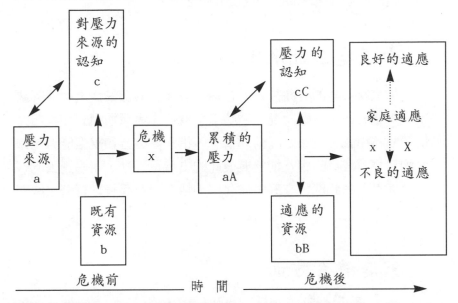

轉引自周麗端編，民88。婚姻與家人關係。

第四節　危機解決之相關策略

　　當一個家庭對付面臨的危機時，是什麼使得一些家庭作有效的重組，而一些家庭卻不能呢？這在於家庭是否擁有積極的展望，一般來說，有效的對付危機的家庭不會將事件歸咎於家中的任一成員，而重新給危機下定義：認為它是一種挑戰，而非一定是壞事或具不良影響，可避免彼此間的責怪，且防止加重危機。以下是從各種不同角度來看家庭危機及解決的相關方法：

✳ 由家庭成員的個人特質來看

家庭中成員的個人特質影響著問題的解決，現在或過去所具備的各種生理和心理狀況、經濟能力、知識教育、體能健康、宗教信仰、等特質均可能成為個人的資源，個人所擁有的資源越多，越能替家庭問題的解決找出解決之道。

✳ 由家庭系統來看

由家庭系統的層面來看，包括了許多因素影響這是否能解決家庭危機，如：婚姻狀況、婚姻滿意度、夫妻溝通模式和技巧、情緒支持模式，及家庭互動的情況，指家庭整合和凝聚能力、家庭的目標、成員的相互情感與彼此的支持、互動，家庭過去處理非常態壓力的狀況、家庭中任務協調情形以及等皆影響著家庭問題的解決。

✳ 家庭教育方面

除了在家庭面臨危機時，尋找解決的辦法之外，在危機發生前，事前的預防是不可忽視的，其中相當重要的是與家庭有關的教育課程。

婚姻輔導

婚姻教育不但可以在危機發生之後協助家庭，也可在危機發生前協助家庭預測其可能發生的危機或改變。例如：夫妻可在領養一個嬰兒之前做家庭輔導、夫或妻子要退休之前、或在面臨外遇事件後、離婚後的心理輔導等，對家庭及夫妻雙方皆有幫助。

家庭資源管理

一個家庭擁有的資源越多，越能面對所遭遇的危機。家庭資源管理關心的是可能改變的現況、機會、威脅達到希望的標準及生活水準的成就。家庭資源管理可協助家庭成員增加其生活能力，人際關係的修為、及各種應用層面的操作，減少家庭壓力，增加家庭的調適功能，及應付危機的能力。

※社會支持來看

面對危機時，除了個人與家庭系統資源來自家庭之中的幫助，也可尋求外在環境的協助，如社會支持則是由家庭外部所獲得的資源，需要協助的家庭往往因其自身能力不足，而需藉外力提供因應之道，因此對於陷入危機的家庭，社會支持的有無，是相當重要的。

一般而言，社會支持的類型有「非正式的支持」及「正式支持」：

非正式支持網絡

非正式的支持指的是親密朋友、鄰居、工作場所所熟知的朋友所提供的資源。

正式支持網絡

而正式支持則是來自專家或是各種服務組織的協助。其中提供正式服務的部門有：政府部門、志願部門、營利機構。

其中家庭福利相關政策對於一個家庭而言，是很重要的。因為這些福利政策可以彌補或替代破碎的家庭功能，使家庭能滿足

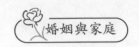

成員的需要,加強家庭功能的發揮,防止家庭瓦解對於某些家庭來說。

　　然而社會支持會如此的重要最主要的原因是它包含了「情感」與「尊重」,在一個家庭面對危機時,若家庭本身沒有足夠的資源,是很無助的。需要外界給予情感的支持,在心理上給予安慰,且受到尊重,讓面臨危機的家庭了解到自己仍是有存在價值的。

第五節　結語

　　在現今快速變遷的社會中,不斷地在變化,而家庭受到整個大環境的影響也面臨許多的改變,有些是我們想要的,有些則是我們不期待、不想接受的變遷結果,其中最重要的是,家庭必須學習面對危機,有適應危機的能力。家庭危機對於家庭生活過程而言是一個轉捩點,它要求家庭份子改其以往的想法及行為方式。雖然是危機,但每一件危機所引發的結果都是兩面的,有好的一面也有壞的一面,即使是最不幸的家庭危機,也都有其好的、有利益的一面;一個家庭是否能由危機中解脫出來,是否能使份子間的積極互動更為增強,完全要看家庭份子如何界定其危機的情境。在面對危機時,或許對於家中引起問題的成員,不應再給予責備,應將其視為一種挑戰,協助他共同想出解決之策略,畢竟再多的責備已經於事無補。換言之,選擇一積極的觀點對一個人或一個家庭有效的應付危機是很重要的。

　　面臨危機是大多數家庭無法避免的,只要我們正視家庭的功能,並增強家庭、學校與社會三者間的教育功能,及相關輔導及

教育，使人們有能力面對危機，並將其視為人生的轉機，成為新契機。

附錄　相關社會機構

表5-3　台灣地區家庭相關之福利服務

單位	內涵	家庭相關服務項目
縣市家庭教育中心	1.家庭人際關係 2.兩性婚前教育 3.婚姻關係 4.親職教育 5.子職教育 6.特殊家庭之支持與關懷 7.社區家庭教育	台北市家庭教育中心 (02)25703665 (02)25785110 台北縣家庭教育中心 (02)22569234 (02)22554885 台中市家庭教育中心 (04)3720885 (04)3757885 台中縣家庭教育中心 (04)5285885 高雄市家庭教育中心 (07)2155885 高雄縣家庭教育中心 (07)6261185
台北市恩加貧困家庭協會	1.經濟補助 2.街頭探訪服務 3.團體輔導服務 4.家庭服務	(02)23368984
台北市婦展協會	1.幫助變故家庭以及不幸婦女之心理協談、諮商等社會服務 2.受理捐款資助，以提供急難變故家庭部分生活津貼	(02)27385976

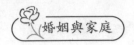

（續）表5-3　台灣地區家庭相關之福利服務

單位	內涵	家庭相關服務項目
台北市婦女會	1.諮商、諮詢服務 2.轉介服務 3.婚姻暴力、家庭糾紛調處 4.中途之家、緊急庇護中心	(02)23951052
中華民國家庭關係發展協進會	1.婚姻、家庭、人際關係危機處理 2.兩性、夫妻、親子、人際關係講座、諮詢服務	(04)3593596
高雄基督教家庭協談中心	1.家庭問題、婚姻困擾協談 2.生活危機調適 3.人際感情輔助 4.生涯成長教育 5.義工專業訓練、輔導知能培訓	(07)2810303 (07)2810903
彰化師範大學社區心理諮商及潛能發展中心	家庭與婚姻諮商、親職教育與輔導、危機諮商	(04)7289258

進一步閱讀之建議

李紹嶸、蔡文輝合譯（民76）。婚姻與家庭。台北市：巨流。

周玉清（民83）。家庭壓力管理（Pauline Boss,翻譯）。台北：
　　桂冠。

高淑貴（民80）。家庭社會學。台北：黎明文化。

彭懷真（民76）。轉機與危機的婚姻。台北市：洞察出版社

陽琪、陽琬譯（民84）。婚姻與家庭。（Norman Goodman,翻
　　譯）。台北：桂冠。

參考書目

王行、鄭玉英編譯（民81）。家庭重塑–探尋根源之旅。台北：心
　　理。

台灣地區家庭教育中心（民81）。婚姻與家庭。

李紹嶸、蔡文輝合譯（民76）。婚姻與家庭。台北：巨流。

周玉清（民83）。家庭壓力管理（Pauline Boss,翻譯）。台北：
　　桂冠。

周麗端編（民88）。婚姻與家人關係。台北：空大

林顯宗（民74）。家庭社會學。台北：五南。

高淑貴（民80）。家庭社會學。台北：黎明文化。

張憶純（民88）。由家庭壓力理論之資源層面探討家庭危機形成
　　因素–以台灣省立台中育幼院院童家庭為例。國立暨南國際
　　大學社會政策與社會工作學系。

彭懷真（民76）。轉機與危機的婚姻。台北：洞察出版社。

陽琪、陽琬譯（民84）。婚姻與家庭。（Norman Goodman,翻
　　譯）。台北：桂冠。

黃迺毓（民85）。家庭教育。台北：五南。

黃迺毓等編著（民84）。家庭教育。台北：空大。

蔡文輝（民84）。社會變遷。台北：三民。

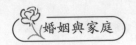

鄭淑子（民77）。婚姻的危機。高雄：復文。

鄧柑謀。壓力因應之意義、理論及其應用。教育研究雙月刊，第
　　40期，83年12月，P.45-51。

鍾思嘉（民82）。21世紀的親職教育。台北：桂冠。

Bert N. Adams（1995）. The Family-A Sociologial
　　Interpretation. Harcourt Brace.

Chapter 6

家庭暴力與虐待

梁志彬

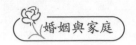

前言

「鐵鍊綁小孩？警官、立委各說各話；基市巡佐蔣晉澔家庭糾紛鬧大，搶小孩扯出虐童疑雲，雙方各有證據，各執一詞……（中國時報民國九十年八月二日第九版）」…，家一向都被認為是人生的避風港，不管你在外受了任何委屈，回到家中一定會有一雙以張開的溫暖懷抱等著你。但是近年來報章雜誌報導出許多家庭暴力的社會事件，虐妻致死案、殺夫案、虐童案、老人遺棄等家庭悲劇一而再的演出，尤其是以在民國八十二年十月二十七日所發生的「鄧如雯殺夫案」最震驚社會，原因並非兇手下手兇殘而是因為這是發生在家庭之中的兇殺案，而殺手就是枕邊人。就連美國這種兩性教育先進的國家也發生過許多不幸的家庭悲劇，如：名運動員辛普森涉嫌謀殺妻子、羅瑞娜閹夫案等。不管種族與國度都會發生這類的案件，唯一不變的是這些都是發生在我們所認為溫暖、幸福的家庭中。

在民國八十七年六月二十四日公告實施了「家庭暴力防治法」之後，家庭裡的暴力事件已經不再是以前說的，單單只是「家務事」而已；以往「法不入家門」、「清官難斷家務事」的觀念都不再正確了。現在司法單位有權過問家庭中所發生的暴力事件。所以我們要先了解家庭暴力的定義及種類以及台灣現在家庭暴力的現況和社會對於家庭暴力普遍的錯誤觀念及家庭暴力對家庭及其成員的影響，最後我們也要了解「家庭暴力防治法」的相關規定才可保護自己免於家庭暴力，也避免日後自己犯法。首先，先對家庭暴力有一個初步的了解。

第一節　家庭暴力、虐待

※對家庭暴力、虐待的定義

學者對於家庭暴力的定義不一，美國Gelles認為家庭暴力指的是發生在家庭成員間口頭上、身體上的攻擊或惡意的疏忽行為。而家庭成員可分為（彭淑華。民87）：

姻親關係

由出生或婚姻所建立的關係；包含血緣關係（父母、兄弟）及姻親關係（配偶、岳父母）。

親密關係

成員間彼此熟悉且相處密切；此定義中就包含了婚外情及一夜情的關係。

居家關係

居住在同一個屋簷下；此定義包含了同居的關係。

而家庭暴力防治法第二條的定義：「所稱的家庭暴力者，謂家庭成員間實施身體或精神上不法侵害之行為。」；而國內學者陳若璋（民83）對家庭暴力的定義為發生在家庭成員間的暴力行為，造成了其中一方生理及心理上的傷害，包括：肢體暴力、精神暴力及性暴力。

肢體暴力

包含所有傷害身體的攻擊性行為。如：毆打、燙傷。

精神暴力

攻擊者以引起他人不舒服情緒的語言或行為來使當事人在精神的傷害行為。如：毀謗、辱罵、恐嚇、隔離等。

性攻擊

以強迫或脅迫的方式逼迫被害人與其發生性行為或是猥褻的行為。如：亂倫。

不過，各學者對於家庭暴力的定義大都是：在婚姻關係或親密關係中的成員對其他成員造成了精神上或生理上的傷害。

✴ 家庭暴力、虐待的種類

而依家庭暴力的施虐者及受虐者的家庭角色來分類可以將家庭暴力的類別分成四種類型，分別是：婚姻暴力、兒童與青少年虐待、老人虐待及手足暴力（表6-1）。

表6-1　家庭虐待表

虐待／疏忽可以是身體上的或非身體上的			
	身體攻擊	性攻擊	情緒攻擊	不能滿足基本需求
兒童及青少年	懲戒攻擊或身體攻擊	兒童性虐待	心理上的攻擊或兒童心理虐待	兒童疏忽
配偶	婚姻暴力	配偶強暴	心理上的攻擊或虐待	遺棄或未執行其配偶義務
老人	老人身體虐待	強暴或老人性虐待	老人心理上的攻擊或虐待	老人疏忽

資料來源：Alan Kamp.1999

婚姻暴力

指配偶的一方以語言、肢體或是性等方式虐待另一方。主要的行為有：

毆打

以踢、揍、掐、使用器具傷害配偶，而使其產生不需治療或需治療的傷害等。

殺害

以蓄意或非蓄意的方式殺害配偶。

威脅或是挑釁

以語言或行動的方式來逼使配偶順從己意。如：以傷害孩子或其他親屬的生命為脅迫，或是以口頭威脅會傷害其身體或生命讓配偶不敢違逆等。

未履行其配偶義務

遺棄配偶或是未提供家庭經濟上的收入及其他配偶應盡義務等。

強暴或是逼娼

以暴力或威脅的方式迫使配偶與其發生性行為，或是逼使配偶賣淫等。

比較值得注意的是，在婚姻暴力中大多數的施虐者都是男性（約91%～95%），少部分是女性。

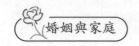

兒童、青少年虐待

兒童與青少年虐待是指未滿十八歲的兒童或青少年的父母或是其他有親屬關係的親人對其施加身體或是精神上的虐待，而使兒童或青少年在身體、精神或是發展上受到損害或是威脅。兒童及青少年虐待的種類包含：

身體虐待

在一般狀況下，父母或其他親屬對兒童及青少年施加暴力或是任何足以使其遭受身體傷害的行為。包括：踢打、綑綁、灼燙傷、使其身體受損或身體功能失調、死亡等。

精神虐待

對兒童或青少年長期施加不合理的行為，使其在心理及情緒上造成嚴重傷害。包含：恐嚇、限制行動等。

疏忽

因為照顧不當或是故意不提供兒童或青少年足夠的食物、衣物、住所及醫療照顧而導致兒童及青少年在身體發展上的傷害或是發展遲緩等。而在身體及精神虐待方面失虐者為女性的比例比失虐者為男性的比例高，這與兒童和青少年的主要照顧者為女性有很大的關係。

性侵害

因為是發生在家庭裡，所以又稱為「亂倫」。是家庭裡的成員對其有血緣關係兒童或是青少年進行性行為；而性侵害受害者年齡層有兩個巔峰期；一個是在六歲以下，另外一個是在青春期。依其行為又可以分為身體接觸或是非身體接觸。身體接觸包含愛撫、口交、性交、肛交等。非身體接觸包含言語挑逗、裸露性器

官、拍攝色情電影或是裸照、逼迫賣淫等；雖然女童的受虐比例高，但是男童也會遭受性侵害；而且男性雖然是主要施虐者，但女性也有可能是是施虐者。

老人虐待

指對自己輩分高的親屬（如祖父母或父母）施行足以使長輩產生生理上或是精神上的傷害。如：毆打、恐嚇、疏忽或遺棄、照顧不當等。

手足暴力

以往手足暴力皆被認定為手足之間的遊戲行為，所以一直未受到重視，是一直被忽略的暴力行為；但是隨著手足之間的行為所造成的傷害越來越嚴重，才被警覺到手足之間的行為也可能是一種家庭暴力。大多數的手足暴力施虐者都是哥哥或是姊姊，只有少數是弟弟妹妹。其方式包含毆打、恐嚇、性虐待。在童年時期會表現出手足暴力的人，在長大後會有暴力行為可能性較高；而手足暴力的成因可能與受虐者對施虐者產生空間及其他的壓迫感、負面的訊息，或是忌妒受虐者。

✳ 家庭暴力的成因

家庭暴力的成因與幾下幾點有關係：

施虐者與受虐者兩者之間權利與控制的不平等

大多數的家庭暴力皆因受虐者比施虐者握有權利，以及施虐者無法控制受虐者有關。

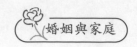

家庭所面臨的壓力與其對壓力的調適能力

當家庭成員無法良好的管理家庭所面臨的壓力時，有家庭暴力傾向的成員會以家庭暴力的方式來紓解心中所承受的壓力。

施虐者自身對於情緒管理（EQ）的能力

當今天施暴者自己無法管理好自己的情緒時，往往會將心中的情緒發洩在其他人的身上，而最親密的家庭成員就很容易遭受其攻擊。

而施虐者與受虐者經過統整可以得到許多相關的訊息：

施虐者的特性

雖然家庭的類型及其社經地位皆有可能會有家庭暴力，但是根據歸納的結果我們還是可以將一般施虐者的特質作一個統計，大部分的施虐者的特質包括對他的伴侶有性侵害、對孩子會使用暴力、個性比較沒有決斷力、兒童期目睹家庭暴力、酗酒者、低收入及低教育程度，這些族群都是家庭暴力的好發者。而會毆打妻子者有以下的特性：低自我肯定、傳統的角色態度、忌妒心重。

受虐者的特性

受虐待的妻子通常來自破碎的家庭、早婚、婚前懷孕、憂鬱。受虐老人通常是因為其依賴性、缺乏社會支持、有家庭暴力的病史或是因為施虐者有心理方面的疾病（呂清元、杜明勳。民80）。

　　但除了統計的特質之外，家庭暴力的成因還有許多其他不同的原因。依照不同的類型有不同的成因。

婚姻暴力

　　婚姻暴力的成因大多是因為施虐者無法控制受虐者的思考及行為，所以採取負向的傷害方式來掌握受虐者。而之所以施虐者大都是男性是因為男性天生在口語方面的表達能力比女性差，而在肢體方面比女性強，所以當男性無法以言語使女性順從他時，他就以肢體動作來獲得控制女性的能力。而之所以家庭暴力會一直發生是因為當第一次的家庭暴力產生之後，施虐者就學會了如果用說的對方不聽，那用暴力行為可以掌控受虐者。

兒童與青少年虐待

　　根據中華民國兒童福利基金會從民國七十九年至八十五年所作的個案調查發現：兒童受虐的原因在環境因素方面以「父母婚姻失調」所佔比例最高（57％），在父母因素方面以「缺乏親職知識」比例最高（38％）。所以大部分兒童、青少年虐待的原因並非出自於兒童與青少年自身的偏差行為或需要管教，絕大多數的原因都是因為父母自身的問題。

老人虐待

　　與兒童、青少年虐待的成因相似，受虐者因為大都依賴施虐者或是受虐者無法表達受虐情形，當受虐者不服從施虐者時，施虐者便以攻擊的方式逼迫受虐者屈服。

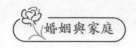

❋ 家庭暴力的循環

家庭暴力的循環

　　家庭暴力的過程是一個循環的狀況。整個過程可以分為暴力期、蜜月期、積壓期。在暴力期之後，施暴者會道歉、承諾絕不再犯、安撫受虐者、兩人的關係良好如初甚至比之前的關係更好。然後進入了積壓期，雙方的摩擦逐漸加深，心結越來越深，最後爆發出來，即為暴力期。如圖6-1示：

圖6-1　家庭暴力循環圖

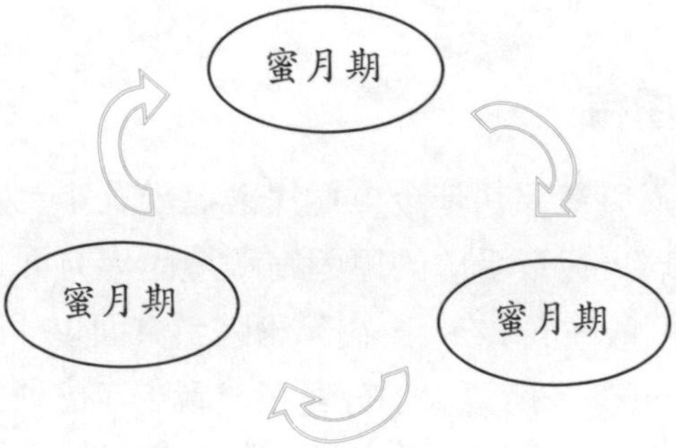

（蜜月期）

（蜜月期）　（蜜月期）

婚姻暴力過程的循環

　　若今天婚姻暴力中，當施虐者為丈夫而受虐者為妻子時，通常妻子在受到婚姻暴力之後，都會離開丈夫回到原生家庭中，而丈夫會想要控制妻子而到妻子的原生家庭用盡方法將妻子討回；這類的婚姻暴力流程如圖6-2所示：

圖6-2　婚姻關係循環圖

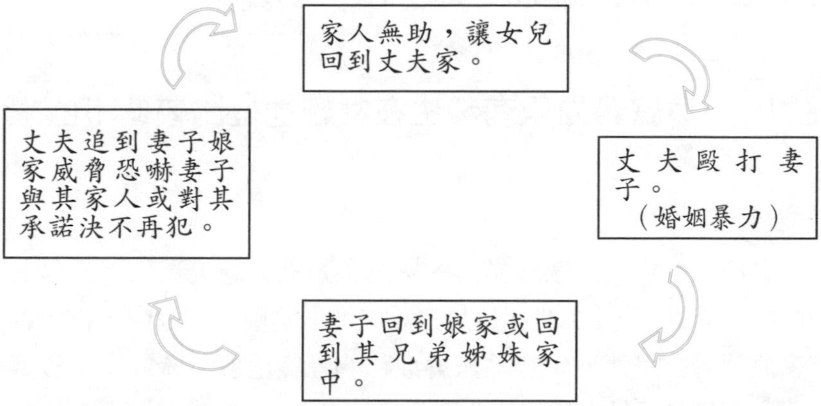

家人無助，讓女兒
回到丈夫家。

丈夫追到妻子娘
家威脅恐嚇妻子
與其家人或對其
承諾決不再犯。

丈夫毆打妻
子。
（婚姻暴力）

妻子回到娘家或回
到其兄弟姊妹家
中。

資料來源：湯靜蓮、蔡怡佳。民86。

家庭暴力的代間傳遞

　　根據研究（John Kaufman & Edward Zigler）受虐的兒童長大後成員施虐者的可能是相當高的，生長在暴力事件家庭的兒童再度成為施虐者的機率是30%，一個成長家庭的暴力經驗與其在往後的暴力行為之間不是單一的決定因素，還要受到複雜的心理及社會過程來決定。但是一個小時候目賭家庭暴力事件、童年時期沒有得到成人的情感支持且沒有接受心理輔導、活在一個不穩定的、沒有社會支持的人事絕對會表現出暴力行為。

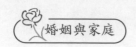

第二節　對於家庭暴力的迷思

迷思一：家庭暴力只有發生在社經地位比較低下的家庭

正確的觀念

　　雖然大多數發生家庭暴力的家庭都是社經地位較低下的階層（55％）（李貴英，民84）。但是無論在哪一階層的家庭中，都會存有家庭暴力的可能性，無論家庭成員的社經地位、職業、宗教或是學歷都無法絕對的斷定他會不會是施暴者。

迷思二：施暴的人都是脾氣暴躁的人

正確的觀念

　　施暴的人不一定是脾氣暴躁的人，有些施暴者在社會上的形象是所謂的「好好先生」，但是在家裡就變成了施暴者；有一些在社會上的形象是脾氣暴躁，但是在家裡卻是一位好爸爸。一個人在社會上的形象不一定和他在家庭裡的行為一致。

迷思三：家庭暴力只有在施暴者酗酒或是嗑藥的時候才會發生

正確的觀念

　　家庭暴力與施暴者有無酗酒或是嗑藥是沒有絕對的關係的。雖然許多家庭暴力都是在施虐者酗酒後才會發生，但是大多數的家庭暴力是發生在施暴者清醒的時候，並非因為是酒醉或藥效發作才造成家庭暴力；而且今天施暴者不一定有酗酒或是嗑藥的習慣，但是依然發生家庭暴力。

迷思四：今天因為兒童或青少年太過頑皮才會發生兒童、青少年虐待

正確的觀念

今天雖然兒童或青少年頑皮，父母會管教孩子；但是大多數的兒童、青少年虐待都與兒童及青少年的行為沒有直接關係。大多數的情形都是因為父母自身遇到無法解決的問題卻又無處宣洩情緒，而遷怒到兒童及青少年身上。

迷思五：天下無不是的父母，父母絕對不是故意要傷害兒童、青少年，他們是無心失手的

正確的觀念

大多數的父母管教孩子都是以希望孩子可以改正他的行為或是觀念，但是施虐的父母不是因為孩子的問題需要矯正，而是因為他遷怒到孩子身上；大多數的父母管教孩子都可以控制，但是施虐父母不是不願或無法控制他的施虐行為。

迷思六：在家庭裡的暴力事件中；施虐者都是男性，受虐者都是女性

正確的觀念

在家庭的暴力事件中；主要的施虐者是男性。而家庭裡的性侵害案件中施虐者大多數是男性，受虐者除了女性之外，男性也會受到性侵害；而在兒童與青少年的虐待中，卻是以女性為主要的施虐者，這與女性為兒童與青少年的主要照顧者有很大的關係。

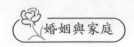
迷思七：施虐者大都是身心狀況有障礙的人

正確的觀念

　　施虐者大多數是正常的一般社會大眾，施虐者不一定是因為身心狀況有問題而會施虐，通常都是因為他要減低他自身所承受的生活上的壓力或挫折而發生了家庭暴力。

迷思八：受虐者既然被虐待了，為何不離開家庭？

正確的觀念

　　今天受虐者不願離開家庭是因為家庭中還有其他成員需要他的照顧或是他有其他不可離開家庭的因素，如：生存者（註一）若離開家庭會有其他人成為施虐者的下一個目標，所以他不得不繼續留在家裡。

　　註一：目前許多先進的國家的家庭暴力扶助機構稱家庭暴力　　　　　的受虐者為「生存者」而非「被害人」，含有對於受虐　　　　　者之勇於對外求助行為，表示尊敬與鼓勵之意。

迷思九：「夫妻床頭吵、床尾合」

正確的觀念

　　如果今天鄰居家中發生爭吵，大眾皆會認為「夫妻床頭吵、床尾合」，尤其是中國人重視家庭的觀念更是無法抑止家庭暴力的發生。而這種「清官難斷家務事」、「法不入家門」的觀念，更是使得家庭暴力無法被法律所制裁。

迷思十：受虐兒童長大後也成為施虐者

正確的觀念

　　受虐兒童是比較容易成為施虐者，但是兩者之間沒有絕對相

關。童年受虐的經驗並未會在成年之後表現出來，很有可能會因為小時受虐過而長大後為了不讓孩子成為受害者而成為一位好爸爸。

迷思十一：家庭暴力與社會現象沒有關係

正確的觀念

其實家庭暴力的成因與社會因素關係密切，社會大環境的現象（如貧窮）都會影響到施虐者的心理狀況，會影響家庭暴力事件發生的。

第三節　家庭暴力、虐待的影響

家庭裡發生了家庭暴力對家庭裡的成員而言是一個很大的傷害，這會使得每一位家庭成員都處在恐懼、不安的氣氛之中；而家庭的情感支持功能與親密關係也無法繼續維持，家庭裡不同的暴力事件對每個家庭成員有不同的影響。

肢體暴力對家庭的影響

肢體暴力對家庭結構的影響

長期處在暴力的環境中，家庭失去一些原有的功能，如基本的情感支持功能、教育功能。若一直持續下去，則家庭可能會因此而瓦解。

肢體暴力對受虐者的影響

在生理的傷害

1. 明顯的身體外傷（如瘀青）。
2. 身體機能受損或障礙（如腦震盪）。
3. 因長期處在不安全的環境中，引發一些生理上的症狀（如胃痛）。
4. 因此死亡。

在心理的傷害

1. 容易緊張及焦慮。
2. 恐懼。
3. 作惡夢或失眠。
4. 自卑。
5. 心中充滿恨意或有自殺傾向（會帶孩子一起自殺）。

肢體暴力對兒童與青少年在心理方面的影響

生活在有婚姻暴力家庭的兒童及青少年會擔心會不會也遭受到施虐者的攻擊外也當心受虐者會不會離開自己。這類的孩子有一些特徵：

1. 比較自卑，無法認同自己。
2. 對他人缺乏信任感。
3. 人際溝通的技術較差。
4. 脾氣較暴躁、具攻擊性、會有用暴力來解決問題的傾向。
5. 神經質，容易緊張、發怒、焦慮不安。

✳兒童與青少年虐待對家庭的影響

身體虐待對兒童與青少年的影響

1. 施虐者離家或判刑。
2. 因為受虐者的離開而經濟收入減少。
3. 亂倫會使得家庭氣氛、夫妻關係及親子關係緊張或決裂。
4. 家庭關係因此瓦解。
5. 施虐者會再找尋下一個受虐者。

性虐待對兒童與青少年的影響

在生理方面的影響

1. 生殖器官受傷或感染。
2. 得到性病。
3. 懷孕。

在行為方面的影響

1. 會有逃家或逃學的行為。
2. 自殺。
3. 影響與異性交往的能力。
4. 雜交或未婚懷孕。
5. 早婚。
6. 成為兒童、青少年性虐待的施虐者。

在心理的影響

1. 恐懼

受虐者會有強烈的不安全感，特別害怕處在相似於受害地點的環境，如：浴室、臥室。而且會覺得自己很容易再次被性侵害。

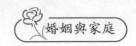

2.感到羞恥

　　因為遭受了侵害而覺得自己很骯髒；覺得自己遭受羞辱，不會再有人喜愛。

3.罪惡感

　　會覺得遭受到性侵害是因為自己所造成的錯；而當亂倫事件被揭發後，施虐者離開家庭，家庭因此瓦解，又會覺得這一切都是自己所造成的，才會使得家庭便得如此。

4.自卑、缺乏自信

　　覺得自己無法跟別人過一樣的生活，總是低人一等。認為自己都無法保護自己的身體，覺得自己很無能。

5.沮喪

　　因為有自卑感，所以會覺得自己不應該有和他人一樣的生活。事件發生後，會覺得自己是一個不幸的人。

6.充滿敵意及憤怒

　　不願意相信他人，因為連自己最親密的家人都會背叛他，覺得世界上所有對他好的人都是有目的的。因為在遭受性侵害時，沒有其他人提供協助而使自己受害，會產生防衛機轉（註二），用恨意、憤怒來掩飾心中的沮喪、不安及挫折感。

　　註二：防衛機轉：心理學上將一個人用與內心真實的感受不
　　　　　同的行為來掩飾或轉化內心的真實感受，以避免個體
　　　　　承受不了內心的感受。如：「酸葡萄心理」─對葡萄
　　　　　的感覺是：葡萄很甜；但是因為吃不到，就說葡萄是
　　　　　酸的。「甜檸檬心理」─檸檬是酸的，但是為了跟別
　　　　　人唱反調，就說檸檬是甜的。

7.冷漠、情感疏離

受虐者心中總覺得他人誠懇的外表下一定隱藏著其他企圖，所以會對他人表現出冷漠的態度。因爲不相信他人或是害怕再次遭受他人的傷害，所以無法與他人有親密的關係。

第四節　台灣家庭暴力的現況

✳ 婚姻暴力

根據台灣地區婦女生活狀況調查報告（1993）的結果顯示，本省婦女有17.8%曾有被丈夫施暴的經驗，而彭燕在民國八十一年的抽取1316位婦女調查中發現三十五％的婦女經驗過婚姻暴力；而康乃馨專線在民國八十四年所接獲的電話中，有一半是婚姻暴力的求助者，而八十五年每月所接聽的二一六通電話中，約半數（49％）是婚姻暴力求助者；而台北市婉如專線自民國八十六年一月一日至八十六年五月三十一日止，共接獲四、九五八通求助電話，而其中有一、六五六通（全數的三三％）是婚姻暴力；而民國八十六年台灣世界展望會的「台灣婦女保護熱線中心」自三月三十一日至八月三日止，共接獲一、〇八二件保護案件（引自彭淑華，民87）。而根據台灣地區婦女生活狀況調查報告（1999）指出約有3%的婦女在最近一年內曾遭受過侵害，若照此推算，全台灣保守估計15歲以上有配偶的女性約有十四萬六千七百人最近一年內遭受配偶侵害。而依據1998現代婦女基金會依據國內的三大報紙的社會新聞版所作的統計發現，從民國八十七年的六月一日到八十八的五月三十一日止，台灣因家庭暴力而死亡者共有126位，平均每三天就有一位台灣民眾因此喪命，絕大多數都是婦女及兒童。那不包含未上報的死亡人數（引自柯麗評，民89）。

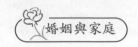

❈ 老人虐待

在我國，有關老人虐待的統計不多，原因可能與受虐者大多失去生活能力及必須仰賴他人的協助所造成通報的數據較少的因素。李瑞金（1994）的研究指出受虐老人約佔總訪談人數的2.7％，但有近80％的受訪老人受到不同程度的忽視。民國八十五年五月底台北市成立台北市老人保護專線，截至八十五年十一月十六日止，共接獲九十四件申訴案件（彭淑華，民87）。而台北市家暴中心從民國八十八年六月二十四日至民國八十九年六月三十日爲止共接獲二二九件老人受虐案。以此估計，台北市每月約發生二十至三十件老人虐待案。而受虐類型以身體虐待三十五人最高（41％），精神虐待二十人居次（24％），遺棄十七人（二十％）；而施虐者與受虐者的關係中居然是以親生子女六十五人佔的比例最高（76％）。分析國內老人虐待事件的受虐者之特性爲：1.女性；2.七十五歲以上；3.喪偶；4.住在自宅；5.與子孫同住；6.健康狀況不佳；7.經濟上依賴子女。而施虐者的特性爲：1.男性；2.已婚；3.與受虐者同住；4.與受虐者的關係多半爲親生子女（莊秀美、姜琴音，民89）。

❈ 兒童、青少年虐待

根據中華兒童福利基金會的在民國七十九年至民國八十三年所作的有關兒童虐待的相關調查中歸納出以嚴重疏忽（34％）、身體虐待（32％）及管教不當（13％）爲最多的受虐類型；而施虐者以父親（48％）及母親（24％）最多（李貴英，民84）。而民國八十六年中華兒童福利基金會收集各地家扶中心的受虐兒童案件中，以性侵害的增加速度最令人擔心，平均每三天就有一個女童遭到性侵害；而民國八十八年六月二十二日的報紙記載：民國八

十八年一月至六月已經發生九起父母失和而帶子女一同自殺的案件（謝依蓉，民88）。而依照估計，國內平均每個月有114件有關兒童虐待與疏忽的案件（呂清元、杜明勳，民88）。

台灣在民國八十八年公佈了「家庭暴力防治法」，但是家庭暴力仍然沒有因此而減少，更沒有因此而獲得控制，還是在成長中，如何才能讓自己可以不受到家庭暴力的傷害呢？

第五節　如何避免及處理家庭暴力

如果今天家裡發生了家庭暴力，那處在這個危險的環境的我們可以做些什麼呢？

婚姻暴力

當自身成為受虐事件的受虐者時

應該儘量讓自己不要受到傷害，可以選擇：

1. 儘快離開現場。
2. 避免挑釁的指責。
3. 不要繼續擴大衝突。

當婚姻暴力發生在週遭的人身上時

如果今天週遭的人發生了婚姻暴力，你可以給予一些建議及協助，如相關機構的聯絡方式、夫妻學習成長營的活動、建立兩人之間良好的互動。

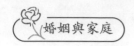

如何處理婚姻暴力

當今天發生了婚姻暴力，不管傷勢是不是嚴重，為了保護自己還是得讓其他人知道自身發生了家庭暴力，不要悶不吭聲或是羞於啓齒；而且先求助社會福利機構安排時間去上婚姻暴力課程。

※兒童與青少年虐待

當自身成為受虐事件的受虐者時

首先要告知你覺得可以信任的大人（如：老師、其他親人），儘量避免和施暴者兩人單獨處在一起，必要時可以向社會福利機構求助，不要讓施虐者有再次施虐的機會。

當兒童與青少年虐待發生在周遭的人身上時

當你得知你周遭的朋友或家人發生了兒童或青少年虐待事件時，首先你應該陪同他向可以信任的大人告知，並向社會福利機構求助，讓受虐者受到保護。

※老人暴力

當家庭裡發生了老人虐待事件時

當家裡的老人受到虐待時，你先提供照顧；若是遭受到身體上的虐待，你可以帶他去醫院驗傷，開立驗傷單。

當周遭的人發生了老人暴力時

若確定周遭的老人受到了暴力虐待，你可以打電話給社會福利機構，讓他們將老人帶離施暴的家庭。

☼ 手足暴力

當自身成為手足暴力的受虐者時

先告知可以信任的大人（父母或其他人），並儘量避免與施虐者兩人有單獨相處的機會。

當周遭的人發生了手足暴力時

當你得知你周遭的朋友或家人發生了手足暴力事件時，首先你應該陪同他向可以信任的大人告知，讓受虐者受到保護。

第六節　一分鐘心理之旅

打架時，突然遭到對手還擊時，你認為對手採用什麼方法呢？

1.拳頭；2.踢；3.打巴掌；4.下勾拳；5.丟東西。

分析：可以看出隱藏的攻擊性

姑且不論孩提時代怎麼樣，長大後很少人會打成一團，但是人類在本能上就具有攻擊性，稱為「死亡欲求」，是專司人類攻擊性和破壞性的本能。

選擇給予對手最嚴重的攻擊法的人，表示其死亡欲求越強，可說是隱藏著強量的破壞性。

其中打巴掌不是以攻擊性為目的而是要讓對方清醒的精神覺醒，讓對方恢復原來的自我所使用的手段；與其說是破壞，倒不如說是以愛為基礎的一擊。另一項「丟東西」的行為，在攻擊之

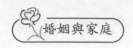

前，情緒已經陷入混亂的狀態才採取的行爲，這情況就像要把小孩子從百貨公司拉走時，孩子拳打腳踢、哭泣的樣子一樣沒什麼太大的差別。

這一個心理測驗只是測驗出心中的死亡欲求，但並不代表說實際上死亡欲求較高者就會表現出暴力行爲，後天的環境是可以強化或抑制先天的遺傳。

家庭暴力防治法報案專線

家庭有暴力發生時，請向發生地的警察局報案，或打『110』報案電話，或撥全國保護您專線『080-000600』，或撥24小時保護專線『080-024995』報案。

相關服務機構

表6-2　婚姻暴力求助機構

機構名稱	服務項目	服務電話
各縣市政府社會科（局）	緊急庇護、法律協助、就業輔導、諮詢	
各縣市家庭扶助中心	諮詢、輔導、安置、法律協助、醫療	
各縣市張老師、生命線、家庭協談中心	諮詢、輔導、轉介	
各縣市大型醫院社會服務部門	輔導、醫療	
康乃馨專線	輔導、急難、救助、安置	02-25619595
觀音專線	心理輔導、婚姻輔導	02-27739695

表6-3　兒童、青少年虐待可利用的社會資源

機構名稱	服務項目	服務電話
中華兒童福利基金會	諮詢、輔導、安置、法律協助、醫療	
各縣市政府社會科（局）	諮詢、輔導、法律協助	
各縣市家庭扶助中心	諮詢、輔導、安置、法律協助、醫療	
各縣市張老師、生命線、家庭協談中心	諮詢、輔導、轉介	
各地學校輔導室	諮詢、輔導、轉介	
各縣市大型醫院社會服務部門	輔導、醫療	
臺大醫院兒童心理衛生中心	輔導、安置、醫療	02-23123456
台中市青少年之家	輔導、安置	04-23230660
紅十字會育幼中心鳳山分會	諮詢	07-7017671

【問題與討論】

1. （　）下列何者是家庭暴力的循環模式？
　　　A.暴力期　B.積壓期　C.蜜月期　D.以上皆是。

2. （　）家庭暴力的表現方式有，下列何者為非？
　　　A.丟擲東西　B.一起作菜　C.冷嘲熱諷　D.精神虐待。

3. （　）受虐婦女的特徵，下列何者為非？
　　　A.經常焦慮　B.來自破碎的家庭　C.年老　D.缺乏社交圈。

4. （　）生存在暴力家庭中的兒童有什麼特徵？
　　　A.與同學互動不佳　B.畏縮　C.攻擊行為　D.喜歡回家。

5. （　）被虐待的女性的精神疾病中，最常見的是？
　　　A.憂鬱病　B.人格分裂　C.藥物濫用　D.自殺行為。

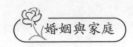

6.（　）處理家庭暴力時要提供下列何種事項？
　　　　A.告知家庭暴力是短暫的　B.懷疑當事人　C.提供其
　　　　他相關機構的協助　D.勸合不勸離。

7.（　）為何受虐婦女不願離開家庭？
　　　　A.得不到社會機構的援助　B.害怕離開後遭受更多的
　　　　暴力　C.相信他會有改善的一天　D.以上皆是。

8.家庭暴力依施虐者與被施虐者的家庭角色，可分為哪幾
　類？

9.請舉出四個社會中錯誤的家庭暴力迷思及正確觀念。

10.家庭暴力對於兒童與青少年的發展有何影響？

課前準備

建議閱讀書目

陳若璋（民83年）。家庭暴力防治與輔導手冊。台北市：張老
　　師文化事業股份有限公司

建議觀賞影片

心靈捕手。馬特戴蒙主演。

參考書目

Alan Kamp（民88）。家庭暴力。台北：洪葉文化事業有限公司。

Michael Lindsey、Robert W. McBride、Constance M. Platt 著（民89）。家庭暴力者輔導手冊。台北：張老師文化事業出版社。

李祥、賴世偉、林正介（民88）。家庭暴力—配偶虐待。基層醫學 第14卷 第10期 P.190-191。

李貴英。（民84）台灣近年來兒童虐待問題之研究。社會科教育學刊 第五期 P.85-111。

呂清元、杜明勳（民88）。家庭暴力。臨床醫學 第28卷 第二期 P.115-121。

周月清（民86）。家庭暴力與婦女虐待之定義與迷思。律師雜誌 第216期P.25-34。

周稚傑（民89）。家庭暴力。台北市醫師公會會刊 第44卷 第三期 P.39-43。

柯麗評（民89）。保護令真的保護了遭受到虐待的婦女嗎？。律師雜誌 第二四八期 P.58-71。

高鳳仙（民85）。從鄧如雯殺夫案看我國家庭暴力案件之處理-1-。司法周刊 第768期 第二版。

高鳳仙（民85）。從鄧如雯殺夫案看我國家庭暴力案件之處理-4-。司法周刊 第771期 第二版。

涂秀蕊（民88）。家庭暴力法律救援。台北：永然文化出版有限公司。

莊秀美、姜琴音（民89）。從老人虐待狀況探討老人保護工作：以台北市家庭暴力暨性侵害防治中心之老人受虐個案為例。社區發展季刊 第九十一期 P.269-285。

湯靜蓮、蔡怡佳（民86）。我痛！走出婚姻暴力的陰影。台北：張老師文化事業股份有限公司。

彭淑華（民87）。家庭暴力的迷思與因應。社區發展季刊　第48期
　　　P.48–62。

彭懷貞（民85）。婚姻與家庭。台北：巨流圖書公司。

黃木添、王明仁（民87）。兒童虐待的原因及預防。社區發展季
　　　刊　第八十一期　P.189–196。

黃富源、黃翠紋（民89）。婚姻暴力對於兒童、青少年行為影響
　　　及其防處策略之探討。醫學叢刊　第30卷　第四期　　P.239–
　　　261。

黃彥宜（民83）。兒童虐待與家庭。社會建設　第八十八期　P.56–
　　　66。

張錦麗（民88）。家庭暴力防治現況與展望。兩性平等教育季刊
　　　第8期　P.40–46。

楊琪、楊琬（民84）。婚姻與家庭。台北：桂冠出版社。

齋藤學（民86）。成年兒童與家庭危機。台北：商業周刊出版股
　　　份有限公司。

齊齋勇（1998）。一分鐘心理之旅。台北：國際村文庫書店有限
　　　公司。

劉秀娟（民88）。家庭暴力防治法與防治教育之省思。輔導季刊
　　　第35卷　第一期　P.22–39。

謝依蓉（民88）。淺介兒童虐待與保護服務。育達學報　第十三期
　　　P.199–216。

Chapter 7

離婚

☆ 離婚的意義與型態

☆ 離婚原因與一些統計

☆ 離婚的影響

☆ 離婚的輔導

朱巽傑

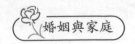

前言

　　當婚姻出現了無法挽回的裂縫時，往日的海誓山盟、甜言蜜語已不復存在，要如何面對這樣的結局，除了漫無止境苦痛的冷戰或吵架以外，選擇離婚是時下最多人採取的方法。以美國而言，七○年代初期，約每三對夫妻就有一對會離婚，到七○年代末期，離婚率更提高為二比一。而在台灣，根據統計民國86年一共有38,986對夫妻離婚，平均每一天有107對，也就是說每13分27秒就有一對夫妻離婚。因此面對日益提高的離婚率，離婚如此感傷的結果雖然是我們所不願意見到的，大家卻仍然要有正確的觀念與認識的必要。

　　本章將分四部分來探討，分別是第一節離婚的意義與型態、第二節離婚的原因與一些統計、第三節離婚的影響與第四節離婚的輔導。

第一節　離婚的意義與形態

離婚的意義

　　婚姻是一種約定，而離婚則是結束婚姻的一個法律過程。從社會學的角度而言，離婚代表在法律上有效婚姻的合法破滅，使婚姻解體，自重重的婚姻限制中脫離。離婚有兩院離婚（即協議離婚，需以書面、有兩人以上證人簽名，並向戶政機關登記）和判決離婚（需符合要件，並由法院判決）兩種。在我國民法中，第四篇第五節自一千零四十九條至一千零五十八條詳細規範了離婚。

　　然而離婚不僅僅是法律狀態上的改變，其中更包含了多方面的意義和複雜行為。在傳統中國人的觀念中裡，婚姻是兩方面家族的事，代表著兩方家族的連結，從原本的沒有關聯到關係密切，因此離婚就代表著這些連結的中斷，影響的層面自然相當廣泛。就當事人而言，離婚更有許多重大的意義，除了代表倆人的分離，也可能代表著遺棄、解脫等，無形中在心底都會有壓力和某些危機的考驗。有些人離婚出於無奈與被迫，而且經濟上又無法獨立，面對昔日親密的兩人世界，一下子變成孤獨的一人，離婚在她（他）們的心中是永遠無法抹滅的痛和遺憾；有些人離婚則是因為了解婚姻中的問題與無解，希望自婚姻的桎梏中解脫，因此離婚的意義在其心目中代表著解放、自由與重新開始。

　　由社會學的觀點來看，離婚則是婚姻制度解組的一種表現。由婚姻制度的結合形成的家庭，不管是有子女的父母，還是沒有小孩的夫妻，都是較大的外在社會體系中的一個小團體，因此社會力量對於這樣的一個家庭制度，包括家庭的組成和解體，都具有約束的力量。而法律對於婚姻的許可或禁止，代表著社會力量

的有形表現，但其約束效力會隨著不同的次團體（subgroups）而有所差異。

✳ 離婚的形態

法律上的離婚只是離婚形態的其中之一而已，當事人因為離婚而感受到的其實不僅止於法律的層面，還包括感情上的、經濟上的、撫育上的、社區的與精神上的等等，詳細說明如下：

法律上的離婚（legal divorce）

法律上的離婚是由法庭判定而解除婚姻的關係，主要目的是為解除婚姻的法律束縛，而使感情上已決裂的夫婦能真正的分離，得到法律上實質的認可，以避免財產上與其它分擔的義務，並可選擇再婚。而哪些是可構成離婚的判決呢？根據民法中第一○五二條規定，若夫妻有下列情形之一者，另一方可向法院請求離婚：

1. 重婚者。
2. 與人通姦者。
3. 夫妻之一方受他方不堪同居之虐待者。
4. 夫妻之一方以惡意遺棄他方在繼續狀態中者。
5. 夫妻之一方意圖殺害他方者。
6. 有不治之惡疾者。
7. 有重大不治之精神病者。
8. 夫妻之一方對於他方之直系尊親屬為虐待，或受他方之直系尊親屬之虐待，致不堪為共同生活者。
9. 生死不明已逾三年者。

10.被處三年以上徒刑或因犯不名譽之罪被處徒刑者。

11.有前項以外之重大事由，難以維持婚姻者，夫妻之一方得
　　請求離婚。但其事由應由夫妻之一方負責者，僅他方得請
　　求離婚。

　　許多過去採取各式分居情形的夫妻，如今都能比較勇於突破
婚姻證書的束縛，直接採取離婚的途徑，只希望快刀斬亂麻，儘
速解決問題。可能是由於社會價值觀的急速改變，個人主義觀念
的盛行，另一方面也由於社會機構的幫助增加，對離婚的壓力逐
漸減少，離婚創傷也不像以往嚴重，因此有婚姻危機的夫妻較能
直接尋求法律上離婚的方式。

　　然而法律上的離婚對當事人而言，並不是沒有痛苦之處的，
首先，法律上的程序並不能解決因離婚在情感上所造成的困擾。
律師並非婚姻諮商師，他們僅能理性的處理離婚案件，而且大多
數未經訓練的家事法庭人員，既無法聆聽當事人的心事，也無法
了解離婚夫妻在法律過程中，那種一再面對彼此問題的心理壓力
和痛苦。

　　其次，律師對於離婚事件的插手時間愈晚愈好，因為在婚姻
對立制度的本質之下，律師會為了爭取顧客的利益，而忽略了那
些能讓離婚夫妻不離婚的有利因素，而使離婚的可能性在無形中
增加。

感情上的離婚（emotional divorce）

　　這是最常見的離婚形態。在這樣的婚姻關係中，夫妻沒有情
感的存在，也缺乏溝通，是所謂的「貌合神離」、「同床異夢」的
夫妻。在這樣一個失敗的婚姻裡，夫妻之間不再相互信任，彼此
欺瞞，傷害彼此自尊，甚至故意做出對方不滿意的行為，讓惡性
循環不斷重演。

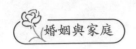
　　既然這樣的婚姻已沒有繼續維持的必要，為何仍有許多夫婦仍寧願如此的相敬如「冰」，也不願離婚？我們可以從以下幾個原因得到一些答案：

害怕孤獨

　　許多夫妻雖然每天過著吵吵鬧鬧或冷淡的生活，但卻相當麻痺習慣這樣的生活方式，寧可如此過下去，也不願意選擇離婚一途，只因為害怕離婚後無法孤單的過日子。

經濟無法獨立

　　早期傳統中國婦女的生活是依附在丈夫的經濟撫養之下，沒有獨立的經濟生活能力，因此即使和丈夫的感情不和睦，也只好忍氣吞聲的生活下去。

來自社會上的壓力

　　這種原因似乎愈是上流社會則愈是明顯。為了維持表面上和諧的假象，雙方忍氣吞聲的生活情形，也是很常見的。其實，不管是誰，對於離婚都會有社會上的壓力，無法面對或承認，只能忍耐。

對子女的義務

　　有時候年幼的子女常常是婚姻維繫的唯一理由，儘管婚姻的不美滿，父母通常會為了讓孩子有一個完整的家庭而忍耐下去，至少會忍耐到孩子成年以後，才會選擇離婚。

為對婚姻顯示忠誠

　　因為對愛情的海誓山盟，或曾經對對方發過誓言，因此為了信守諾言，即使已不再愛對方，即使婚姻已到了無可挽回的地步，也不願選擇離婚。

心中仍存一絲希望

雖然感情已不復存在，但某一方有時常常會念在夫妻一場的情分在，而懷有破鏡重圓的心態，但這種一廂情願的想法，常常無助於現實婚姻的裂痕。

雖然離婚的型式有許多，然而中國人是一個非常重感情的民族，正所謂「一日夫妻百日恩」，即使現實婚姻中存在許多不美滿，也常常是選擇相互忍讓，睜一隻眼閉一隻眼。但今日的社會，如同前面所提到的一些因素，夫妻之間常常不願意容忍，認為好聚好散，因此常常就訴諸於最直接的方法，所以法律上離婚的可能性就會明顯的增加了。

經濟上的離婚（economic divorce）

這種方式的離婚是將伴侶分成個別的經濟單位，各有其自己的產物、收入或花費的控制，以及對稅務、債務等的責任，以決定配偶雙方及子女如何維持生活。

在很多的離婚案件中，婦女總是沒有辦法得到應有的經濟方面的保障。關於財產的分配，基於以下兩個理由，應該符合男女公平的原則：

1. 根據基本交換的原理。家庭是一個相互依賴的單位，雖然丈夫在外面賺錢，以維持一家的生計，但如果沒有妻子在家的辛勤操持家務，以及對丈夫的支持，做丈夫的很難放心在他的事業上面。因此，在離婚時的財產分配，一定要考慮到這項因素。

2. 雖然妻子在家負責操持家務，每天燒飯、洗衣、料理家事，所做的工作是屬於「非生產性」的，對於財物的貢獻無法做實質的衡量，但不代表沒有重要性，因此在分配財產時也要詳加考慮之。

然而根據研究指出，在離婚後，男人的經濟情況會漸漸轉好，而離婚女性的經濟狀況卻是每況愈下！據統計，男人在離婚一年後，所得會增加，女性則在一年後所得會明顯的減少。所以離婚對於女性的經濟通常非常不利，尤其是那些年紀較大的家庭主婦，長年依恃丈夫的撫養，一但離婚後，常常無法獨立生活下去，只因爲她們沒有一技之長可以維生。年輕女性還可以憑著年輕和氣力謀生，但對於那些當初懷著找一張「長期飯票」的婦女而言，離婚無異是宣佈了她們噩夢的開始。

因此，如何確實維護離婚婦女的生活權益和經濟方面的保障，以及子女的生計教養，實在是政府應該要重視的問題。

撫育上的離婚（coparental divorce）

不論是美國或台灣，大約有三分之二以上的離婚夫婦有子女，因此就必須面臨到小孩子的監護權問題，而且還得決定在教育子女和一般福利上的歸屬責任。

一般而言，離婚的父親多半要負責財務上的供應和法律上的責任，而離婚的母親則要負責教養子女，以及日常生活中的照應。雖然在今天的法律制度下，父母都有相等的監護權，但絕大多數的案件，是由母親取得監護權的。對於子女的監護權，大致可以分爲三種：

單獨監護權

這種方式是以往最常見的。監護權的判定，是認定子女與母親生活較爲適宜。除非母親有明顯的不適任，否則通常都能夠獲得監護權。

分離式監護權

這種監護權適用於有兩個以上子女的家庭。在此情形之下，

其中一方擁有一個或更多子女的單獨監護權，但這種情形並不多見，因為法庭往往不願見到手足的分離。

聯合監護權

這種方式在今日已愈來愈普遍。由父母雙方負起子女的一切責任，然而程度上卻不盡然均等。子女通常與離婚父母其中一方同住，每隔一段時間後便輪替。

在美國，92%離婚案件會把監護權授予母親，離婚的父親則變成了探視權不定期的訪視其子女。而在台灣雖然是各半機會，但近年來的兒童福利法以及民法的修正，都朝向以未成年子女利益為優先的考量。但無論如何，對於自己的親情骨肉，只要是為人父母，都是十分難以割捨的。

社區的離婚（community divorce）

所謂的社區在此指的是所交往的人群。當人們結婚時，原本彼此不相干的朋友可能會熟識，原本單身的朋友也可能會被結婚的朋友取代。但離了婚以後，那些原本的交往圈可能就要改變。因為一但離了婚之後，跟老朋友在一起時，總會顯得有些不自在，如果不選擇斷絕和老朋友的交往，則勢必要再結交新朋友。

在美國，大約有75%的分居者會在離婚的第一年就開始結交異性朋友和開始約會。或許剛開始會覺得冒險過大，但都會認為這是一種對自我評價的再次肯定，也是消除寂寞的良方。其實離婚者本來就不需要把自己關在象牙塔中，有時孤獨久了會造成心態上的偏差，能早早走向陽光，結交一些新的朋友，不但能減少適應不良的情形，也能及早揮除心中對先前婚姻不愉快的陰影，重建自信心。

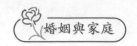

精神上的離婚（psychic divorce）

原本結婚是兩人心神交融，彼此互動緊密的，一但離了婚，就必須把自己和對方抽離出來，由無盡的哀傷、苦痛、怨恨中重新學會面對自我。但精神上離婚的歷程其實非常重要，在輔導離婚的過程中，總是會強調這個層次的克服成功，才有能力再次面對幸福的婚姻。因為有太多離婚者總是一直沉緬於過去對方的陰影中不可自拔，而失去了幸福的契機。

然而為了要安然度過精神上的離婚，則必須要一段的哀傷時期，不管是哀傷感情的變質或不復存在，或是哀傷孤獨失落的感覺，這種哀傷會自離婚之前一直延續到離婚之後，大致上可以分為三個階段：

離婚之前的震撼和否定

這大概是最令人難以接受的情緒！因為突如其來的噩耗，會令人無法承受，因而變得精神渙散、神情恍惚，嚴重者甚至會自殺。

持續的煩惱和消沉

在這個階段會讓人一方面痛恨對方的薄情寡意，另一方面卻也會沉緬於對方昔日的好，這種混淆不清的感覺會時常在變，因此離婚者都會在壓力與迷惘中度過一段黯淡的日子。

正視離婚後的自我

離婚的人們負擔起自己應負的責任，結束一段婚姻，原諒對方，並讓自己釋懷。但只要離婚的配偶仍有恨意或苦痛，那精神上的離婚便算尚未完成。

第二節　離婚原因與一些統計

夫妻之間不可能沒有衝突的，因此吵架在所難免。但有衝突並不代表婚姻不美滿。吵架也可以有正面積極的作用，如果夫妻雙方能就事論事，不做人身的攻擊，找出爭執的原因，然後針對這些原因加以解決，則雙方都可以藉此學習成長，並增進對彼此的了解。但如果彼此的爭吵淪為一種不理性的，互揭瘡疤的不良模式，不但無助於問題的解決，更會使夫妻感情破裂，最後終將導致婚姻的破裂，走向離婚一途。

本節試圖找出導致夫妻之間離婚的原因，並對離婚的一些統計，做一概略性的描述。

☀離婚的原因

談到離婚的原因，實在很難一一列出，但兩個獨立的個體要在一起日夜生活，所會產生的摩擦其實不難想像。而且男女雙方在婚前婚後對婚姻的滿意度都不一樣，可能產生的衝突就更多了。

美國曾有學者針對不同婚姻期間，衝突的原因異同做了調查，他們發現，在婚姻的前期，雙方衝突的主要原因依序是：

1. 丈夫的事業，雙方相處的時間與注意力。
2. 家務事與社交活動並列第二項。
3. 妻子的親戚。
4. 錢財的分配使用。

而在婚後的半年內，衝突原因依序是：

1.家務事。

2.錢財的分配使用。

3.雙方相處的時間與注意力。

4.丈夫的事業。

5.感情。

到了婚後一年的期間，衝突的原因則依序是：

1.家務事。

2.雙方相處的時間與注意力。

3.錢財的分配使用。

4.妻子的親戚與社交活動兩項並列。

到了結婚五年後，衝突的原因依序是：

1.家務事與雙方相處的時間與注意力並列。

2.性問題。

3.丈夫的事業與感情問題。

從這項研究中可以發現，雖然婚姻在不同時期有不同的衝突原因，但是幾個基本的衝突原因還是有的，如：家務事的處理、相處的時間與注意力、錢財的分配使用等。因此，如何在婚前做有效的溝通和心裡調適，是很重要的。

其實離婚率的高低，和個人因素與社會因素有很大的關聯性，以下就這兩方面來說明：

就個人因素而言

社會階層

　　較低的社會階層離婚率會較高於中產階級，而且男女也有不同，一般而言男性情形如上，但女性則不然，高地位的女性反而會有較高的離婚率。

結婚年齡

　　根據大部分的研究指出，青少年時期就結婚者，會比二、三十歲才結婚的人有較高的離婚機率，其最主要的原因就是由於個體的生理與心裡皆不夠成熟，不足以應付婚姻中的複雜性。

宗教信仰

　　這項因素在今日社會終是非常常見的因素之一。隨著社會的日益開放，人們有言論與信仰的自由，因而面對伴侶是不同信仰的情形便很常見，如果雙方因為宗教的不容而離婚，其實是很可惜的事。另外，不同宗教的離婚率會高於同宗教的離婚率，而且同宗教的婚姻，會因為信仰愈強烈而愈不容易離婚。

離婚經驗

　　曾有過離婚經驗者，再次離婚的比率會高於第一次結婚者，其原因可能是曾離婚者，更易於用離婚來終結不愉快的婚姻。

婚前同居

　　原本婚前同居是想藉此以避免不適合的婚姻，但結果常常是得到反效果。研究指出，婚前的同居將導致更高的離婚率，而且與同居的本質與時間長短有關。

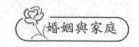
未婚懷孕

這種奉兒女之命結婚的婚姻，通常都有較高的離婚率。因為這些未婚媽媽與爸爸年紀都很輕，收入也不穩定，心態也不夠成熟，因此較容易離婚。

就社會因素而言

家庭功能的改變

在傳統的社會中，家庭是一個自給自足的封閉組織，它提供了社會教育、宗教、娛樂、經濟、性節制等功能，因此人們依賴家庭的程度很高。而在今日高度分工的社會裡，家庭的多樣功能已逐漸為社會其它制度所取代，因此家的重要性便不復從前，離婚率也就日漸提高了。

選擇伴侶的方式改變

以往的婚姻不是由父母全權做主，也有父母或其他長輩的積極參與，因此一但結了婚便以家庭圓滿和諧為主，較能為大局而容忍。而現代年輕男女事事都由自己做主，談感情往往是感性高於理性，「為愛沖昏了頭」，總是欠缺周詳的考慮，如此的婚姻總是較不穩定，自然仳離的機率便高了許多。

道德制裁力的減低

在以往保守的社會中，道德和宗教街反對離婚，因此社會的輿論對離婚率的高低有著極高的影響力。但是在今日的社會中隨著民心的日益開放，社會制度與宗教已不再像從前一樣影響人們，因而都能較正視離婚是解決問題的方式之一。

同儕團體的影響

由於離婚比率的日益增加，我們的身旁一定或多或少會有離

婚的人存在，他們的經驗便會影響到我們。當我們的婚姻出現問題時，便會較有勇氣選擇離婚。

法律約束的放寬

以往離婚必須獲得法律上的認可，而且也必須符合法律嚴格的規定。以前如果要離婚必須要證明配偶有犯錯，例如私通或外遇，而現在的「無過失離婚」（no-fault divorce）已不再堅持過錯的要求，只要雙方同意或法院認為理由成立，就可以離婚。1970年美國加州通過「無過失離婚」法案後，離婚率增加了46％。

職業婦女的增加

夫妻的權力關係，會因為婦女的就業而重新分配。由於雙親家庭的增加，妻子的職業地位和收入一方面提高了她在家裡的地位和權力，另一方面也保證了離婚後的經濟獨立和生存的能力。有了經濟獨立的保證，妻子不必再委屈求全，不必再害怕離婚。

個人主義的盛行

在這多元化的時代，強調的是個人的快樂與成就，因此家庭能否滿足成員的自我成就目標，便攸關是否有其存在的必要。當家庭無法再滿足個人需求時，就無須再努力維繫。

兩性角色的模糊

在傳統的社會裡，男主外、女主內，家庭夫妻角色定位分明，權利義務清晰。但今日是個多元化的社會，男女角色更富彈性，因此夫妻對角色的定位產生了爭執與衝突，無形中便增加了離婚的可能性。

此外，美國學者曾研究美國社會高離婚率的原因，列舉了以下10項主要因素：

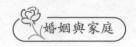
1.太年輕，尤以不滿20歲即結婚者。

2.婚前交往時間太短，以不到半年最明顯。

3.父母的婚姻不快樂。

4.親戚朋友不看好這段婚姻。

5.彼此的背景差異太大。

6.宗教信仰不同。

7.求學階段有輟學的經驗。

8.未能與社會有良好的互動。

9.彼此對夫妻角色定位的認定有差異。

10.社會連帶較弱。

在國內方面，學者在分析離婚的原因時，社會學者較注重社會結構整體狀況的影響，例如都市化、工業化、社會控制等。其他學者則較注意夫妻間的互動與家庭婚姻生活情況，比較能直接找出影響離婚的原因。根據國內學者的研究，被提到最多的離婚原因依序是：外遇、財務經濟、不良嗜好、個性不合、婆媳與姻親困擾、道德與宗教約束力減弱等。對照上述美國離婚的諸多因素，我們可以發現中西的差異並不大，因此如何減低離婚率的增加，實有賴夫妻彼此的努力與溝通。

❋ 關於離婚的一些統計

近一、二十年以來，全球大多數國家的離婚率都有逐漸增加的趨勢。以美國為例，1974年以前婚姻結束的最主要原因是喪偶（也就是配偶的死亡），但自從該年以後，離婚就代替喪偶而成為主要的原因。

人口學者對於離婚率的計算約有四種主要的指標：

1.觀察離婚對數的變化，例如民國七十三年台灣地區（台、澎、金、馬）有19,013對夫妻離婚，民國八十三年則有31,899對夫妻離婚。

2.以離婚人數除以人口總數。例如民國八十年底台灣地區有20,556,842人，該年有27,445對夫妻離婚，即54,890人，離婚率為0.267%，這是第二種算法。

3.以一年中離婚對數除以結婚對數。例如民國八十一年有169,234對結婚，29,191對離婚，得到離婚率為17.248%，這種算法非常驚人，雖然常被引用，也常造成不必要的一些誤解。

4.基於第三種算法容易產生誤解，有些學者把該年結婚數改成到該年為止，全部的結婚數。以美國為例，1984年美國的離婚數是1,159,000，但在該年已結婚數（指在1984年以前就結婚者）是57,938000，則離婚率只有2%，這種算法比較實在。

下表是根據第二種算法得到的離婚率，表列如下：

表7-1 每隔10年台灣離婚率

年份	離婚對數	離婚率*
1951	3858	0.50
1961	4487	0.40
1971	5310	0.36
1981	14876	0.83
1991	28287	1.38
1995	33344	1.57

＊：離婚率＝離婚人數÷該年總人口×1000

資料來源：內政部統計年報，84年，P.75

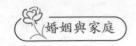

　　根據上列的資料，我們可以得知台灣地區的離婚率近二十年來有逐漸增加的趨勢。如同全球的趨勢一樣，今日的台灣由於工商發達，國家更現代化，個人需求動機增強，女性就業比率增加，於是改變了傳統的父權體系，也改變了家庭成員對家庭的需求，再加上社會機制已不具約束力，於是離婚率便逐漸升高。自1973年起的近二十二年中，台灣的總人口離婚率增加了4.3倍，而且男性離婚者佔結婚人口比要增加了3.30倍，女性則增加了3.14倍。離婚人口佔了15歲以上人口比增加了3.51倍。

　　另外，在各縣市的離婚率方面，也有明顯的差別，尤以都市化較高的地方離婚率較高。至86年底止，如不考慮離島地區，以高雄市的離婚率爲最高，爲2.17，其次是台南市的1.96。最低的則爲雲林縣的1.07，彰化縣的1.12，和嘉義縣的1.34。

　　在國際趨勢方面，除了愛爾蘭與西班牙因爲信奉天主教的關係，離婚在全世界都是被許可的。以執世界牛耳的美國而言，可能也是全世界離婚率最高的。美國的離婚率在內戰後開始上升，期間有升降，直到六十與七十年代，因爲婚姻與性別角色的轉變，以及無過失法案的通過，使得離婚率再度上揚，並且在七十年代末期八十年代初期達到高峰，隨後保持穩定。

　　世界各國會因爲宗教、文化、和社會習俗等因素，離婚率的高低有不同。但大致可歸爲以下幾大類：

結婚率不及離婚率的四倍

　　有紐西蘭、拉脫維亞、立陶宛、摩納哥、荷蘭、挪威等二十四國，均屬於高離婚率的國家。其中荷蘭的倍數爲1.62，丹麥是2.03，是離婚率最高的國家。

介於四倍至十倍

　　如和我國鄰近的日本爲4.62倍、韓國9.13倍、香港8.10倍、

新加坡5.63倍等三十一國，台灣也屬於這一級，而且日本的離婚率高於我國。

第三類則是十倍以上的低離婚率國家

計二十三國，以回教色彩和天主教色彩濃厚的國家居多，例如義大利、希臘、伊朗、伊拉克等等。

第三節　離婚的影響

離婚雖然是夫妻兩個人之間的事，但不是像把一雙舊的鞋子丟掉那樣容易。離婚除了對當事人雙方是一個重大的打擊以外，對其他人事物也都有相當大的影響，首當其衝的就是他們的子女。在今日絕大部分家庭都有小孩（之前提到過有三分之二的離婚夫妻有小孩）的情況下，小孩所承受到的痛苦，其實並不會小於父母，關於這部分，將會是我們本節所要討論的最重要部分。除了子女方面，其他如經濟上的影響、社交生活上的影響等，都和離婚有著密不可分的關係，也都將在本節中一一會談論到。

我們常會聽別人說「婚姻不是兒戲」。的確，婚姻這件事牽扯了許多的人、事、物，是神聖而複雜的。相同的，簡單的一個離婚動作，更是包含了太多的精神與物質層面的東西，因此更不可輕言離婚。本節擬就（一）在個人方面。（二）在子女方面。（三）在經濟方面。（四）在社交生活方面。四個部分說明離婚的廣泛性影響。

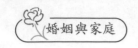

✳離婚對個人的影響

　　曾經有美國學者針對離婚的影響做了長達十八年的研究，證實離婚會對當事人產生持續性的創傷，留下永久性的後果，造成壓力、不愉快和生活上的一些障礙。離婚不但對當事人有最直接的不良影響，而且女性所受的傷害通常要比男性來的更嚴重，受創傷持續的時間較長，平復所需要的時間也比較久，其最主要的原因如下：

1. 自古以來婦女的地位便一直不如男性，也沒有獨立的經濟來源，一但離了婚，生活水準降低，所受的物質上的痛苦便較男性為大。而且常常是女性獲得子女的監護權，自己尚難溫飽，更何況要照顧小孩，無形中更加重了離婚婦女的負擔。即使要外出找工作，也不如男性那樣來的容易，痛苦自然更加深刻。

2. 由於大部分的社會文化習慣，是男性選擇較年輕的配偶，所以一但離了婚，不管男性的年紀有多大，都可以很快的再找到新的伴侶。離婚女性就不一樣了，一但女性離了婚，一來姿色不如以往，二來如果太快有新的伴侶，也會遭人異樣眼光，因此離婚女性的再婚要比男性要困難得多了。因此同樣是離婚，同樣需要找尋新的慰藉以抹去傷痛，離婚男性可以很快的再認識新的異性朋友，很快的度過悲傷期，而離婚女性卻可能必須花較長的時間，來獨自面對痛苦悲傷，甚至一輩子不再結婚，因此她們所受的傷害往往更大。

3. 傳統中國社會就一直很重視女性的貞節，所以才會有什麼「王寶釧苦守寒窯十八年」的故事，而且家族以能得到「貞節牌坊」為最高榮譽，完全沒有考慮到女性的心理與需

求。這樣子的心態使得人們認為女性在婚是一件很不光彩的事，而遭到大多數輿論的反對。即使在今日開放的社會，有些離婚婦女還是很怕讓別人知道自己離婚的事，在這樣的心態下，加上社會中異樣的眼光，離婚婦女要克服離婚障礙，再尋第二春，往往是比較困難的。

4. 就生物學而言，女性總是比較重感情的。我們常常說「女性是為愛而性，男性是為性而愛」，女性一但投入了感情，往往就會愈陷愈深，從一而終，即使另一半不好，也多半有「嫁雞隨雞，嫁狗隨狗」的認命心態。但男性似乎就比較有喜新厭舊的心態，尤其男性是視覺型的動物，因此要他們拋下糟糠之妻另結新歡，往往是比較容易的。看看現在許多到大陸投資的台商，「包二奶」的風氣正流行著，甚至還有許多人認為只要兩邊壓得住就好了，而且如果自己沒「包」一個，豈不是顯得太遜！相對於男性的喜新厭舊，女性從一而終的心態如果無法如願，其內心的衝突與難過則可想而知了。

❋ 離婚對子女的影響

離婚雖然對當事人是一大打擊，但他們的子女也不好過。離婚者本身可能感覺到一種精神上的解脫，但對孩子卻會有虧欠感！尤其是如何把離婚的噩耗告訴無辜的子女，是一件很痛苦的事。如果原本是一個很美好的家庭，子女比較難接受父母離異的消息；但如果父母每天都在吵架，則子女就比較能夠接受離婚這樣的事實。

由於子女在面臨父母離婚時的身心狀況很複雜，因此我們在這方面的探討會比較多一些。孩子面對父母的離婚事件，在心裡歷程的調適上，通常會有以下二個階段的過程：

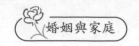

第一階段是初期階段

孩子在剛聽到父母離婚的消息後，最初的反應是震驚和生氣，因此會排拒父母雙方，即使父母雙方想要好言說明解釋，子女也會抗拒不理。

第二階段是過度階段

父母離婚一年後左右，孩子們便開始能逐漸適應離婚父母所安排的新生活，可能是與父母同住，定期由父親來探訪。並開始逐漸認識新的朋友。

第三階段是回穩階段

當父母離婚大約五年以後，孩子已經能適應由單身母親或單身父親照顧的生活方式。也就是形成所謂的「單親家庭」（single-parentfamily），而且子女也已經建立起一套自己的生活模式。

一般而言，父母的離婚不但會對子女的身心造成影響，而且在子女的年齡與性別上都有差異存在。離婚對男孩子比較有立即性的影響，而且有顯著的負面影響。小學低年級的男生，對於父母的離婚會使他們無法專心，在同儕之間富攻擊性，或是不願與他人接觸。他們感到被背叛、遺棄。九到十九歲年紀較的大的男生，對於父母的離婚則能較快適應。但在長大以後，卻似乎不容易與女性建立良好關係。

女孩子則對付母親的離婚較能妥為因應。即使父母離異，她們的童年與青少年時期的學業表現都不錯，情緒反應與社會適應能力也都頗佳。然而在十至十五年後，她們卻開始出現了負面效應。

下表依據小孩的年齡列出對父母離婚的反應：

表7-2　不同年齡小孩對父母離婚的反應

A.內在表現	青少年	兒　童
喝酒	82％	48％
想自殺	69％	38％
吸毒	43％	18％
心情低落	35％	35％
飲食不正常	11％	4％
B.外在表現		
逃學	78％	12％
偷東西	76％	68％
恨每一個人	66％	62％
打架	61％	18％
離家出走	21％	8％
虐待動物	5％	2％

修正自蔡文輝（民87）婚姻與家庭

　　詳細來說，父母的離婚對兒童身心各方面的發展都有一定的影響，就如同艾瑞克森（Erikson）認為個人的身心發展有八個關鍵階段，每個階段都會面臨發展危機，如無法順利化解通過，攸關個體未來身心之發展甚鉅。以下就根據兒童各方面的發展，來探討雙親離婚對孩子的影響，分為認知發展、情緒發展、社會發展、人格發展與對未來婚姻的概念五個部分。

在認知發展方面

　　一般的研究，認為沒有父親的兒童閱讀能力與數學成績均低於正常家庭兒童，且學業成就較低，處罰問題也較多。但是父母

親離婚並非是造成兒童認知成就低落的直接原因,事實上,家庭經濟的困難、母親外出工作、高焦慮、親子互動不良、可用的時間多寡等因素,才是造成單親兒童認知成就低落的主要原因。

綜合以上所述,我們可以得到以下的結論:

離異家庭兒童的致力發展明顯落後於有完整

家庭的兒童

因此,家庭是兒童最初和經常的生活環境,父母是兒童最先互動和互動最多的成人,對兒童智力發展的影響,是任何其他因素和社會角色所難以完全取代的。當然,離異家庭兒童的智力發展產生障礙,原因是多元的,不但有客觀原因的影響,也有主觀認定的原因,但不論是客觀或主觀因素,從因果關係上來看,家庭的破裂和不完整都是最主要的因素。

離異家庭兒童的學習成績也顯著差於完整家庭兒童

有些學生在學習態度、知識和技能上相去不遠,但是他們的學習成績有時卻十分懸殊,其中的一個重要原因,就是智力發展水準的不同而導致學習效率高低的不一樣。離異家庭兒童的學習成績會顯著差於完整家庭兒童,除了因為家庭的不完整而影響其學習動機、學習態度外,他們的智力發展水準低下,也直接影響了學習成績的高低,而且學習成績的低下又會阻礙了智力的發展。這種惡性相互影響的嚴重情形,社會若不重視的話,勢必會使雙親離異兒童的身心健康發展,受到更多的阻礙。

在情緒發展方面

所謂情緒是指個體受到某種刺激後所產生的一種狀態,此種狀態自己雖然能感覺到,但卻不易控制,因此會對我們的行為產

生干擾作用。國小階段兒童的情緒已漸趨分化、細緻。他們最常擔心的事是家庭和學校的問題，他們也害怕和別人不一樣，怕被譏笑、害怕失敗，對孤獨和黑暗的恐懼漸增。

　　有些學者認為，家庭所遭遇到的危機，會給兒童不良的示範，因而影響兒童行為的發展，以及應付問題的處理方式。因此，父母離婚並非單一事件，會在漫漫歲月中，使兒童產生分離的焦慮，並害怕被遺棄。另外有一些研究也指出，父母離婚以後，兒童的日常生活可能會有所改變，以及遭受經濟及社會的壓力，包括面對新的家庭、朋友、學校以及單獨和父親或母親生活在一起，常常會導致兒童失眠、做惡夢、食慾不振、生理疼痛和一般性的焦慮症狀。

　　一般而言，雙親離異的孩子其負面的情緒會較明顯，包括了：

容易憤怒

　　父母離婚前的爭吵，已經破壞了家庭原本和諧的氣氛，而家庭的破碎，更使得孩子必須忍受失去父愛或母愛的痛苦，失去原本的安全感和幸福感。這突如其來的打擊，勢必使得離婚家庭的子女惶恐不安，憤怒不已。一個有完整家庭的子女90.27％都喜歡自己的父母，但父母離婚的子女中，喜歡父母的僅佔59.84％，而有高達40.16％的孩子都痛恨父親或母親。

恐懼

　　當孩子意識到了自己遇到某些危險，而自己又無法解決時，便容易產生恐懼感。因此，當孩子看到或聽到處於憤怒或恐懼中的大人的呼喊聲時，即使自己的處境很安全的，也常常會產生恐懼感。對孩子來說，最可怕的莫過於失去了父母親的愛，或是被父母親拋棄，而且經歷過父母親離異的孩子，則更是害怕會被唯一的親人遺棄。

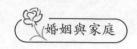

悲傷

孩子在喪失自己最喜歡的人、事、物時,往往都會產生失落的悲傷情緒。根據調查,有43.89%的父母離婚子女,在父母離婚的頭六個月中,都會表現出強烈的悲傷情緒。有些孩子往往會想像自己是父母親離婚的肇事者,由於她們親眼目睹所有父母親爭吵和離婚的過程,深感自己是一個沒有用的人,其難過的心情久久都無法釋懷。

在社會發展方面

人是群居的動物,不只需要與別人親近,而且會對與之接觸的人有不同程度的好惡。單親兒童因家庭結構上的殘缺不全,或因為生活中壓力所致,無法與家中成員,或社會組織中的他人產生足夠互動的頻率,其人際關係就不怎麼好。最主要有以下幾點的發現:

1. 單親兒童較依賴、不合群,但也更需要別人的幫助。
2. 男生所蒙受的不利影響,較深且持久。
3. 單親的確會造成認同上的困擾,父母情緒上的支持也很少,會近一步影響兒童之情緒與人際關係技巧的發展。
4. 各種社會能力較不純熟,社會網路不穩定。
5. 適應不良的症狀,通常會以症候群的方式出現,同時會出現多種身心症狀。

而至於會導致離異家庭子女的不良社會發展,其因素相當複雜,我們可以歸納出以下幾點:

家庭關係失調

家庭實際上具有決定嬰幼兒期和同年期,這一關鍵性階段兒

童社會化發展的作用。在家庭中，子女不僅需要父母雙方的哺育，也需要父母的教養，因此家庭不僅爲兒童提供了日常的社會生活環境，而且也爲子女提供了完成社會化的最基本條件，是引導兒童進入社會的重要橋樑。離異家庭子女社會性的發展不良，根本原因是因爲家庭結構瓦解導致家庭關係失調所造成的。家庭關係失調的後遺症就是家庭氣氛沉悶，兒童在這種環境中，很容易變得沉默寡言、心情不好，人格發展便會產生問題，在家庭中與在社會中人與人的互動與交往也會發生問題。試想連最親密的親人互動都如此不良，更遑論要在社會中與他人會有良好的人際關係。如果單親家長對於子女的人際關係有注意到，尚可以彌補，但就怕單親的家長本身忙於工作，或是本身的精神狀況也還沒有調整好，對於這樣的單親子女的社會化發展，其阻礙就更大了。

自我心裡封閉

　　父母的離異導致家庭的瓦解已經給子女帶來了嚴重的心理打擊，而離婚父母的心理創傷又會加重了這種打擊使他們一時無法適應，造成心理失衡。心理失衡最明顯的表現便是自我心理的封閉、自卑、憂鬱、猜忌、冷漠甚至厭惡與他人接觸。

　　自卑是離異父母子女自我心理封閉最常見的心理狀態。這種自卑的心理一但產生，就會對自己做出脫離現實的偏低評價，看不起自己，還會伴隨著一些害羞、內疚、膽小、憂傷等情緒狀況。有時候不但會責備自己，還會把不滿投射在別人身上。

相處的主觀偏見

　　離異家庭子女在與離異的父母親以及同伴相處中，往往會無法擺脫自我的價值觀、刻板印象甚至偏見的介入，而在彼此的互動中產生了誤會和主觀的偏見。當子女有了主觀的偏見，則對離

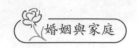

異父母的任何事情都是反的，因為對他們而言，父親與母親都與自己有著不可分割的血緣關係，無論誰他們都不願意失去。因此即使父母有著不得已的苦衷，他們也聽不進去，進而拒絕與家人溝通，與朋友接觸。

相處上的主觀偏見對於一般正常人而言，或許是不自覺，或在某些意義上是可以理解的，但對於家庭離異的子女而言卻是不可忽視的，因為長此以往不良惡性循環，他們的社會化發展將更為不良。

在人格發展方面

人格是指個人在對人、對己、對事物，乃至於對環境的適應時，所顯示出的獨特個性。在小學階段，人格發展的重要內涵是社會化、自我概念、道德態度與道德行為之發展。父母親離異的家庭，既剝奪了子女學習的楷模對象，也使個體與家庭成員、或家庭環境間失去了均衡的狀態。

在道德判斷方面，沒有父親與有父親的男童之間並沒有顯著差異，但是，沒有父親的男童道德的發展則較為不良，這樣的兒童比較相信命運，而且比正常家庭兒童更傾向外控行為。有研究指出父母離異的子女因為無法從父母的身上學會與異性如何相處，如果與父親生活會對女性存有恨意，與母親生活則會對男性有恨意。當男童由母親來撫養時，男童可能會有女性性格，同樣的當女兒由父親來撫養時，女兒可能會比較男性化。對於社會化方面，由於之前我們已有提到過，所以在此就不再重述。自我概念對於身心都在發育中的孩子也極為重要，由於離婚家庭的子女缺乏父母的模仿對象，因此對於自我概念自然比較模糊，對人格完整的形成產生了極大的影響。

在未來婚姻概念方面

　　由於父母對子女的影響最大，因此父母的婚姻也會影響子女長大後對婚姻的選擇。父母離婚的家庭，會使子女對婚姻缺乏信心，視婚姻為畏途，或者是消極的逃避婚姻。單親家庭會影響子女的婚姻概念，有的是太過，有的則不及。當然，在實證的研究上，離異家庭的孩子與正常家庭的孩子，在婚姻的概念上並沒有非常明顯的差異，只是單親家庭的子女在學習模仿的對象方面，缺乏一個較正向的對象，相對的就比較會有不良的概念。

　　雖然父母離婚會對子女造成負面的影響，但有時也能促使子女有成長的機會。有時子女會因此而更加的獨立自主，更加的發憤圖強，並安排自己的生活，培養自己的興趣。他們通常較早熟，敏於觀察，善解人意，並積極的追求自我的成長。

※ 離婚在經濟方面的影響

　　前面有提到，夫妻的離婚通常會對女性有比較不良的影響，也就是對離婚女性比較不利。我們都知道，離婚會改變所有家庭成員的經濟條件，最顯的影響就是雙方的收入都會減少。我們將夫妻離婚前、離婚後的收入做比較，列表如下：

表7-3　夫妻離婚前、離婚後的收入做比較

家庭年所得	離婚前個人所得	離婚後個人所得	
		丈　夫	妻　子
20,000以下	6,050	10,450	7,000
20,000～29,000	11,000	18,050	8,900
30,000～39,000	7,500	27,000	13,000
40,000以上	23,500	45,700	12,000

節錄自諾曼‧古德曼「MARRIAGE AND THE FAMILY」

離婚後，單親家庭生活水準因性別而產生的差異現象，我們稱之爲「貧窮女性化」。這個現象的產生有幾個原因。首先是贍養費的支付額度通常過低，而且有人並不全額支付，或甚至根本不付。另一個重要的原因是，女性外出工作的比例並不高，尤其如果是家中還有幼兒要照顧時，。即使是外出工作，她們的所得通常也比較低。

✳ 離婚在社交生活方面的影響

離婚對於雙方當事人而言，通常也有相當大的影響。通常離婚後雙方的人際交往範圍會縮小。因爲爲了避免尷尬或者是他人的詢問，離婚的當事人通常很少會和雙方都認識的人有來往，也很少會和對方的朋友來往。當然這些再度單身者也會認識新的朋友，而且會因爲之前有過婚姻的經驗，而有更好的交友技巧與態度。

事實上，離婚並不代表著從此不再生活，事實上，有研究指出，離婚者比從未結婚者有更活躍的性生活，而且離婚女性表示她們離婚後的性生活更令她們滿意。所以未必離婚後的人際交往與生活就將因此便得灰暗。

不過雖然離婚後的人際交往會繼續，但是寂寞與失落感仍然會存在心頭。但無論如何，大部分的離婚男女都滿意自己目前的生活，而且大部分的人都會重新再選擇再婚。

第四節　離婚的輔導

　　當婚姻已經走到了盡頭，或許有人心有不甘、或許有人悲傷不已、也或許有人早想跳出這婚姻的枷鎖。無論是哪一種心態，「好聚好散」、「走出悲傷」，俗語說「幻滅是成長的開始」，相信這才是最好的心態調適。

　　對於大部分的人來說，要能夠勇敢的面對離婚的事實都是很困難的一件事，也很難去面對它。而且這種難過的心情不只是在於離婚，離婚之前婚姻的不合與爭吵，對於當事人而言都是很難熬的。許多當事人會感到心理不平衡，憤世嫉俗，會有想要傷害對方或是自殺的念頭，這個時候，向專業人員求助或者是找人傾吐心事就顯得非常重要了。

　　與多數家庭危機不同的是：離婚往往經過很長一段醞釀期，在做下離婚的決定之前，同常有一段漫漫的歲月。有些夫妻的分離是因為車禍、戰爭或生病，這些痛苦比較強烈而立即，而且不是個人能控制的。而離婚則是源自個人因素，是對現況的一種反動，因此當事人有時間與機會反省、調整或尋求協助。在離婚的整個過程中，不但是當事人需要輔導，子女的心理狀態也是我們要特別注意的，所以我們將本節分成對當事人的輔導，還有對單親兒童的輔導兩部分來探討。

對當事人的輔導

　　對於離婚此一事實，與其痛苦潦倒、逃避不敢面對，到不如認清事實，從新再站起來。我們可以把離婚的過程分成以下五個階段：

個人認知期

夫妻的一方明顯的感受到婚姻的不和諧，想逃避無法躲得開，用了許多方法也都沒有效果，經過幾次的挫折之後，於是開始從婚姻生活中退縮。

共同認知期

另一方也都逐漸感受到婚姻的頹勢已經無法挽回，彼此都感覺婚姻中的裂痕愈來愈大，問題愈來愈嚴重，而且連子女也都感受到強大的壓力。

分離期

可能有一個人離開家庭，全家人已逐漸適應少了爸爸或媽媽的事實。

家庭重組期

如果最後離婚了，緊接著一堆的問題都會出現。子女要歸誰？新的角色要如何安排？在離婚的初期，由於心事如麻，因此這些都是麻煩的事。

家庭重新定義期

當有一人正式離去，這個家庭依然是一個家庭，也就是「單親家庭」。接下來要面對的問題，是小孩的監護與探視、經濟生活的安排與生活上的適應。

對於離婚的諮商輔導，專家建議可以從二、三個月到一、二年不等，在這段期間，當事人可以重新回顧自己的婚姻，自己的許多要求和期許，並思考婚姻和子女的狀況。在這個階段應避免結交新的異性朋友而逃避現實，離婚者應該要要多考慮經濟來源、居住問題、孩子生活與生活重組等問題。而在這個時期，當

事人可能會產生的情緒有：羞辱、失落感、難以置信、絕望、意志消沉、矛盾、憤怒與粗暴、罪惡感、解脫、退縮、遲鈍、逃避心理、缺乏耐性、焦慮不安等。而且離婚者也常常會出現不實際、不理性的想法，思考也比較負面和極端。因此對於離婚的輔導就應該針對以上可能會有的現象，進行諮商輔導，而且也應留意當事人所處的階段。

其實從另外一個角度而言，離婚是解決緊繃婚姻的一種途徑，雖然離婚不是一件令人高興的事，但卻是能夠結束一段不愉快、不美滿的婚姻，避免雙方反目成仇，並使得子女能夠避免更大的不幸。而且離婚制度也可以視為「婚姻生活必備的保險絲」，在美國，約有五分之四的離婚者選擇再婚，這一事實顯示出離婚者雖然不滿意之前的婚姻，但他們仍以具體的再婚舉動表示他們對婚姻制度的支持。有些社會的離婚率雖然相當高，但是這些社會的婚姻制度並沒有就此瓦解，仍能代代相傳，並且發揮家庭的功能。

對單親兒童的輔導

由於兒童的身心都尚未成熟，面對父母親離婚的重大打擊，心理上的恐懼和無助是可以理解的，因此面對父母離異的單親兒童，就必須要付出更多的愛心與關懷，以幫助他們度過此一危機，讓他們也可以和其他兒童一樣快樂的成長。以下列出一些輔導單親兒童的策略與目標以供大家參考：

1. 協助孩子了解婚姻破裂的事實，不以單親家庭為恥或感到特殊。在兒童能夠理解的範圍內，告訴他們有關婚的一些事，並強調孩子並沒有錯，也不必為離婚事件負任何的責任，以澄清孩子的錯誤觀念，以及害怕的心理。
2. 儘量減低親了之間的衝突，以維持雙親的親密關係。

3. 加強對兒童的情緒紓解與心理調適的輔導，特別是對失落感的應對與憤怒，自責情緒的紓解。

4. 加強家庭功能的正常運作。例如協助家庭角色的再劃分，建立適當的經濟自主能力，與親職技能的再教育。

5. 擴展人際支持系統，以維持生活的穩定與支持體系，並增加兒童的社會適應能力，以去除退縮的行為。

6. 激發她們的憂患意識，讓他們先有心理準備。

7. 避免有「標籤作用」，並且在輔導的過程中，要注意兒童當時的心理狀態。

8. 提供角色的認同對象。儘可能安排單親女童在男老師的班級上，反之亦然，以方便單親兒童有適當的角色認同對象。

9. 離婚者的父母親要儘量關懷小孩，以親人的關心代替失去的親情，轉移小孩情感上的需要。

另外對於學校方面，由於學校是兒童最常接觸的地方，也是兒童學習成長的地方，因此學校中的導師和輔導老師的責任便非常重大，以下分別就班級的導師和輔導老師兩方面探討單親兒童的輔導。

班級導師

1. 隨時注意學生家庭結構的狀況與改變。平時就應該建立完整的學生家庭背景資料，而且應該保密。

2. 了解學生情緒上的變化。如果學生的父母正處於離婚前與離婚時的爭吵階段，他們的情緒就會比較起伏不定，或有反抗的行為，導師應該積極的主動關懷。

3. 注意學生的日常生活用語：單親兒童對一些「愛」、「離婚」、「母親節」、「父親節」、「沒人要的孩子」、「甜蜜

的家」等字眼是相當敏感的，因此要特別留意與學生談話的內容。

4. 制止其他學生的不當排擠或諷刺。在國中小階段，由於小孩沒想那麼多，常常喜歡以「某某人沒有爸爸或媽媽」來當話題，以奚落別人，因此遇到這種情形，導師要加以制止。

5. 隨時提供建議與協助。無論是物質上或者是精神上，導師都需注意協助助他們度過難關，如提供獎學金等。

輔導老師

1. 當班級導師的諮詢者。

2. 若有嚴重個案，應進行個別諮商。

3. 利用讀書療法，以達成認知改變與成長。

4. 進行團體諮商。這是最有效的方法，讓兒童了解到其他兒童的不幸，不只是他自己一個人而已，而且能付出更多的關心給別人，也在無形中讓自己走出陰影。

5. 對於畢業或離開學校的學生，應該與之保持聯繫，並追蹤輔導，並提供他們成長後與異性交往，或人際方面的協助。

對於某些社會而言，離婚只是結束夫妻之間不合的一種手段，因此婚姻輔導的功能不是使離婚不發生，而是希望能使這樣的離異過程走的穩，以減少各種傷害。

不論是當事人或者小孩，一味的悲傷或是自責都是於事無補的，唯有勇敢地走出來，面對人生的現實面，放開自己的心胸，並學習新的生活方式，離婚才有它的意義存在。兩個人既然有緣在一起，就不要輕言離開，如果真的緣分盡了，也不要怨恨相對，雙方好聚好散，如同本章的開頭所講的：「可以溫柔，也可以勇敢」！

附錄

有趣的心理測驗

　　在讀完了本章的內容，你是否會覺得要維繫一個婚姻是很不容易的？別緊張！這裡有個心理測驗：「你的戀愛前景如何？」。如果你是正在熱戀中的男女，這個心理測驗會告訴你目前的心態是否適合談戀愛。現在的你適合談戀愛或結婚嗎？讓我們一起來做做看吧！

你的戀愛前景如何？

　　1.你認為戀愛最終的目的應當是

　　　　A.找到一個情投意合的愛侶。

　　　　B.結婚成家，撫育兒女。

　　　　C.滿足性的需求。

　　　　D.只覺得新鮮有趣，沒有明確的想法。

　　2.（男女問題不同）

　　　　你是男生，對未來妻子最主要的要求是

　　　　A.善於理家，俐落能幹。

　　　　B.容貌漂亮，丰姿綽約。

　　　　C.人品不錯，能幫助自己。

　　　　D.只要彼此相愛，其他一切無所謂。

　　　　妳是女生，在選擇丈夫時首先會考慮的是

　　　　A.瀟灑英俊，有男子氣概。

　　　　B.有錢有勢，社交能力強。

　　　　C.為人誠實正直，有進取心，待人謙恭有禮。

　　　　D.只要他愛我，其他都不考慮。

　　3.你決定與對方談戀愛時的心理是

　　　　A.彼此各有優缺點，但是大體相當。

B.我比對方優秀。

C.對方比我優秀。

D.沒有想過。

4.你對最佳戀愛時間的想法是

A.自己已經成熟，懂得人生的意義和愛情的眞諦，並且確定了人生的方向。

B.「月下老人」是不會忘記任何一個人的。

C. 先下手爲強。

D. 沒想過。

5.你自己希望怎樣和情人認識？

A.青梅竹馬。

B.一見鍾情。

C.在工作和學習中逐漸產生戀情。

D.經熟人介紹。

6.你認爲促進愛情的良策是

A.極力討好對方。

B.盡力使自己變得更完美。

C.百依百順，言聽計從。

D.無計可施。

7.一般都認爲戀愛過程是個相互了解、相互適應和培養感情的過程。既然如此，就需要時間去培養。而你希望戀愛的過程時間是

A.愈短愈好，最好是「閃電式」。

B.時間依進展而定。

C.時間愈長愈好。

D.自己沒意見，全聽對方的。

8.誰都希望徹底全面的了解對方，而你覺得了解對方最佳的途徑是

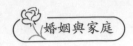
A.精心佈置特殊的環境，不斷對戀人進行考驗。

B.坦誠懇切的交談，細心地觀察。

C.透過他人打聽。

D.沒想過。

9.你十分傾心的戀人，隨著日子一久，暴露出一些缺點，這時你

A.用婉轉的方式提醒並幫助對方改進。

B.出乎意料之外，感到很傷腦筋。

C.嫌棄對方，開始猶豫動搖。

D.不知如何是好。

10.當你已在愛河中，卻有一位條件更好的異性朋友向你示好，你會

A.向他說明，仍忠於戀人。

B.對其冷淡，但仍維持友誼。

C.瞞著戀人與對方來往。

D.感到茫然無錯。

11.當你發現愛慕的對象已心有所屬時，你會

A.靜觀其變。

B.參與角逐。

C.禮讓對方。

D.不知道。

12.戀愛過程很少一帆風順的，面對愛情中的矛盾與挫折，你會

A.坦然接受，而且正好考驗雙方。

B.傷心難過，覺得不幸。

C.疑慮頓生，就此提出分手。

D.束手無策。

13.如果愛情觸礁了，對方提出分手，你會

A.千方百計纏著對方。

B.到處詆毀對方的名譽。

C.說聲再見，各奔前程。

D.不知所措。

14.當你十分信賴的情人喜新厭舊，想甩掉你，你會

A.就當自己看錯了人。

B.你不仁，我就不義。

C.記取教訓，另起爐灶。

D.痛苦的難以自拔。

15.你談了多次的戀愛均告失敗，年紀已經開始「拉警報」，
你會

A.一如從前，寧缺勿濫。

B.隨便湊合找一個。

C.檢討自己的擇偶條件是否切合實際。

D.自嘆命運不好，傷心絕望。

計分表

	1.	2.	3.	4.	5.	6.	7.	8.	9.	10.	11.	12.	13.	14.	15.
A	3	2	3	3	2	1	1	1	3	3	2	3	2	2	2
B	2	1	2	2	1	3	3	3	2	2	1	2	1	1	1
C	1	3	1	1	3	2	2	2	1	1	3	1	3	3	3
D	1	1	0	0	1	0	0	0	0	0	0	0	0	0	0

分析：35～45分－甲、25～34分－乙、15～24分－丙、七個0
分以上－丁。

甲、你的戀愛前程光明燦爛

你在感情上是一個成熟的人，懂得什麼是愛和為什麼去愛，這是你進入情場的最佳通行證。不要怕挫折和失敗，儘管大膽地走向你夢中的情人吧！你的婚姻一定會美滿幸福的。

乙、尚可

你雖然嚮往真摯而美好的愛情，然而卻屢戰屢敗，一時難以如願。你不妨多參考那些戀愛成功朋友的做法，再修正一下自己的做法，相信這樣你的幸福就離你不遠了。

丙、需要謹慎重新考慮

與那些情場上的佼佼者相比，你的戀愛關有許多的偏差。如果你已經貿然地開始戀愛，勸你最好先停、看、聽喔！

丁、愛情對你而言是團迷霧

愛情對於你而言是個不可知的世界，建議你多充實愛情方面的正確知識，等思想成熟後，再開始談感情也不算遲。

協助單位

當婚姻亮起紅燈時，一定需要別人適時的伸出援手，給予幫助或建言，以下我們就列出各相關單位的電話，以供參考：

張老師輔導專線

基隆（02）2433-6180	彰化（04）722-6180
宜蘭（03）936-6180	嘉市（05）275-6180
北市（02）2716-6180	嘉縣（05）275-6180
北縣（02）2989-6180	台南（06）236-6180

桃園（03）331-6180　　高雄（07）723-6180
竹市（03）526-6180　　花蓮（038）326-180
台中（04）206-6180

各縣市家庭扶助中心

基隆（02）2431-9000　　雲林（05）633-9595
宜蘭（03）935-2085　　嘉市（05）281-2085
北市（02）2882-5266　　嘉縣（05）281-2085
北縣（02）2959-2085　　南市（06）250-8585
桃園（03）436-2085　　南縣（06）635-2085
竹市（03）567-8585　　高市（07）726-2085
竹縣（03）567-8585　　高縣（07）622-9595
苗栗（037）362-085　　屏東（08）733-2085
中市（04）525-2085　　花蓮（038）232-085
中縣（04）525-2085　　台東（089）342-085
南投（049）2242-085　　澎湖（06）927-4642
彰化（04）727-2085　　金門（0823）220-85

其他諮詢專線

1.各地兒童保護專線
2.婦女救援基金會（02）2700-9595

建議閱讀書籍

王鍾和等著（民89）。單親家庭之教育與輔導。台北：心理出版
　　社。
吳秀碧（民75）。正確認識與協助單親家庭的兒童。輔導月刊，
　　第23卷1期。
李美玲（民73）。台灣地區離婚的社會性狀差異研究。中國社會
　　學刊，第八期，P.23-46。

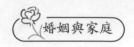

林蕙瑛（民79）。當你離婚後。台北：聯經出版事業公司。

林蕙瑛（民82）。當你離婚後。台北：聯經出版事業公司。

孫敏華（民70）。離婚－雙方都是輸家。收錄在張春興：感情、婚姻、家庭，P.197-217。台北：桂冠圖書公司。

彭懷真（民75）。選擇你的婚姻方式。台北：洞察出版社。

傅安球，史莉芳等著（民84）。離異家庭子女心理。台北：五南出版公司。

簡春安（民83）。離婚與家庭調適。收錄在中華兒童福利基金會編印：單親家庭－福利追求與因應對策，P.92-105。

參考書目

毛費特編著（民90）。自我測驗全書。台北：文斐書屋出版有限公司。

王鍾和等著（民89）。單親家庭之教育與輔導。台北：心理出版社。

傅安球，史莉芳等著（民84）。離異家庭子女心理。台北：五南出版公司。

彭懷真（民87）。婚姻與家庭。台北：巨流圖書公司。

諾曼・古德曼著；陽琪、陽琬譯（民84）。婚姻與家庭。台北：桂冠圖書公司。

蔡文輝（民87）。婚姻與家庭。台北：五南圖書出版公司。

陪孩子一起成長。國民小學家長手冊。教育部編印。

Chapter

婚姻溝通與婚姻衝突

☆ 溝通模式與婚姻

☆ 婚姻衝突

☆ 增進關係中的親密

☆ 課後活動

前言

　　一般人都認為愛情的圓滿結果是走入婚姻，殊不知自認為的深厚愛情，還不足以成為婚姻幸福的基石。婚姻是對個人人格能力的最大試驗場，我們從小學一直讀到大學，甚至研究所、職場，身經各種考試，但在過程中我們卻缺乏培養出兩種能力足以捍衛人生的最大幸福—婚姻幸福。在長長的一場婚姻中，我們要牽涉很多人，很多事。其中充滿不可預知的變數，也就是隨時充滿問題要解決，這就考驗我們問題解決的能力。但在解決問題之前，我們如何去陳述我們的問題，我們的感受，這又攸關我們的溝通能力。所以在婚姻關係中，最不可或缺的能力就是溝通能力與問題解決能力，而問題解決能力又牽涉到我們如何去看待婚姻的衝突。本章將就婚姻溝通與婚姻衝突解決來探討。

第一節　溝通模式與婚姻

　　溝通為分享訊息的過程，為親密關係中不可或缺的成分。在日常生活中，夫妻之間多多少少總會有衝突，良好溝通是解決衝突的基石。很多研究顯示，婚姻滿意度取決於溝通的品質，加強溝通的品質可以促進彼此的了解。首先我們先來看看溝通的要素：

　　1.我們的身體：肢體語言表達方式。
　　2.我們的價值觀：對於生活所持有的觀念及方式。
　　3.我們的期待：根據個人過去經驗所形成。
　　4.我們的感官：包括五官的接收與傳達。
　　5.我們說話的能力：我們所使用的語句與聲調。
　　6.我們的經驗：包括過去所經歷與學習及所接受的教導。

　　以上這些要素具有個別化，溝通的困難在於我們用自己特有的身體、姿勢、價值觀、期待、感官表達、說話風格及經驗去解讀對方所表達的溝通內容，也因此造成彼此的衝突。所以傾聽是溝通的首要能力，唯有用心聽才能真正了解對方的心意，才能達成有效溝通。

　　溝通就像一把巨大的傘，它涵蓋了人類的各種活動。人一生下來，就開始遭遇到他和外界的互動，而其一生如何演變，亦決定於他與外界的關係如何，循此形成他生命的藍圖。

　　事實上，很多的人際溝通是處在過去的陰影裡進行而不自知。聲調和表情在溝通上往往扮演著重要的角色，同樣講一句話，常常因為聲調和表情的不同，而讓人有異樣的感覺及反應。為什麼要確實去看清楚此時此地在你面前的人呢？因為我們的眼

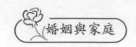
睛常被過去的懷念與未來的恐懼所遮蓋，因而限制了我們的視野，減少我們成長與改變的機會。

　　溝通困難通常發生在參與者有不同的溝通模式。溝通模式差異最顯著的來源為性別與文化。女性傾向情感抒發的溝通，像使用好的傾聽行為（如：眼神的接觸、經常的點頭、重點參與及提問相關的問題）；反之，男性似乎較少將焦點放在傾聽上，而著重在回應，傾向結果與效能的溝通。文化上的差異則來自於非口語式的溝通表達，例如西方人認為直接眼神接觸是一種尊重，但東方文化則認為是冒犯。侵略式的溝通在於傷害或制止他人的溝通方式。

　　溝通是人類親密關係的核心，也是所有關係的基礎。當親密關係失敗時，不良的溝通常被視為主要的因素。有效的溝通技術可以提昇親密關係，解決衝突。在親密關係中最重要的是信任與自我坦露。唯有在完全信任下，才有充分的自我坦露行為，而不怕受傷。但只有一方自我坦露，而一直沒有接受到對方的回饋及建設性訊息，也會導致溝通的障礙與衝突的發生。回饋是讓對方知道自己的作為對另一方的影響的相關訊息，例如伴侶之間有一方懷疑彼此關係，卻不去澄清確認，而用悶聲不應，宣洩怒意，裝得不在乎，聽若不聞來回應，這都不是正確的回饋，會造成彼此誤解與關係更惡化。

✳ 有效的溝通技術

　　有效的溝通技術是對信任與自我坦露的有效回饋，自我坦露（揭露個人隱私或感受）為發展雙方親密（intimacy）的關鍵。以下舉例說明。

少責備

多使用我陳述「我想、我覺得、我相信、我希望」來明確表達本身的感受，少用「你訊息」來責備對方或挑起防衛的反應，如「你每次都把家裡弄得很髒。」（你訊息）改成「看到家裡這麼髒亂，我心情會很不好。」（我陳述）

傾聽的能力

許多夫妻覺得最大問題就是沒有足夠的談話或溝通，也就是沒有時間去了解對方的心、對方的感受。傾聽並不是靜靜地坐著點頭或是不時說阿哈回應。傾聽意味著讓發出訊息者知道接收者聽到了什麼及如何詮釋陳述。傾聽者的責任是反映回去所表達的感情內容。內容（字面上）指的是摘露出來的新意義；情感指的是從陳述中表明或推論而來的情緒。反映是傾聽的目的，是讓夫妻分享相同的意義。話語本身並沒辦法能充分表達溝通雙方都能一致認同的意義，通常話語只表達了字面日常生活意義，並沒有把其內在的情感部分表達出來，例如「你總是亂丟衣服。」在溝通中，表達者的責任是同時傳達情感和內容，而接收者的責任是去反映情感和內容。所以「我感覺_____，因為_____。」這種我陳述溝通模式有助於接收者的傾聽。

確認對方溝通的內涵

確認與我陳述和反應式傾聽有關。被確認意味著被當作一個人來了解。確認的相反是漠視，漠視意味著被忽視或被誤解。夫妻間經常把確認對方的說話內容與同意對方的說話內容畫上等號。認為如果了解他人的觀點就必須同意對方。事實上我們可能接受對方而不能同意對方。溝通首要是確認別人內在的真正想法，也只有在確認之後，才能進行討論彼此差異的觀點。

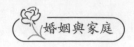
討論要聚焦於問題點上

以當前的一件事為焦點，不要把長久以來的各種各樣都搬出來算總帳似的，這樣容易引起彼此更大的衝突。

分享感受

建議或勸告是單方面表達自己的看法和感覺，沒有一個人想要被矮化、或做輸家。所以溝通應建立在彼此皆能表達感覺和意見。現代人需要的溝通能力是建立雙贏的溝通關係。

適當的時間空間

選擇彼此有時間、有準備及舒適的空間下進行溝通，比較能使人在理性與感性的和諧氣氛中認清問題的核心而不意氣用事。

☀ 有效溝通的阻礙

直斷對方心意

指的是一個人認為他真的知道伴侶的想法、感覺等等為何，而沒有確認這些假設。例如當某些事件發生時，一個伴侶內心經常會做出對方會怎麼樣的假設。

標籤化

當在夫妻雙方在討論一個問題時，夫妻應該保持聚焦在行為上而非做人身攻擊。兩個最常見的個人化方式便是貼標籤（你真蠢）和類化（你從不聽我的）。

打岔

打岔有兩種方式，一種是藉由提出其他事件而脫離討論的主體。另一種打岔涉及一個人提出一個議題，然後對方又提出另一個議題等等。

兩極化語言

我們語言中的某些概念只會將夫妻推向兩極化，這些包括對與錯、總是與從不、事實與謊言。一個簡單的規則是夫妻說話時不要去使用這些詞語。

第二節　婚姻衝突

「相愛的人不會吵架」或「模範夫妻決不會爭吵」這是一種迷思。婚姻是兩個個體的結合，彼此難免有分歧衝突或爭吵由此而生。所以爭吵不一定表示彼此之間情愛的消失。只是兩人之間的差異出現罷了，重點不在於夫妻之間出現衝突，而在於他們如何看待衝突解決問題。

在每一個親密的關係中，衝突都是在所難免。有些夫妻公開而直接地表現他們的衝突，而有些則試圖否認和壓抑，或是在私下表現他們的衝突。問題不在於夫妻之間是否存在衝突，而是他們如何處理衝突。從期望、需要、想要、到金錢、性、孩子、姻親等等。衝突可能是公開的或私底下表達，而且情緒強度也各自不同。我們應有正確觀念就是衝突存在於所有的親近關係中，這個事實將有助於夫妻將衝突的存在正常化。有些夫妻認為他們的婚姻不應該有衝突，在他們的心目中，任何帶有衝突的暗示都意

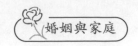

味他們的婚姻失敗。因此，夫妻之間的問題不在於是否存在於衝突，而是在於夫妻是用破壞性或建設性的方式來處理衝突。

❋ 認識婚姻中的衝突

日常生活中常見的衝突為情境衝突和個性衝突。情境衝突是指一般現實生活中的衝突，夫妻雙方會因習慣不同或者養育子女責任與方法不同，家務事的分配不公而產生衝突都屬情境衝突，最常見的是擠牙膏的習慣。個性衝突的發生不是現實情境引起，而是個性上的差異造成的，例如急性的妻子配上遇事慢吞的丈夫、有潔癖的丈夫和邋遢的太太。情境衝突需要夫妻之間互相協商妥協；而個性衝突，則要彼此學習接受和了解。

夫妻衝突的原因很多，可能的範圍包括對權力的分配問題，對經濟財產的處理，對事業的選擇，小孩的教育，甚至於對雙方親家關係的來往等都是衝突的原因。有不少的夫妻總是希望避免衝突，認為婚姻衝突意味婚姻出問題，因此他們會盡量避免衝突，相信時間會改善一切，這種迴避衝突的處理反而會帶出更多的問題。

❋ 了解衝突的意義

在現代講究愛情的婚姻裡，常常會把愛情與衝突看成兩個極端。其實不然，一方面愛情裡多多少少總含有一些痛苦，例如：嫉妒；而衝突也不全然是破壞性的，當婚姻衝突發生時，如果夫妻雙方協調妥當，不但不會破壞婚姻，會因通過考驗而使婚姻關係更堅固。

夫妻之間爭吵總是會有的。爭吵的原因很多，權力分配的不平均是其中的一個主要原因。所謂「妻管嚴或夫管嚴」指的是權

力分配問題，夫管嚴是因爲先生有權力，能支配太太；妻管嚴是因爲太太權力多而使先生順從。

現代人的權力意識覺醒，因此家庭關係衝突出現時，很容易看到權力的衝突。權力指的是一個人有能力影響另一個人，或團體（Scanzoni, 1979）。傳統教育給予我們對家庭的信念是家人是最親近關係，彼此維繫的只有愛的成分。因此在平時家庭生活中的人都不會察覺權力的運作，也因爲我們大多數人都持有這樣的信念，所以婚姻或家庭的權力運轉就特別微妙。在日常生活中，我們看不到權力的運作，但發生衝突時，個人意識本身的權力敏感度增加，權力的面貌就會顯現。

在現實社會裡，人與人之間的互動不會是完全均等的。事實上，人們只要聚集一處組成一個團體，就會有一些人擁有指揮和影響他人的權力，也同時必然有另外一群人受這些人的指揮和影響。指揮者與被指揮者必然會產生衝突，因爲有權力者總希望能維持既得權力，而沒權力者總是設法奪取權力，這是社會團體的必然現象。

夫妻間衝突的基本原因是權力分配的不平等。社會學有兩種理論來解釋夫妻間權力分配問題。一種是「資源假設」（resource hypothesis），另外一種是「相對的愛與需要理論」（relative love and need theory）。

資源假設的基本論點是：夫妻間的相對權力是來自於個人的相對資源。這些資源包括教育、職業專長、收入以及經驗等等。夫妻中的那一位是較多資源可提供者，就會有較多的權力。

相對的愛與需要理論著重於分析夫妻倆人對維持婚姻關係的意願程度。但在絕大多數的婚姻裡，丈夫的權力皆比妻子要高，相對的愛與需要理論認爲這是因爲文化與社會觀念所造成的。在兩性不同社會化的影響下，女人的最大志向是找一個好老公，讀書的目的是讓自己以有利的條件結婚，婚姻是女人的最好歸宿。

因此，在「男主外」的觀念下使得家對男人只不過是附屬品而對家的需求較低。相對之下，妻子只好順從丈夫，以維持她對家的需求。從相對的愛和需要理論上，我們可以用來解釋家庭暴力大多是丈夫為施暴者的原因。

社會學家‧柏納（1982）研究婚姻中的權力現象，發現人們談到家庭與婚姻中的權力時，很容易用文化、信仰、規範、或刻板印象來看待權力，而不去看待權力在實際生活中運作的真相。普遍女性在家庭有相當的權力，例如，她們常可以自己決定是否外出工作，而不用考慮丈夫的想法。在教育子女方面也都能全權主導，但由於長期受傳統文化以夫為主的觀念潛移默化，在思想上會認定家中權力最大的是丈夫，凡事應由丈夫作主。相反地，丈夫也常認為自己是家中之首最有權力，因為這是傳統家庭的模式和期待。

雖然，實際層面女性在婚姻與家庭中是佔有相當地位及握有相當權力的，但是文化與社會觀念忽視了夫妻的平權，將導致對不合理與不平等待遇沒有自覺的能力。提倡女權運動者指出，在現代婚姻與家庭中女性居於附庸地位，導致家務事為女性單方面的責任，女性在性生活中的配角地位，甚而引發暴力強迫及對子女的性侵害，這些都是家庭與婚姻中夫妻不平權所導致的結果。

在婚姻生活中，夫妻不可能達到真正達到權力平等分配。因為夫妻兩個人婚前彼此擁有的資源不同，也不等值。而且彼此的愛的程度不一樣，因此對婚姻的需求與期望也不完全一致。那麼，要把這些不等值的成份換成均等的權力分配是不可能的。事實上，沒有一個婚姻關係可以達到兩人能相同一致做同樣的決定，這也是為什麼婚姻之路充滿許多問題要解決，等待彼此妥協。衝突理論認為只要是兩個人在一起相處，就會有高低之分，也就不可能權力均等。因此，最切實的問題並非是謀求權力的完全均等，而是謀求權力的中和意即彼此能妥協。

婚姻中有衝突是必然的現象，迴避和克制對婚姻和家庭並不健康。最重要是如何看待衝突及如何處理衝突。

有些人以不健康的的方式處理衝突，例如：

以代替方式發洩對婚姻衝突的憤怒

很多夫妻不願意正面衝突，因此以飲食過量、意志消沉、生理病痛、厭煩無聊、嘮叨抱怨等自我毀損的代替方式來發洩自己的惱怒。飲食過量是最常見的代替方式。一個妻子因為不滿丈夫對她的冷落，覺得厭煩無聊，又無處可發洩其惱怒，很可能就吃個不停，而使得體態變形。英國王妃戴安娜就是明顯的例子；同樣地，丈夫可能為了發洩對妻子的不滿，開始酗酒或賭博。

消極性的攻擊

夫妻衝突發生後，雙方面不願意正面衝突，以間接的方式發洩並讓對方知道自己的惱怒。如挖苦對方，或唱反調。第二種是轉移目標，將氣發在對方所喜歡的東西上或別人，例如，把氣出在孩子身上，打孩子。

沒有活力的婚姻

有些夫妻長期對婚姻不滿，但又沒有抒發。長期壓抑的結果，導致雙方對彼此所建立的家沒有熱誠。夫妻雙方雖然同處一屋簷下，卻視如路人，同床異夢。各走各的，沒什麼好談的，這種貌合神離是情感上的離婚。

婚姻暴力

衝突的極端處理方式是以暴力來發洩。最常見的是丈夫打太太。固執化角色認定的人最容易發生。

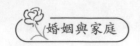

❀ 在婚姻衝突中，生氣的意義與功能

　　衝突和生氣常是緊密相連，有衝突通常就有生氣。生氣常跟失去控制和破壞聯想一起。生氣源自於跟配偶相處的經驗以及原生家庭的經驗。如果我們對夫妻的背景有些了解，我們就會發現他們對生氣的信念和態度。假如有一個人的配偶是以破壞性的方式來運用生氣，那當然會影響這個人對生氣的覺知。

　　在只有父親可以公然生氣的家庭成長的孩子，在長大成人之後可能會運用這種相同的模式表現或是會極度害怕自己或別人生氣，以至於他們會極力地避免表達生氣。另一種是試圖去否認生氣和衝突的家庭。在這種家庭成長的孩子不能了解自己的生氣經驗，長大以後也無法了解配偶的生氣經驗。因此生氣便成為一種未知和令人害怕的感覺，並且超乎他的覺察之外。

　　一個人在原生家庭所經驗到的「訓練」類型，事實上對他選擇伴侶方面會有很大的影響。一個在充滿生氣的家庭中長大的人可能會挑選一個不會生氣，甚至是比較不表達感覺的人做為配偶。另一個伴侶可能會挑選一個被認為很弱勢和依賴的人，如此一來，他在無意識中轉移舊有而尚未解決的生氣感覺。

　　生氣可以用來當做一個盾牌來保護個人免於經驗到更艱困或痛苦的感覺。意即公然表達和感覺到的生氣可能當做是一種防衛。同時，生氣也可以給予個人一種權力、能量和控制的感受。生氣可能用來隱藏住許多感覺。有兩種感覺特別值得注意。其一是受傷害。有生氣通常會有受傷害的感覺。受傷害的感覺，不像生氣，通常會引發同理的回應，然而很多人很難說出自己感到受傷害，但卻可以很輕鬆表達生氣。

　　例如，夫妻之一方由破碎家庭所扶養，在家中他感受到被忽略和被拋棄，這種害怕跟隨著他進入他的婚姻關係中，當這個人跟他的配偶越來越親近時，一種矛盾的情況便出現。他想要親近

時，但是在過去的關係中，想要親近是跟拒絕連在一起，因此在衝突當中，這個人對拒絕的害怕的感覺便在潛意識下覺醒，而導致夫妻發生激烈生氣的爭鬥。

生氣可以用來肯定關係中的權力和控制，而且需要控制別人來支撐自己權力感的人，通常會發現生氣是一個有效的方法。這種人也會選擇一個會被生氣威嚇的人做配偶，生氣也可能在關係中用至少兩種健康的方式來發揮功能。當界限被侵犯時，生氣就有可能出現。當一個妻子在過去生活中從未學會直接地表達生氣，因此她可能以各種病痛獲得丈夫的關心，藉此間接表達她不滿足的方法。

親密的婚姻關係常易引起個人曾經經驗過的最強烈情緒，憤怒、生氣、憎惡的感受都會是極度強烈。親密關係也能扭曲覺知和感覺，在求愛的理想化階段，伴侶們可能因愛意感到陶醉，因此忽略了對伴侶的其他感覺及足以阻礙婚姻的明顯問題。為了維持親密關係，其他感覺可能被忽略、否認、壓抑或潛抑，舉例來說，害怕生氣的一方可能會為了避免傷害或失去另一方而壓抑憤怒。

但在日常生活中，夫妻問題之一是他們常常隱藏自己的各種感覺，而以一種情緒管理—其中最常見的是生氣—來過濾所有的情緒。換句話說，所有的情緒都以生氣來經驗來表達。一位伴侶可能感到內疚、害怕、受傷害、憂鬱、不安等等感覺，但這些情緒都用生氣來表達。生氣成為一種防衛，用來避開他無力處理的真實情緒。

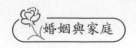

　　Crosby，1991提出兩個主要的解釋對壓抑負面情緒可能的原因：

種類	原因方式	特點
社會的	文化	1.以口語及非口語世代相傳。 2.有能力的人是不表現生氣，生氣是錯誤的、是破壞婚姻婚姻關係。 3.致使個人否定真實感覺及避免生活中所經驗到的。
心理的	處理心理的不安全感	1.假使讓人知道我的真實面、想法，那他們將不愛我、棄我而去。 2.在捍衛個人領域與保持家人關係中掙扎。

　　親密關係中，生氣是一個嚴重的問題，關於生氣與禁忌的迷思限制了我們用建設性的方法來表達。它包括三階段：做決定階段、問題解決階段、危機處理階段。例如，人們不在早期作決定〔避孕法〕會促使後來有更困難的決定要做〔流產或生下來、結婚與否、小孩要不要領養〕，在此同時緊張與壓力也同時升高。邏輯上，人們會考慮敏感於潛在的問題而提早做決定避免問題及危機。多數夫妻害怕負面情緒—怨恨、忌妒、痛苦、傷害，一般的策略是壓抑，希望負面情緒不要發生。Borcherdt，1989提出四種對於生氣，普遍但是錯誤的想法：

　　1.生氣由別人引起。
　　2.對生氣最好的處理是發洩。
　　3.生氣是有益的情緒。
　　4.不生氣就是無能。

　　Borcherdt 建議：要好好思考如何表達自身的感覺，而不是由別人決定。用堅定決斷的語氣如：我不同意...我不喜歡...來取得對情況的控制。選擇生氣而非必要生氣。

生氣的迷思與事實：	
事實	迷思
一種心理成份的感覺	發洩才能解放
人類常態	男人比女人易怒
不表現生氣有導致冠狀動脈心臟病危機	有些人不生氣
只有在解決問題的時候，生氣才有價值	生氣起因於失敗
侵略導致更大的侵略而非解決	攻擊行為是生氣的表徵，不要以生氣為藉口
多數的生氣是對親近的人而非陌生人	電視暴力、激烈運動、競爭工作可解決壓力

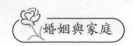

Lerner，1983將處理生氣的模式分為五種：

種類	狀態	特　徵	行為
追趕者	凝聚	1.拒絕他人不能容忍凝聚 2.反對他人要有情緒空間	尋求凝聚以處理焦慮
距離者	分離	1.要求情緒空間 2.對表現需求、易受傷、依賴有困難	以投入工作處理焦慮，當更嚴重時，以終止關係來處理
功能不足者	散亂	1.生活各方面表現較無組織 2.在壓力下，表現較無能，讓其他人來接管 3.被形容為生病的、脆弱、有問題的	1.不會去思考自己的問題 2.被當成總是可信賴的，在真的有問題時，難表現出脆弱、功能不足的一面
功能過度者	僵化	1.知道什麼對自己及別人最好 2.快速的給予忠告、改變，沒給他人時間自行處理	將責任推給別人
責備者	處在僵化緊張模式下	1.容易在壓力下引爆 2.以重複循環爭吵來減輕緊張	不時指責別人

　　衝突和生氣的減少是夫妻之間建立親密的重要關鍵，能夠成功化解衝突的夫妻會開始感受到更多的勝任感和關係上的聯結，衝突是夫妻之間可以克服的一種挑戰，而這個過程會更加確立夫妻的關係。

☀如何解決衝突

　　有效的夫妻行為模式是時常傾聽與了解彼此觀點的重點且能妥協。衝突的理性解決策略指的是人與人之間語言上的衝突與意見的不一致時，運用適當的方式來進行溝通，當然如果沒有適當的解決雙方的衝突，很有可能更進一步的造成肢體的衝突。

建設性的與破壞性的衝突解決取向之比較

種類	建設性的衝突解決方式	破壞性的衝突解決方式
爭論的議題	聚焦於現在而非過去	過去的衝突被重新提及
感覺、情緒	不管是正面或負面的情緒，都和伴侶分享	只表現出負面的情緒
資訊	以開放的心和伴侶分享各種訊息	資訊的分享是選擇性的
焦點	對事不對人	對人不對事
指責	可以互相指責，接受別人的指責	責備對方製造問題
觀點	注重彼此的相似點	強調彼此差異性
改變	做適度的調整以解決問題	避免改變
結果	雙贏	一贏一輸
親密感	衝突解決，親密感增加	衝突更激烈，親密感降低
態度	信任	懷疑

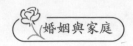

五種衝突解決的方式

衝突解決模式	競爭的衝突解決模式（Competitive style）	合作的衝突解決模式（Collaborative style）	和解的衝突解決模式（Compromise style）	迴避的衝突解決模式（Avoidance style）	隨和的衝突解決模式（Accommodating style）
特色	低合作，高企圖性	高合作，高企圖性	中合作，中企圖性	低合作，低企圖性	高合作，高企圖性
表現行為	犧牲對方以追求個人的需求	獨斷的追求個人的目標，同時過度關心對方	衝突發生時，各退一步	衝突發生時，就轉移話題，以避免更進一步的衝突	將個人的需求放一邊，去滿足對方的需求
優點		高度的尋求問題解決	快速的將問題化解	衝突的雙方有足夠的時間好好的想一想	1.當發現錯誤是自己造成的時候，能勇敢的承擔 2.使衝突的傷害性減低
缺點	1.稍起戰端，就停不下來 2.求勝（生活即戰場）	1.一方可能不斷的付出，但是卻不是另一方所想要的 2.比較強勢的那個人可能運用權力去操控對方	衝突解決可能流於形式，而沒有真正的解決問題	1.對於造成衝突的問題不夠重視 2.強化了衝突是不好的信念 3.未解決的問題是未來更嚴重衝突的導火線	1.無法將內心真正的想法說出 2.為了追求公平，可能會因此而感到憤恨

　　這五種衝突解決的方法都各有優缺點，每個人會視不同的對象以及不同的情況用不同的溝通方式。

六個衝突解決的步驟

1. 澄清造成衝突的議題：許多衝突的產生都是由於雙方誤解對方的意思，因此有必要做澄清的動作。可以使用下列的技巧：

   A. 冷靜一下，花點時間想一想。

   B. 要確實的了解說者的意思。

   C. 衝突解決的當下，要將討論的焦點維持在和衝突相關的議題上。

   D. 每個人都要描述自己所看到的問題。

2. 找出每個人的需求。
3. 找尋滿足彼此需求的方法。
4. 如何達到彼此的需求，有幾種方法可用：

	妥協方式	妥協方法	無法意見一致時
做法	妳做這個，我做這個	我要求你做一件事，交換你要求我做的一件事	對於沒辦法解決的事，暫時擱置
優點	用於分配工作的議題很有效	當要求對方改變時，很有效	等待以後更好的方法來解決問題
缺點	1. 如果其中一人沒做到，這個共識很容易就被打破 2. 工作很難分的公平		對於一些維繫雙方關係的問題，其效果有限。譬如：結婚與否

5. 遵守達成的協議。
6. 檢視協議、重新討論新的協議。

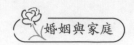

理性衝突解決策略，Crosby提出十六個理性的衝突解決策略

1. 以成人的態度來解決爭端。
2. 避免不留轉圜的餘地。
3. 只能雙贏或者雙輸。
4. 說出你真正想表達的意思。
5. 避免批判與攻擊對方。
6. 只表達自己的感覺。
7. 確認自己的感覺。
8. 明確、直接的說出你的期望與需求。
9. 不要用性來掩飾問題。
10. 重複你所聽到及妳所認為的訊息。

   有效的聽者要做到：

   A. 讓對方聽。
   B. 減緩反應的時間，使得彼此的討論能夠冷靜及理性。
   C. 確實了解彼此的訊息。

11. 不使用不良的溝通方式。
12. 拒絕冷戰。
13. 將討論的焦點聚焦於現在以及一個議題上。
14. 運用暫停或犯規。
15. 利用幽默來化解衝突。
16. 儘快的解決問題。

改善溝通品質

　　當語言訊息與非語言訊息不一致時，會造成誤解；婚姻失敗的種子通常在早期關係中就種下，有時甚至早在結婚前，即婚前不良的溝通可能持續到婚後。責備是一種競爭的方式，即一方試圖擊敗另一方，而真正的溝通是種合作的方式，即參與者的焦點是尋求共同的同意。

　　溝通不良的歸因可分為線性因果模式與環形因果模式。線性因果關係表示在因果間有直接或線性的關係，雖然個人常使用這個線性模式，但它會誤傳所發生的事並且它通常是破壞的而非建設性的。兩個人最後說：要不是你，我也不會這樣。「環形因果模式」顯示兩個人對所發生之事的責任，因此兩人都有責任去改變並避免這種情況的再次發生。在環形因果模式中，一個人送出訊息，這個訊息會引起改變並促成另一個人的回應，而另一個人的回應又引起第一個人的新回應，如此循環下去。這種溝通循環會擴大衝突，即丈夫和妻子對對方的回應，使他們陷入因果的惡性循環中：他說─我冷漠，是因為妳嘮叨；她說─我嘮叨，是因為你不理不睬。

　　加強溝通的品質可以促進彼此的了解，改善關係品質。在生活中，確切了解對方說話的含意和對方的反應。我們如何影響別人，我們如何以言語表達我們的期望，我們怎樣察覺自己，這些都是溝通有關的因素。

　　我們可以藉由用『你的意思是……』句型反應來訓練解讀話語含意的能力。例如：

　　『我覺得這裡很悶』

　　『你的意思是你覺得不舒服？』

　　『是的。』

　　『你的意思是我也應該覺得悶？』

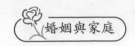

『不是。』

『你的意思是要我替你開冷氣？』

『不是。』

『你的意思是要我知道你現在不舒服？』

『是的。』

『你的意思是要我想點辦法來處理？』

『是的。』

增進溝通技巧的能力

溝通的基礎在於有效的傾聽（effective listening）。

1.加強傾聽技巧的方式：

   a.面對面。

   b.提供適當的非語言回饋。

   c.不要打斷別人的談話，使對方能完整傳遞所要表達的訊息。

   d.使用 "two question"：發問問題，聽回答；再問第二個問題，聽回答。

   e.使用 "how"、"what"、"where"、"when" 取代 "whys"。

   f.問問題的目的在於對雙方所持觀點更了解，而非質問、責備對方。

   g.確定自身偏見為干擾你的傾聽。

2.對自己所說的話負責，使用 "我" 做陳述，避免一開始即使用 "你"。

3.與對方的交談朝正向積極方向做修正，如以 "我想要" 做開頭；或使用 "請" 較客氣的用語。

4.當對方完成你的要求，能讚美對方，並確實回應對方的要求。

5.給予正向的回饋。

6.澄清對方所說的，重述對方所說的，並確認你的了解是否正確。

當你無法說出這些改變，會使得雙方僅能各自成長 "growing apart"。我們往往只聽到對方所說的一半，了解只有所聽到的一半，相信所了解的一半，而只記得所相信的一半。

傾聽更具樂趣，當我們急於交談時並無法有所學習。忙碌的人們會覺得專注的傾聽太花時間。事實上，它是最有效率的，因為說話者能表達真實的觀點，避免誤解與混淆。

公平爭執

公平的爭執時，提出問題的人先作一個自我評估。在向對方說出任何話之前，很重要的是去找出自己的感覺。生氣可能只是冰山的一角，它包含有各類的其他感覺，這些感覺必須獲得表達。假如生氣是唯一被表達出來的感覺，而許多其他的感覺隱而不宣，那麼其他人便無法做出適當的回應。生氣的這個人想要讓配偶知道他有多受傷，而當他覺得對方無法感同身受時便會覺得挫折，甚至變得更加生氣。花些時間慢慢地深入探索一個人的感覺有助於促進這些感覺的表達。

生氣的人在開始爭論之前先找出生氣的來源。想要公平的爭執，生氣就必須先獲得意識的控制。有時候爭執會因為生氣不斷增加而且失去自我控制，而惡化成具有破壞性的情況。夫妻可以事先建立一個規則，就是當陷入片面的爭論時，夫妻任一方都可以喊暫停。生氣的一方喊暫停是為了要冷靜自己；接受生氣的一方喊暫停是因為他害怕生氣或是他看到爭論變得越來越糟糕。冷靜的期間應該要越短越好，但也要時間足夠可以讓情緒回復。

在解決問題之前，首先必要確認另一個人對此問題的感覺。通常夫妻總是沒有先去討論對問題的感覺，卻去討論問題本身。確認別人的感覺不代表接受別人的立場。這個事實常會讓配偶無法用心確認另一方的感覺，因為他們會將確認別人的感覺等於接受對方的觀念。

事實上在許多情況中，表達問題的人只是想要談談他的感覺而不是問題本身。這種情況經常發生在當問題無關於兩人關係時。例如，妻子可能在工作上有些問題，當她將她的感覺告訴丈夫時，他便給她忠告或試著幫她解決問題。然而這個妻子卻覺得在情緒上受到忽視。

公平爭執的步驟

1. 發現問題的人有責任將它儘快提出來。在你提出問題之前，先在你的腦中想過一遍。

2. 儘可能清楚而具體的向你的伴侶陳述問題。運用下列的格式：
   「我覺得（例如：生氣），因為（例如：你讓我在朋友面前洩氣）。」

3. 很重要的是你們兩人要了解這個被提出來的問題。傾聽的配偶應該運用下列句型反映對方所說的話：
   「我聽到你說你覺得＿＿＿＿＿，因為＿＿＿＿＿。」
   在反映之後，以問句澄清配偶話語的含意。例如：「請你說明一下」，「告訴我」，「什麼事讓你生氣？」

4. 當夫妻雙方同意正在說的事情，提出問題的一方便可繼續說。

5. 提出問題的一方有責任用雙方都可以接受的改變，提供一個可行的解決方案。（例如：「我能確定你知道我要什麼，我想建議你＿＿＿＿＿。」）

6. 這個解決方案可以經過討論，然後配偶可以提出一個相對
   提案。最後的解決方案是兩個人協商出來的。

7. 討論幾個選擇方案，直到你們都同意某一個提案最可行
   （不是對或錯，但是要可行）。

8. 一旦你們已經達成共識接下來就討論你們如何將它付之行
   動。這意謂著你們要能夠很清楚地回答這些問句：
   誰要做什麼、何時做，以及如何做？

9. 一旦每件事都已詳細擬定，想想看會有什麼突發狀況。每
   個人都想想看自己可能會如何造成協議破裂。

10. 要解決一個衝突常會必須放棄一些堅持。慶幸自己都有決
    心做這種努力並且願意妥協。盡可能用各種方法來重申彼
    此的關係，給自己慶祝的理由。

11. 同意在經過一段時間之後再重新回來討論這個問題，以便
    重新評估協議的進展情況。有可能必須做改變，或是對一
    部分做稍微的調整。

　　溝通雙方的意見和達到某種程度的協調才是減輕衝突的有效
方法。但是怎麼樣才能溝通並不是每一個人都知道的。有些人善
於技巧的溝通；有些人則很笨拙，把事情越弄越糟。

　　蔡文輝提出（1998）處理衝突的方法：

彼此坦白

　　夫妻之間常有些不必要的誤會，總認為自己的心思對方應該
明白，不必我講。其實不然，我們常高估對方了解自己的能力，
因此把事情悶在心裡，等對方主動提出。有話明講清楚是溝通的
最基本策略之一。

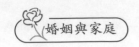

注重時效

有些衝突，需要當場溝通解決，有些則須等事情冷淡下來後才來處理。因此就要衝突的原因和性質分別處理。但是一個基本原則就是不能久拖下去，時間並不一定就能沖淡衝突的，遲早還是要處理。

避免把過錯全推在對方身上

在處理衝突的協調過程中，不要老是指責對方，老是說是對方的錯。即時眞是對方的錯，也要給對方有迴轉的餘地。

儘量用直接的語句來溝通

儘量避免繞圈子或用模擬兩可的語句。因爲語言的表達常有誤解的可能。因此，不應用氣話或可能增加彼此隔閡的語氣。當然，這並不是說一定要當面指責，難堪對方。

給予「回饋」（feedback）

溝通是雙方面的，不能單是指責對方，一定要提供對方建設性的意見，把以往的錯誤改正過來。

有改過的雅量

溝通的最終目的是減輕衝突和恢復雙方感情。如果是自己錯，就應該有改過的雅量和勇氣。光承認錯而不改，則協調就等於是沒結果。

避免做人身攻擊

就事論事，不要做人身攻擊，這是最危險的一種衝突方式，應該以事項為溝通重點，不要涉及不相關的個性或事件。

不一定要贏

協調的目的並不在於贏。因為夫妻任何一方想贏，就一定有另一方要輸。而且一有輸贏的觀念，人們就會運用不正常或不必要的手段來爭勝，越鬧越翻，沒好結果。

夫妻互動時多以直接的接觸，以眼神、表情、手勢、姿態等來幫助語言的表達。夫妻間衝突的解決亦是如此。最常見的情形是夫妻倆人為某件事爭論時，一方突然走開或不再發言，不僅不能解決問題，反而是火上加油，使爭論更形嚴重。一般而言，女人語言表達能力與使用能力都比男人強，因此當夫妻發生激烈爭論時，男方辯不贏，往往閉口不語或一走了之，而女方正在氣頭上繼續爭論，結果持續了衝突的時間。

第三節　增進關係中的親密

親密關係是一個感覺的世界，是夫妻雙方分享情感的關係。我們以快樂、悲傷、喜悅、生氣、興奮等各種感覺來和配偶分享溝通。我們的感覺是我們對環繞在我們周圍事件的自發性情緒反應，是和我們對完成或未完成的期待連結或被它們所引發的情緒反應，以及我們對事件、行為的解釋。也唯有透過自我感覺的真實表達才能建立真誠的兩性親密關係。

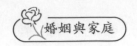

❋婚姻中阻礙親密的情結

親密的表達涉及對方分享你的感覺。但是，有些人在成長過程中卻學到對這些感覺的恐懼。他們所害怕的是對所有感覺，不只是那些特定的感覺如怕被傷害、怕被拒絕、怕被遺棄。當然，這些廣泛性的恐懼很可能源自對特定感覺的恐懼。

許多夫妻雖然知道親密的意義以及他們的需求，但是卻發現當他們想要更親近時會有困難。

有些人在童年時期就被迫必須靠自己，而很少有來自父母的引導或支持。當這些人在孩童時期真的需要幫助，他們會被認為軟弱或是別人會覺得他們應該有能力自己處理。

有強迫性格的人常用防衛機轉逃避情緒，事實上，這些人似乎缺乏感覺。他們隱藏在合理化和理智化後面，並且固執地相信他所認為對的事物。Satir（1967）將這些人比喻成「電腦」，因為他們像機器人一般毫無情緒地與他人互動，他們與他人疏離只是為了避免接觸到自己的情感面。

在一個情緒上失控的家庭中成長的孩子也會學會逃避自己的感覺。他們時常怕無法控制自己的情緒，擔心會情緒失控而發瘋。

還有一類的人對感覺有恐懼是因為他常接受父母情緒上的否定，或是父母會指導他如何感覺。情緒上的否定指的是父母在孩子有情緒反應時，會忽視、批評，或是處罰他。因為這種情緒上的否定是一種語言上的歷程，與其他類型的虐待相比它比較不嚴重，所以常常被忽視。但是經年累月受到這種否定，也是會產生長期的後果。他們漸漸學會忽視、淡化或是合理化他們的感覺。因為他們不願意分享他們的感覺，所以會建構一個一切安好的假象。

對生氣的恐懼

對生氣的恐懼可分兩種狀況。第一種就是害怕對對方的生氣，這些人會害怕太親近對方，主要是因爲擔心會顯露出對對方的敵意、攻擊、憤怒或暴怒。有這些害怕的人往往會對他人保持距離。他們知道在親密關係中生氣乃無可避免的，所以他們合理化地相信唯一避免生氣的方法就是不要有親密關係。有幾種家庭環境會造就出這類的恐懼。第一種家庭中孩子被父母化，這些孩子會被要求承擔超出他們能力範圍的事情。他們必須表現的像個小大人，而且經常扮演照顧其中一位父母的角色。他們會失去安全感，會覺得被過度支配，也會有一種呼之欲出的生氣，這些感覺不被容許表達出來，但卻與日俱增。許多童年被父母化的伴侶帶著深藏的憎恨和生氣，然後移轉到目前的伴侶身上。

另一種家庭中，孩子在充滿憤怒的家庭中成長。例如：在虐待兒童、家庭暴力中成長。這些孩子會看到家人對生氣的失控，還有家人受傷的狀況。爲了避免這些狀況重現，他們就會壓抑他們的生氣。他們認爲生氣會導致毀滅性的結果，就如同當年父母的狀況。另一種相反狀況的家庭也會導致相同結果。這類的家庭不會表達生氣與衝突。父母親隱約傳遞生氣是不好的、是不可接受的、是具破壞力的訊息。這些家庭的孩子一直被告誡生氣是不好的事，或是假如他們覺得生氣，那他們一定有問題。

對失控或被控制的恐懼

這類的恐懼有兩種層次的意義，在表面層次上，它指的是過度親密會導致對自己生活失控的這種感覺。這樣的感覺也與原生家庭有關，這些人的父母經常是過度操控，不鼓勵他成熟與獨立，甚至會安排從事一些超出能力範圍的任務但卻不給予指導和支持，以此來建構他的失敗。

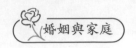

在深層個人內在層次上，失控意謂著被配偶吞噬的感覺。「吞噬」的意思就是個體在關係中失去自我，他的自我認同也在其中消失。

對坦露的恐懼

早期在關係中，伴侶只選擇他們願意坦露的內容坦露自己。這時他們只看到對方的表面。隨著關係的親近，自我坦露的程度也越來越深入了。

自我坦露的程度也跟關係的深入度有關，隨著坦露的程度深入，相對的危險性也提高，同時信任感也隨之漸漸建立起來。一個自我價值或自尊很低的配偶，不會想要讓對方知道他的狀況，他會假裝自己一切都很好。這樣的配偶可能生長在無法提供自我價值的家庭，父母很可能常批評、命令他，並且很可能從不滿意他的表現。

在許多這種家庭中，對孩子的愛是附屬在他的行為表現，而不是他自己身上。這種附屬的愛，讓他們學會重視表現而不是自己。他們覺得他們被愛是因為他們做得不錯。如果有一些問題或不舒服的感覺浮現時，他們很快就看不到原來在關係中愛可以恆久不變。為了避免失去愛，他們就盡量不去表達負面感覺，並且期待自己的配偶也這麼做。

對遺棄／拒絕的恐懼

當伴侶對於關係的情感投入越多，一旦關係結束，他所受的傷害也越大。在比較嚴重的狀況下，伴侶曾遭受創傷性的拒絕或遺棄，例如死亡、離異或者是被父母遺棄。那些失去父母同時又沒有接受協助走過失落過程的兒童有時會帶著被遺棄的恐懼進入日後的關係之中。

大多數我們常被教導去輕忽我們的感覺—所有的感覺或僅是選擇少數壞的感覺。一些人被教導當個理性的人，一些人被教導去否認或逃避生氣、痛苦、驕傲或性慾的感覺。每個人可能都有一個列表記著些我們「可接受」或「無法接受」的感覺。有些人將感覺放的很內層，不允許自己用文字或行動表達感覺。舉例來說，為了避免衝突，所以我們不表達生氣；我們不允許自己變得溫柔，所以表現強悍；不喜歡軟弱，所以不表露恐懼。

當我接受感受所有的感覺是一件正常的事這件事實時，我可以不需要辯白我的感覺，或是為它們道歉。我可以自在的承認「我是人，因此我有感覺；你也是人，因此你也有你的感覺」。當我可以接受這事實，並且增加對感覺的覺察，我就能用更多不同方法表達。

在婚姻關係中，若是兩個個體有能力去覺察所有的感覺，能適度的表達，能彼此接受，就可以為增加自我覺察及增強互信及親密感鋪路。

※ 如何促進關係中的親密

在真誠、專業地交換彼此的想法、感覺與慾望，夫妻才能給予對方正面積極的未來。

以下是如何透過有效的溝通增進親密關係的準則：

1.看到對方的優點並給予讚美。
2.常稱讚對方。
3.發時間傾聽、傾聽、再傾聽。
4.傾聽在於了解、而非判斷。
5.在使用傾聽後，在作分享回應或感覺前，簡述對方語意。
6.使用 "我" 作敘述，分享感覺。（如 "我覺得" 或 "我認為"）。

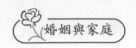

7.當問題發生時，避免責備對方，而應討論如何處理事情。

8.聚焦在什麼是解決問題更好的方式，並且在同一時間多作嘗試。

9.若問題仍存在，可儘早透過諮商，尋求解決的方式。

10.將關係視為優先，並注意對方正在做些什麼？

在溝通的過程中，雙方也可互換成為表達者或接收者，在不斷的溝通互動中了解雙方的看法，修正雙方的意見。因此接受者在解讀訊息後，回饋給表達者是一重要的過程，也是婚姻溝通最重要的部分—「雙向」而非「單向」的互動過程。

在婚姻溝通中「同理心」代表對配偶的關心意涵，也是解決婚姻問題最重要的因素。唐先梅（1998）研究中即發現許多女性並不要求丈夫真正的參與家事，只要丈夫能表示「辛苦了」，或是表現出「需要幫忙，就告訴我」的心意時，她們就很滿意。其實這就是一種同理心的表達，這讓妻子感受到丈夫對她的尊重，丈夫知道她的辛苦及付出，而她要的也只是這個。此外夫妻婚姻溝通的相互尊重亦是很重要的，雖然已結為夫妻，但兩人間並非完全合為一體，尊重彼此擁有的隱私權，並在溝通時不觸犯此一敏感話題，並針對目前討論的問題作正面積極的溝通，而非將過去的陳年舊事一併提出，如此的溝通才更具有意義，也才能達到溝通的目的。

L'Abate（1977）所提親密的成分有：

看到優點

每位伴侶除了能看到自己的優點以外，應該也能夠看到對方的優點；能夠說得出自己的優點以及喜歡對方的優點；在行為上

可以說出肯定對方的話、能夠欣賞對方以及表達深情。夫妻雙方應常常表達所謂的三A：肯定（Affirmation）、欣賞（Appreciation）以及深情（Affection）。「肯定」的陳述有「我喜歡你」的本質，這些陳述肯定了對方的價值。舉例來說，說「我很高興嫁給你」或「我很喜歡跟你在一起」就提到了對另一方的愛情。「欣賞」的陳述跟對方所做的行為有關，當對方做一些讓你感到歡喜的行為時，可以用言語加以回饋。至於「深情」方面，撫摸、擁抱、親吻以及一些深情的語言表達都是相當重要的。

關懷

關懷自己以及對方是相當重要的一件事情。夫妻間可以用很多方式來表達關懷。關心對方的幸福、生活以及感覺，持之以恆並讓對方覺得可以依賴是最基本的。最重要的是，當你關懷對方時，對方也同時感受到你的關懷。

保護

夫妻是其他社會系統之中的一個次社會系統。許多因素會衝擊著夫妻關係，例如工作、姻親以及子女。夫妻必須透過劃定某些界線來保護他們婚姻關係的完整性。他們也必須給雙方一段屬於他們婚姻生活的專屬時光。

歡樂

歡樂指的是使自己快樂，並與配偶分享。在我們的社會中，「快樂」不被當作是一件生活目標，許多人也認為不應該享樂。這些人都被教導行為表現是一件最重要的事，行為、成就與競爭都

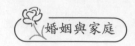
是強調的重點。這種用表現來獲得讚許和愛的心態必須受到檢視，然後用一種較爲健康的態度來取代它。而這個新的態度就是，我們要讓自己快樂，之後才能與伴侶分享。

責任

當關係出現問題時，大家大多傾向於逃避自己的責任而一昧地責怪對方。在親密關係中，當關係觸礁時，雙方必須都要一起承擔這個責任。健康的互賴關係是建立在個人責任上，而不是在於其中一個人承擔所有過錯或是一方不斷地責怪對方。

分享受傷害的感覺

在不健康的關係中，我們可以察覺到強烈的生氣。在這種情況下，生氣是唯一明顯被表達出來的感受，而所有潛在的感覺都被藏在生氣下面。這些被埋藏的感覺包括受傷害、憂鬱、憎恨、挫敗、罪惡感、悲傷等等。受傷害的感覺是特別容易被埋藏起來，因爲它被認爲是一個弱點。當憤怒蓋過這些感覺時，潛在的問題不可能獲得表達和解決，配偶雙方也也因此更覺得無能爲力。學會分享受傷害的感覺而不是掩飾起來，對於促進了解和同理相當重要。

寬恕

在親密關係中，隨著相處的時間漸長，彼此可能會做出某些行爲傷害到對方。如果這些行爲沒有被寬恕，那憎恨就會產生，進而破壞關係。寬恕不是一句簡單的道歉即可達成，還必須經過雙方相互諒解才行。首先，傷害者必須先質疑自己的動機，特別是傷害別人變成一種固定的模式時，這種質疑就更爲重要。再

者，雙方必須要相互諒解對方，受傷的人要被容許清楚地表達受傷害的感受，畢竟傷害者並不是故意要傷害對方。

　　溝通過程的差異是影響婚姻關係好壞的重要因素，且夫妻在溝通時，常使用批評、不同意、抱怨，貶低他人等之言語，往往婚姻關係較不佳，相反的夫妻在溝通時，較常使用同意、肯定、支持等之言語，則對婚姻互動關係有正面影響。因此如何建立夫妻之間的良性互動溝通模式，並學習多使用正面積極的語言互動，將是婚姻生活的重要課題。

第四節　課後活動

活動1

　　自我感覺探索。

方法

　　在輕柔的音樂引領下，讓學生回想從早上起床的感覺，及連續下來所發生的生活事件及當下的感覺，最後去體會此時此刻的感覺。

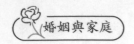

活動2

同理心訓練，A、B、C三人小組活動。

方法

由A向B表達自己在意的一件事（一分鐘），A爲說話者。

B爲傾聽者，B聽完後試著用設身處地的心態回應A。

C爲觀察員，旁觀AB的互動之後給予回饋，讓B明白自己是不是做到同理心。

並觀察B是否能夠體會（共鳴）A的感受，不僅聽懂A講的內容，同時聽得到（A）的感受，B的口語和非口語的表達能夠一致地傳達A的感受。A也可以回饋給B，讓B知道其表達是否眞正理解A的感受。

A、B、C一回合的演練完畢之後，互換角色，希望每個人都能輪流擔任A、B、C三種角色，共同學習同理心。

參考資料

王惠君編（1996）。團體領導者訓練實務，台北：張老師。

周月清（1995）。婚姻暴力，台北：巨流。

吳就君（1999）。婚姻與家庭，台北：華騰。

吳武典編（1991）。團體輔導手冊，台北：心裡。

蔡文輝（1992）。社會學，台北：三民。

蔡文輝（1998）。婚姻與家庭：家庭社會學，台北：五南。

Alberti, R.E. & Emmons, M.L. (1983) .Your perfect right: A guide to Assertive Living. San Luis Obispo, CA: Impact Publishers.

Beck, A. (1988) .Love Is Never Enough. New York: Harper & Row.

Bernard J. (1982) .The Future of Marriage . New York: Columbia University Press.

Book, C. 1980. Human Communication: Principles, Contexts, and Skills. New York: Academic Press.

Haley, J. (1976) .Problem-solving Therapy. San Francisco: Jossey-Bass.

Scanzoni, J. (1979) ." Social Processes and Power in Families" In Contemparary Theories about the Family, (Ed.) . E. Burr. New York. Free Press.

Strong, S., & Claiborn, C. (1982) .Change through Interaction: Social Psychological Processes of Counseling and Psychotherapy. New York: John Wiley.

Satir, V. (1988) . New Peoplemaking Palo Alto, CA.: Science and Behavior Books.

Watzlawick, P., Weakland, J., & Fisch, R. (1974).
  Change: Principles of Problem Formation and
  Problem Resolution. New York: W. W. Norton.

Chapter 9

美滿婚姻與幸福家庭

☆ 何謂幸福家庭

☆ 健康家庭的特質

☆ 建構學習型家庭

☆ 結語

郭榮文

前言

　　隨著政治民主化、經濟自由化以及現代科技的日新月異，導致社會變遷的速度也一日千里，快得讓人驚訝不已。而人們生活在各種的社會制度中，家庭又是最普遍的社會制度，存在於許多不同的文化中，但在資訊爆炸、生活壓力龐大及環境迅速變遷的情境下，家庭與婚姻遂受到前所未有的衝擊，因此父母能否順應時代潮流，調整變遷中的家庭角色，以適當的態度找出合宜的教育子女之道，卻是關鍵所在。對大多數人而言，美滿幸福的家庭和婚姻，依然是人生的最大目標，而「家」在二十一世紀中，會否仍是價值觀傳承的殿堂以及我們最溫馨的避風港？

　　面對著今天這個激烈變動的社會，如何使家庭中的夫妻關係、親子關係以及家庭對社會的關係變得更健全、更完美，就成為我們關注的焦點所在。

　　企業界目前最流行的思潮，是由Senge（1990）所提出的五項修練：「系統思考、自我超越、改善心智模式、共同願景、團隊學習」，而建構出的「學習型組織」，強調由組織成員的學習，進而帶動整個組織的學習與成長。近來教育部也致力於建構「學習型學校」、「學習型社會」以達成終生學習的目標。而如何協助每個家庭都成為「學習型家庭」，也是努力的目標之一。由於時代的巨變我們可以發現到，不論是親戚關係的疏淡、平權的態度與行為、對創新與變遷的開放或接受、兩性平等的信念或是同理心的能力、對資訊與知識的需要、生活中的冒險精神，個人和家庭都需要重新再學習，以及不斷的學習，也只有個人和家庭不斷的學習，才有可能適應新的生活型態，進而建構一個幸福美滿的家庭。

第一節 何謂幸福家庭

　　什麼樣的家庭可稱為幸福家庭？是不是坐擁有漂亮豪宅、出門有高級轎車代步就叫做幸福，而傳統、老舊的建築就不美，騎著腳踏車流連在鄉間小路就不幸福，其實在不同的時代、環境都有它美的地方。

　　幸福家庭的美不在乎他的房子是不是雕樑畫棟，也不是說要有現代化的設備才算是幸福家庭，而是走進這個家庭你看到了什麼東西。可能只有幾個非常簡單的家具，但他們都被安排在很適當的位置；壁上掛的也不一定是貴重的裝飾品，也許還有幾盆不是很名貴的盆栽擺著，但是你可以看到那些植物都是綠綠青青的，很有生氣的樣子，儘管佈置很簡單，你會覺得很舒服，覺得這是個很調和的環境。此外，你也許會在幸福的家庭聽到一些聲音，這些不是吵架聲、打麻將聲、也不是嘆息聲，而是和諧的聲音、家人的互相談笑、歡樂的聲音，不管是什麼，整個家庭充滿悅耳愉快的聲音。你也可以從家庭中的成員發現他們不管是男或女，臉上都帶著笑容，因為他們每個人都相互支持、相互關懷，更重要的是相互了解，不管是兩代或三代都相處的非常融洽，彼此分享生活的經驗。你會看到這些現象，而這也是我們希望看到及達到的。

　　中國有幾句老話雖然很傳統但卻歷久彌新，在談論幸福家庭時最常想到的話就是「家和萬事興」。這句話雖然很傳統，但是不管你身在何處，相信這句話還是存在的。一個家庭要幸福最重要的就是「和諧」。夫妻關係也重視和諧，在家庭中夫妻、親子或對外關係也能夠和諧這個家庭就沒有什麼問題了。

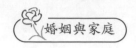

如何一起建立和諧的家，這必先由鞏固婚姻關係開始。一個和諧的家庭，必先要有一對融洽相處的夫婦。那麼，夫婦怎樣開始建立一個和諧的家？以下幾點可供參考：

以愛相待

每個人都有缺點，有不討人喜愛的時候。夫婦之間學習彼此包容、寬恕對方，學習勇於承認自己的過失，勇於向對方道歉，這是愛的實踐。

坦誠溝通、用心聆聽

每個人都有不同的需要，坦誠地向配偶或子女講出自己的需要，可以令家人更明白自己，特別是在壓力大、情緒低落的日子。溝通必須配合著傾聽，真正會溝通的人不僅願意說，也會有技巧的說，更有聽的意願和聽的技巧。當配偶或子女焦慮不安的時候，用心聆聽是「靈丹妙藥」，如此可以幫助他們鎮靜情緒，增進家庭和諧。

彼此欣賞

每個人都喜歡被欣賞、被稱讚。尤其是被自己心目中重要的人稱讚欣賞，這是一件非常快樂的事，因為自己的存在價值被肯定。家庭裡應該強調相互支持、相互肯定，家中的成員不論大人或小孩，只又是出於誠意，而且已經盡了心力，有時就是結果不佳，家人也應給予相當的支持，因為人不是全能，不可能在何事上都一帆風順。因此，家庭裡平時就應該充滿著彼此鼓勵的氣氛。

給對方空間

　　每個人都渴望有親密的家庭關係，也渴望擁有自己的私人空間。其實，兩者並不矛盾，且更是完美的搭配。親密使人感到被愛，有足夠的空間使人感到身心舒暢。

培養對家的認同感

　　認同感就是我覺得屬於這個家，我是家庭的一分子，家庭的所有事情都與我有關，這叫做對家庭的認同。美滿的幸福家庭不論男女老幼都會有一種感覺，就是我屬於這個家，每個人都在為這個家庭的幸福、安全及發展著想，惦記著家庭裡的每個成員，這才是家庭。

提供家中成員生長與發展的機會

　　我們過去總習慣說只有小孩不斷的在成長，大人或成年人還談什麼成長呢？其實從整個生命來講，成長是從出生一直不斷到生命終了，這個過程中間都在成長。在生長過程中最重要的是每個人都要被重視，要生長不僅需要物質環境也需要心裡環境，所謂心裡環境就是我是受歡迎的、我是被喜歡的。家庭要讓孩子成長，大人也有機會繼續不斷成長。

安排家庭成員共處時間

　　在現今社會中，有很多情況使父母、子女，甚至夫妻兄弟姊妹都難得有機會聚在一起，各有各的工作、功課。忙到後來好像顯得自己比較重要，而忽略了家人相處的時間減少。溝通、了解是需要在一起才有機會，才能夠知道對方或其他成員的關心，家不僅是爸爸或媽媽的家，而是家庭裡每個成員的家。幸福家庭的

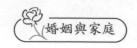

人都知道，全家相聚是一件重要的事，而且以相聚為美，都儘可能使家人可以相聚。

　　和諧家庭孕育出快樂的孩子，幫助他們建立積極的人生。夫妻努力締造和諧的婚姻，不單可以讓自己樂在其中，還可以為下一代創造一個溫暖的地方，讓他們健康快樂地成長。從父母身上，孩子會學到怎樣去愛、尊重，學習怎樣關心別人，與人分享。在衝突之中，他們會學到坦誠地表達自己，學到包容和寬恕。在面對逆境的時候，他們會學到互相勉勵扶持的重要，會相信人生有希望。和諧家庭孕育出快樂的孩子，這影響也是深遠的。當孩子長大成人，為人父母的時候，相信他們也會是快樂的父母，因為他們早已在兒時已經歷什麼是愛了。

第二節　健康家庭的特質

※ 傳統中國社會所強調的好家庭

　　梅可望（1991）曾指出，今日折衷家庭已逐漸被小家庭所取代，但傳統中國家庭的精神還在，此精神正是從古流傳至今的儒家精神，其重點如下：

1.一個好的中國家庭，其往往也是高度結構化的家庭，此結構化多來自於家庭中的倫理關係：

（1）父母對子女要和藹可親，子女一定要孝順父母。
（2）兄姊要友愛弟妹，弟妹要尊重兄姊。
（3）夫妻要相互容忍，維持和諧關係。

2. 好家庭是辛勤工作的、是勤勉的。「勤勉工作」成為家庭繁榮的不二法則。故儘管家庭中，資本多有限，工具多簡陋，規模多少，只要全家勤勉工作，也會有盈餘，以備不時之需。故勤勉於中國家庭，成為一種美德。

3. 好家庭是強調子孫的教育，其意義除了要訓練子女生活技能、培養子女良好生活習慣外，尚包括延續祖先生命的意義。換句話說，家庭也要負起傳承祖先生前的社會、文化、道德遺產之責任。故好家庭不但重視子女之教育，也強調光宗耀祖。

4. 家庭健康亦是國家進步、社會和諧的基石，故好家庭，除了應將自己的家庭照顧好之外，亦應和鄰里維持和諧關係，並親切的對待自己周圍的人、事、物。

　　中國傳統社會對大家庭有著一份期盼和理想，中國家庭之倫理哲學，亦是維持家庭和諧之基礎，而好家庭更是將此倫理哲學發揮到極致。此外血統觀念亦深深的影響中國家庭的運作，好家庭不但繼承祖先留下來的基業，還要弘揚祖先留下來的美德。其他如勤儉持家、重視子女教育、敦親睦鄰等，均被視為好家庭的特質。然而在此種強調家庭和諧、團結及延續的家庭生活運作過程中，往往亦因為了完成家庭集體利益，而忽視每位家庭成員的內在需求及感受。因此，強調個人價值、尊嚴、幸福、獨立、自主與自動等個體主義的西方健康家庭特質，逐漸受到中國人的重視了。

✳ 健康家庭的特質

　　醫療取向的研究者，綜合正常和健康家庭定義的相關文獻，來說明健康家庭的意義，其相關概念如下：

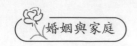

非病態的家庭

這是用臨床的觀點來評量，家庭成員中，未出現失能或病態症狀的家庭即為健康家庭。

理想性家庭功能

強調「健康」是一種理想狀態，人們能可採用此一解釋來引導我們，以清除家庭中的一些污穢或疾病。

一般性的家庭功能

是指一般常態行為的特質，此概念是源自於統計學上常態分配的概念，換句話說，落入常態分配的中間主要部分的家庭即為健康家庭，落在兩端的家庭即為病態家庭。

健康是一種過程，是一種知覺

即個人考慮系統變化的一種過程，一種知覺。而非實際家庭生活運作過程。

吳就君（1986）認為沒有所謂「正常的」或「異常的」家庭，但是有些家庭所建立的體系與功能比其他家庭更有效、更有能力與彈性來處理問題。她亦認為良好功能的家庭，其人際間具有強烈的親密態度，他們期待人與人的交往是關懷、開放、信任、具有同理心的。同時，家庭中每個成員對自己和他人的觀點有基本的尊重，而不是獨裁，要別人服從。另外，良好功能的家庭，權力置於父母身上，但卻不以權威的方式來運用，孩子們有意見可以溝通，因此父母和孩子之間不會形成權力對抗。

有許多用語常被用來代表健康家庭的特質。藍采風（1996）

指出，「家庭強力」被視爲是一個家庭適應與整合的資源，它代表的是快樂的婚姻、成功的婚姻，和穩定婚姻不可缺的東西。「幸福」家庭指一個健康、平衡、舒坦、親密、和諧、溫馨和美滿的家庭。它的意涵與「健康」家庭相同，兩辭可以互換。「健康」一辭並非狹隘之醫療取向，而是廣義的強調家庭成員關係之和諧與功能之順利實施，以達成個人與整個家庭需要之滿足。簡單的說，家庭生活品質的高低，是以家庭健康強度來測量。「健康的家庭」是一概念上的名詞也是一個可用來觀察和測量的動態人際關係。

藍采風（1987）曾列出了十二個健康家庭的特質：

1. 健康的家庭有一股濃烈「家」的感覺。
2. 健康的家庭有共同的目標。
3. 健康的家庭有家風、有傳統。
4. 健康的家庭有齊聚一堂的時間。
5. 健康的家庭要求每個家人都能負責、互敬。
6. 健康的家庭有良好的溝通模式。
7. 健康的家庭充滿互信的氣氛。
8. 健康的家庭給予子女難忘的童年。
9. 健康的家庭能夠面對問題克服困難。
10. 健康的家庭具有高度的宗教取向。
11. 健康的家庭有強烈的凝聚力。
12. 健康的家庭提供子女成長的機會。

這十二項的健康特質，有些是重複的，有些是相關或有連鎖性的。

各學者對健康家庭的觀點稍有不同。有強調健康家庭及非問題家庭者，其視家庭爲　種社會團體，著重家庭成員間的動態關

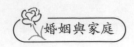

係。當家庭沒有問題行為發生時，即為健康家庭。郭筱雯(1993)
整理並分析健康家庭的定義，認為健康家庭即品質較高的家庭，
包括家庭關係的有效運作，家庭資源的有效運用，以達成個人及
家庭潛能的充分發展，並使家庭有能力有效的處理壓力與危機。
換言之，健康家庭即指家庭成員關係之和諧與功能之順利實施，
以達成個人與整個家庭需要之滿足，其將健康家庭的特質歸納十
六點如下：

　　1.有效溝通。

　　2.情感的滿足與開放。

　　3.家庭成員間相互了解、接納，甚至支持與讚賞。

　　4.家庭成員共同參與家中活動。

　　5.提供家庭成員成長的機會。

　　6.強調有效、積極解決家庭危機與衝突。

　　7.強烈的家庭結合感。

　　8.精神上的幸福。

　　9.家庭組織有結構，但不固著。

　　10.注重家庭成員的需要。

　　11.要求每個人都負責任。

　　12.有家風、有傳統。

　　13.有共同目標。

　　14.要給子女難忘的童年。

　　15.家庭成員適應家庭的變化。

　　16.親職訓練。

　　由以上可知健康的家庭非一蹴可幾，也需要終生不斷的學習
才行。

第三節　建構學習型家庭

　　企業界目前最流行的思潮，是由Senge（1990）所提出的五項修練：「系統思考、自我超越、改善心智模式、共同願景、團隊學習」，而建構出的「學習型組織」，其強調由組織成員的學習，進而帶動整個組織的學習與成長。學習型家庭的概念是借用學習型組織內涵而來，學習型家庭的理想是希望能透過家庭成員的相互學習，共同創造新知識，並且透過知識的運用及轉化，進而能持續家庭整體的生命力與適應力，亦即家庭的成長與發展。

※ 學習型組織的內涵

　　Senge（1990）稱學習型組織是：一種組織，能培養創造性、擴張性的思維形態，成員持續學習如何一起來學習，增進能力，創造所要的結果。其間集體的期望可以自由設定，並經由大家共同的努力來達成。依據Senge（1990）的觀點，學習型組織的基本特徵是：

1.系統性的問題解決。
2.嘗試新的取向或方法。
3.從自己的經驗中學習。
4.從別人的經驗中學習。
5.組織上下能快速而有效率的轉換知識。

　　換言之，組織能藉由知識的創造、運用及複製，改善其適應能力。Senge（1990）提出學習型組織理論的核心要素為「五項修練」，其主要內涵如下：

自我超越

精益求精，止於至善，澄清內心深處最想要實現的願望，提供個人創作和超越的能力。

改善心智模式

心智模式是我們如何理解這個世界，以及如何採取行動的許多假設、成見，甚至圖像、印象，以開放的態度，時時反觀自省，宣照自己的內心世界。

建立共同願景

培養成員對團隊的長期承諾，建構共同的願望、理想或遠景，然後成員才會積極投入，為共同目標而努力。

團隊學習

在現代組織中，學習的基本單位是團隊而不是個人，團隊學習的途徑是「對話」，亦即所有成員立於對等的地位，攤出心中的假設，一起思考，讓思想充分而自由的交流，並找出有礙溝通的因素。

系統思考

以一種新的方式使我們重新認識自己與所處的世界。它是一種心靈的轉變，從將自己看作與世界分開，轉變為與世界聯結，從將問題看作是由外面某些人或事所引起的，轉變為看到自己的行動如何造成問題。所謂學習，就是植基於「不可分割的整體性」所作的「系統思考」。

廖永靜（2000）認爲家庭是一個共同體的組織，與企業追求效率與利潤的功能理論組織未盡一致，所以兩者在應用學習型組織上，也會有所不同，如表9-1。

表9-1　學習型組織的理念在企業與家庭之應用比較

	企業（功能體）	家庭（共同體）
自我超越	成員對學習成長的高度期望與參與，努力發展能，追求卓越。	與企業相同。不過由於成員的年齡異質性大，年長者追求成長與自我改變的動機較弱。
改變心智模式	成員自我反省，挑戰既有的思維模式，願意改變自我，接受批評，不求表面和諧。	與企業相同。不過由於受限於管教權與監護權，長輩或許不願接受子女建設性批評。
共同願景	組織有清楚的績效目標與發展藍圖作爲共同願景，成爲激勵員工的強烈誘因。	家人有共同願景但比較模糊，多半是一種家人間的相互承諾，相約到永久的期待，及對彼此生涯願望的相互支持。
團隊學習	全員參與，以對等關係深度對話，共同解題，去除溝通障礙，有效溝通與分享。	與企業相同。不過由於長幼權威關係，溝通受權力影響大。另外家庭著重代間文化傳遞，及親職作，支持子女成長。
系統思考	面對壓力與問題能站在系統層次的、更高的、全方位的角度思考，避免頭痛皆頭腳痛醫腳。	與企業相同。面對家庭壓力，有賴家人共同參與，集思廣益，進行廣博理性的思考。

資料來源：廖永靜（2000，P.101）

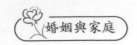

❋學習型家庭之基本內涵和主要特徵

家庭是塑造人格的基本環境。愛的家庭提供了一所愛的學校（the school of love），通過家庭成員間的關係，才能將信任、忠誠、正直、同情及自尊等健康特質整合於個人的人格中，邁向成長。所以，要解決許多當今家庭最急迫的問題，其先決條件是要建立一個完整而充滿關懷的、重視學習的家庭，那是「健康家庭」（廖永靜，2000）。家庭是我們學習的第一個以及最佳的場所，孩子在家中，不僅學到知識，也學習如何學習。他們獲得對於學習的愛好以及習慣，那對於他們將來的發展，極為重要。負照顧責任的父母，需要經由耐心、互動、模範與愛，創造一個理想的學習環境。

究竟什麼是學習型家庭，可謂見仁見智、莫衷一是，其定義相當分歧。翁福元（1999）在談學習型家庭之社會支持網絡的建構時，引了一份由台灣地區家庭教育中心整理的「學習型家庭的概念」，其從中整理出以下幾項學習型家庭的要素：

集體學習

學習並非只有家庭中的個人，而是家庭成員集體相互學習，同樣地，成長與改變亦非個人而是家庭整體。

創造新知

學習在於創造及獲取新知，透過有系統的學習，來增強家庭的能量，如解決家庭問題的能力。

轉化與改變

將學習到的新知識，轉化成為家庭整體的經驗或行為的改

變，如家庭互動氣氛、溝通模式、問題解決能力。唯有知行合一，知識才能產生力量。在家庭產生改變的能量後，家庭才有所成長與發展，且更具生命力與適應力。

持續的過程

學習是持續性的，轉化與改變也是持續性的，如此家庭整體才能持續不斷的成長與發展。其重視的是演進的過程，而非結果的狀態。

學習型家庭的主要特徵或特色，也有一些學者專家提及，魏惠娟（1999）綜合學者及實務工作者的界定，把學習型家庭分析為以下三大特徵：

在學習型家庭中，家庭成員對於學習有積極的態度

所謂積極的態度是指主動參與學習，能隨時隨地學習的態度。

在學習型家庭中，家庭成員不但能共同學習，而且是互相學習

學習型家庭的建立首先從家庭共學的習慣養成開始，這裡所謂的共學，強調「共同」，而「學習」則是超越傳統的學習層次。換言之，不一定是學習書本上的知識，也不見得是年幼者向年長者的學習，孔子所謂的：「三人行必有我師焉？」應該更符合學習型家庭的精神。從家庭成員彼此身上所得到的學習更為重要。

在學習型家庭中，家庭成員透過「家庭共學」的過程，產生觀點的轉化及行為的改變

學習型組織的主要特徵就是掌握真正學習的概念，而真正的

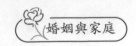
學習，一定會造成行為的改變，行為的改變，則是由於學習者觀點轉化的結果，因此，學習型家庭的重要特徵，就是家庭成員要願意改變而且能夠改變。

❋ 學習型家庭的學習活動

學習型家庭究竟是要進行哪些活動，並沒有固定範圍，只要能提供家人經驗學習與成長，或增進家人情感關係者，都包括在內。廖永靜（2000）把學習型家庭的學習活動歸納為：知能獲得與溝通對話。

知能獲得：從個別學習到家庭學習

1. 自我反省、成長與超越。例如讀書看報、靜修、遨遊電腦網路等。由父母帶動家庭讀書風氣。
2. 個別進修、訓練。例如參加父母成長團體、讀書會、職業訓練或空中大學；孩子在學校就學等。
3. 教導子女學習。例如代間文化傳遞、親子共誼、相互說故事、教孩子放風箏。在我國古代，父母重視兒童學習者，孩子獲得成就的機會比較高。清朝寫膾炙人口的（鳴雞夜課圖記）的蔣士銓，就是著名的例子。他的成長，全靠母親的教育，該文就在描述母親如何對他教育。
4. 家人共同進行非結構的娛樂休閒活動，例如全家出遊、運動。
5. 家人共同進行非結構的學習活動，例如共同收集資料、知性之旅等。
6. 家人共同參加的結構性學習活動，例如親子輔導團體、全家當義工等。

溝通對話：從簡單的生活在一起到深度坦露

1. 相處在一起，情感性的肢體語言在彼此間流動。
2. 簡單溝通、閒聊，或一面進行休閒活動，一面聊天。
3. 討論：針對有興趣的主題或共同面對的問題進行對談，例如腦力激盪共同處理家庭壓力，或談論讀書心得。
4. 深度對話：內心情感的坦露、分享，例如談個人生涯規劃、情感生活，或坦誠處理衝突、給對方建設性回饋等。

❋學習型家庭的條件

以上可參考進行的一些活動如要實現，仍有賴一些必備條件，主要為：

1. 家人願意開放心胸，願意為因應環境改變而自我改變。那是改變自己心智模式與進行自我超越的態度。
2. 家人成員間願意採取對等的關係進行對話，允許對知識、意念與行為的反省與建設性回饋，如此才能共同面對家庭壓力，共同解題，以及進行團隊學習。
3. 家人對家庭有感情的承諾，對家庭規範與價值有著堅定不移的義務感。家庭凝聚力強。這是發展家人共同願景的基礎。
4. 願意把家庭作為生活重心，撥出時間，與家人共享時間。

❋建構學習型家庭的氣氛

走進一個學習型家庭，與他們相處一段時間，可以自然的感受到空氣中充滿了相互關心、共同參與、彼此分享以及積極對話

的氣氛。所謂「相互關心」，是指成員有著一顆「在乎」的心，不只在乎自己，也在乎對方，在乎整個家庭，彼此看重，在言談舉止中感受到關懷的愛意，彼此能將對方看在眼裡，家人的關係是有點黏又不會太黏。

而「共同參與」則是小至事件的執行，中至假期旅遊，大至購置新屋，不論是提供意見，收集資料或分配工作，人人都有參與的機會，而非一人發號施令，大家唯命是從，或者大多數事情都集中在某人身上，亦即鼓勵人人參與，在參與中每位成員皆是重要與被肯定，都對成果有所貢獻。

至於「彼此分享」則指成員有一顆慷慨的心，願意將自己的給出來，一如聽了一場很精彩的演講，吃了一道很可口的佳餚，知道一個很有意思的笑話等，都主動樂意大家交流，並在其中感到樂趣與喜悅。

而「積極對話」更是學習型家庭的重頭戲，家庭成員的溝通少見霸道式的權威命令，而是平等交流，能有心傾聽對方的話語，並適當回應，縱有情緒化衝突，也能在雙方反省後重啟對話之窗，並經由不斷對話中，產生多元思考的空間，對事情或問題得到更適當的解決線索或方案，甚至帶動成員間和自我，激發深層的省思，無形中培養成員思考的習慣與虛心學習態度。

深入觀察能形成上述氣氛的背景因素，是因家庭整體的心理環境給成員的感覺是「安全」的，意即父母有開放的胸襟與包容的心態，耐心地允許成員在嘗識中學習，尊重成員的獨特性，接受彼此必然的差異，進而培養出互相信賴的成熟關係。而在互動中，彼此充滿「催化」的有機性，重視過程基於結果，鼓勵多於要求，支持彼此所做的努力，必要時會給予引導與激發，因此，成員可以做自己的主人，也可以成為他人的貴人。而相互「欣賞」也是重要的因素，成員經常抱持光明心態，彼此給予正面回饋，使相互之間能維持美感的距離。

氣氛是由人與環境互動而產生，而環境的影響又可經由人的努力而改變，因此，要塑造如上的氣氛之關鍵仍在於家庭成員的觀念與行動，方隆彰（1999）提出了四個有助於塑造學習家庭氣氛的具體方向，分述如下：

人人皆我師

學習的對象不再只是傳統的老師、權威、年長者或資深者，家庭成員彼此都是對方的老師，每個人的經驗、想法、所知不同，都有值得學習的地方。譬如，父母想學習上網、想要知道最新的流行歌曲等，孩子可能就是最近、最快的老師。遇到工作上或人際關係方面的瓶頸，向配偶或子女請教，可能會有突破性的想法。家人一句坦誠的回饋，當天那位成員就是我們要衷心感謝的良師。讓孩子自己選書，可以了解他的興趣、程度或關心的領域，而讓孩子為父母開書單，可以學習如何做個更稱職的父母，甚至訂個「家庭日」，全家抽籤交換角色，從相互扮演中重新體會與學習。或者幾個家庭一起聚會、出遊，由共同參與及各個家庭的互動、溝通中，互學所長，互惕所短。

處處皆教室

學習的地點不再只限於特定的場所，如：教室、書房，而是擴大至每一個可以刺激學習的環境、處所，因此，從具有明顯學習功能的美術館、博物館、文化中心、圖書館、劇場等社教場合，到家中的書房、餐廳、餐桌、客廳，甚至戶外的高山、海濱、交通工具上的，都是學習的教室。嘗如：參觀社教機構的展覽、表演，利用登山、露營認識野菜、花草、學習野炊，搭乘捷運時不飲食，到公園散步隨手撿拾垃圾，丟入分類筒，培養公德心，在廚房與孩子一起討論蔬果魚肉的處理與烹調，碗盤的清洗

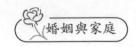
方法。如果家人很忙碌，沒有時間聚在一起好好溝通、交流，也可以設一本「聯絡簿」，每人每天都可以在本子上寫點心得、想法或疑惑，使得彼此的對話不受時空的限制，甚至在每一個可能閱讀的角落，都擺著書報雜誌，方便隨時取閱，塑造閱誼環境。或在廁所內適當地方做個專欄，貼個剪報或由家人輪流寫上「每日一問」，供成員思考……等。亦即將學習的場所，由有形、定點延伸到非固定，不拘形式的充滿整個可能的空間。

事事生智慧

在家庭中學習的材料，不只於文字、影音或生活技能類，凡是生活中發生的大小事，都是最生活化的材料，好好向每日的「發生」(Happening)請益，其中蘊藏無數智慧種子。譬如，全家一起做風箏，討論、修正不平衡之處；透過家庭會議學習有效解決問題的能力，還可以學到如何處理情緒；針對新聞事件，各持己見，熱烈討論；或全家一起規劃家庭的生涯發展，由其中可以了解每位家人的價值順位、期望及未來發展的可能性，彼此更楚如何調整、準備與相處；也可以鼓勵家人寫「每日一得」，就每天的經歷中選一樣最有意義人或事，寫下心得、感受或省思，再找機會擇要分享、交流。

時時可學習

忙碌的現代人要刻意安排一個固定的時間進行學習誠屬不易，如果認為重要的事，則需要將時間排入作息中，尤其是要一家人共同學習，更需要事先安排；除此之外，非固定的時間學習也是可行的，譬如：看電視時，用餐時，就可以談談節目，分享學校點滴；吃水果時，自然播放有關的演講帶，讓家人在無壓力中聽到，甚至引起共鳴，而開始討論；而固定時間的學習，可以

每天或每週安排一個「茶點時間」、「讀書會」，或每月一次出遊，看山、望海，有系統的造訪古蹟；有宗教信仰的家庭，每日的晚禱、每週的望彌撒、主日學、以及其他的宗教聚會，都是很適當的學習時機。

學習是無所不在的只要能調整認知、轉換情緒或改變行為的情境程，都是刺激學習的因子；家庭本身就是一個豐富的學習場域，其最大的特點在於不拘形式的學習，不論是個別成員或共同學習，在家庭內或全家外出參與社會服務，大人及想要學習的意願，人人隨手拈來，學習的樂趣就在其中。

第四節　結語

對大多數人而言，似乎都知道美好生活的意義。我們很幸運的得到了一部分，即物質及生活水準的提昇，但是除了這些，什麼是美好的生活？我想，生活在二十一世紀中的人們，追求幸福美滿的家庭及婚姻依然是人生歷久彌新的目標。

經由學習型家庭的建立，使家庭中的每個成員，對家人有更多的關愛，相互提攜，願意幫助家人成長，能有效溝通，分享內心真正的感覺，共同面對家庭問題或壓力，使彼此在生活中去學習成長。如同學習型組織一樣，在劇變的環境下，傳統的倫理價值式微，逐漸動搖家庭組織之際，未來最理想的家庭型態可以說是學習型家庭。

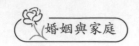

參考書目

方隆彰（1999）。學習型家庭氣氛的塑造。學習型家庭理論與實務研討會。國立台灣師範大學家政教育學系。

吳就君（1986）。家庭如何塑造人。台北：時報文化。

翁福元（1999）。從邁向學習社會談學習型家庭之社會支持網絡的建構——一個研究的初步規畫。學習型家庭理論與實務研討會。國立台灣師範大學家政教育學系。

郭筱雯（1993）。已婚婦女對健康家庭的知覺之研究。國立台灣師範大學家政教育研究所碩士論文。

廖永靜（2000）。建構學習型家庭。載於中華民國家庭教育學會主編：家庭教育學。台北：師大書苑。

藍采風（1987）。健康的家庭生活。台灣：台灣省社會福利工作人員研習中心。

藍采風（1996）。婚姻與家庭。台北：幼獅。

魏惠娟（1999）。學習型家庭方案。台北：五南。

Senge, P. (1990). The Fifth Discipline. New York: Doubleday.

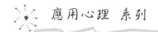
應用心理 系列

生涯輔導與諮商《理論與實務》
吳芝儀 ◎著
定價 600元

　　本書彙整當前有關生涯發展、生涯選擇、生涯決定理論，及針對小學、中學、大專各階段學生實施的生涯輔導方案，以提供各級學校老師位學生實施生涯輔導與規劃的理論依據和策略參考。本書並彙整作者數年來帶領學生進行生涯探索與規劃的團體活動教材，除提供老師們設計活動之參考外，更可直接作為學生自我學習的活動手冊，引導學生自行進行生涯探索與規劃。

生涯探索與規劃《我的生涯手冊》
吳芝儀 ◎著
定價 320 元

　　本書涵蓋了自我探索、工作世界探索、家庭期待與溝通、生涯選擇與決定、生涯願景與規劃、生涯準備與行動等數個與生涯發展相關的重要議題，均提供了循序漸進的個別或團體活動，以輔助青少年或大專學生的自我學習，並可運用於生涯輔導課程、生涯探索團體、或生涯規劃工作坊中，作為輔導學生進行生涯探索與規劃輔助教材。

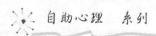
自助心理 系列

為什麼得不到我想要的？
《自我基模改變策略》
Charles H. Elliott, Ph.D & Maureen Kirby Lassen, Ph.D ◎著
劉惠華 ◎譯
定價 280元

　　認知心理學領域最新的發展–基模治療–提供了一個革命性的新取向，來擺脫對自我價值和人我關係產生重大破壞的負向生活模式。本書運用自我評量測驗和練習，說明要如何辨識生活的不適應基模，檢視觸發它們的事件，而後發展適應的策略，以對自己與他人有新的了解。

行動研究：生活實踐家的研究錦囊
Jean McNiff & Pamela Lomax & Jack Whitehead ◎著
吳美枝、何禮恩 ◎譯者
吳芝儀 ◎校閱
定價 320元

　　本書『行動研究─生活實踐家的研究錦囊』關注行動研究的各個階段，並採取一個實務工作者–研究者的取向（從行動計畫到書寫報告），提供一些具體有用的建議，包括蒐集、處理與詮釋資料的議題，以及行動研究報告的評鑑標準等。本書的實務取向將鼓舞讀者嘗試新的行動策略來改善他們自身的實務工作，並持續尋求更好的專業發展。一系列行動研究(action research)的循環過程，則是促使教師能秉其專業知能設計課程與建構教學的最有效方法。

質性教育研究：理論與方法
Robert C. Bogdan & Sari Knopp Biklen ◎著
黃光雄 ◎主編/校閱
李奉儒、高淑清、鄭瑞隆、林麗菊
吳芝儀、洪志成、蔡清田 ◎譯
定價 450元

　　本書其目的在於爲質性研究在教育上的應用提供一個可理解的背景，檢視其理論根基和歷史淵源，並討論實際進行研究的特定方法。除此之外，還包含性別研究和女性主義、後現代論、解構論、電腦科技之應用於質性資料蒐集、分析和報告撰寫等之議題，最後並聚焦於質性教育研究之應用研究─討論有關評鑑、行動和實務工作者的研究。

質性研究入門
《紮根理論研究方法》
Anselm Strauss & Juliet Corbin ◎著
吳芝儀、廖梅花 ◎譯
定價 400元

　　研究者之經常面對一些問題：如何理解研究材料？如何產生理論性詮釋？如何將詮釋紮根於研究材料中？如何突破分析情境中所無法避免的歧見、偏見和刻板化觀點？本書之目的，即是在循序漸進地回答與進行質性分析有關的問題。並企圖爲準備展開其初次質性研究方案的研究者，以及想要建立實質理論的研究者，提供基本的知識、技術和程序。

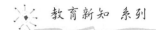

中輟學生的危機與轉機

吳芝儀 ◎著

定價 350元

　　本書彙整目的有二：一是試圖從多元層面理解中輟學生的問題，二是深入探討能解決中輟學生問題的有效中輟防治策略和選替教育方案。能提供關心中輟學生問題的教育、輔導、社福、警政、法務等不同專業領域的實務工作者參考，協力促成國內中輟學生教育和輔導方案的長足發展，以有效消弭青少年中途輟學或犯罪的問題，減低少年偏差和犯罪行為對社會之戕害。

英國教育：政策與制度

李奉儒 ◎著

定價 420元

　　隨著國內教育改革的風起雲湧，如何參考借鑑先進國家的教育政策與制度，掌握其教育問題與實施缺失，就成了比較教育研究的焦點。

　　本書的主要目的正式要分析英國近年來主要教育政策與制度變革之背景、現況與發展趨勢，提供給關心我國教育研究及教育改革者作為參考。

課程統整模式的原理與實作

周淑卿 ◎著

定價 300元

　　當國內教育提倡九年一貫課程，經驗豐富與否的國小教師，首當其衝便是思考如何結合理論與實務，進行課程設計。然而在課程設計實例中，我們總是依次又依次地相互詰問論辯，試著就一些統整課程的設計模式，思索如何實際運用於九年一貫課程的架構中。

　　本書旨在清楚陳述幾個課程統整的設計模式，包含基本理念及設計步驟，以及如何與九年一貫課程的能力指標配合。讀者可由各個模式的設計解說，配合實例對照，進一步了解這一些模式如何轉化為實際的方案…

青少年法治教育與犯罪預防
陳慈幸 ◎著
定價 420元

　　有人說，青少年犯罪問題是一個進步中社會的產物，而同時也是一個污點。但是正當這個污點逐漸趨向擴大為一種黑暗時，我們不覺深思，這群遊走於黑暗邊緣孤獨、無助、期待伸援的淪失靈魂，我們究竟該如何協助他在一線之間，回頭，走出沈淪？

　　刻板的刑罰，是最真確的輔導方式嗎？還是該給在觸犯法律之前，先給予正確的法治教育，才是更「溫柔」的關懷？.........

社會人文 系列

校言校語
《四十年教育心旅》
吳景南 ◎著
定價 220元

　　「校言校語」是一個服務於教育工作四十年校園老園丁的諄諄絮語，既非道貌岸然的孝言孝語，亦非幽默有趣的笑言笑語，而是表達作者對學校教育與辦學經營的善言善語；它們也是好言好語，希望有助於促進青少年的身心健康與生命的永續發展。作者傳承其寶貴的學校辦學與青少年學輔導的實務工作經驗，提供校園師生分享共勉。

希望之鴿（一）（二）
國立嘉義大學家庭教育研究所 ◎主編
定價 240元；定價 220元

　　從國內外犯罪學家的研究發現，大部分的犯罪成因可謂與家庭因素息息相關，家庭教育的健全與否關係著該社會犯罪率的高低。本書集合32位收容人及每個家庭過去的成長背景、教育方式、及造成家庭成員墮落為犯罪者的無奈與辛酸、也包括收容人目前親職問題及其困難、與往後生涯規劃的瓶頸…

大專社團輔導實務
朱偉競 ◎著
定價 360元

　　本書分別以不同章節來闡述社團的意義、社團輔導的意涵、社團共通性的輔導、學生會的輔導、一般社團的輔導，更蒐錄了許多寶貴又實用的社團法規制度及實例，當可供大專院校八千多位社團指導老師及第一線的學務工作同仁參考運用。

吉娃娃的有情世界
莫問 ◎著
定價 200元

每個人在自己的成長過程中　　　　　問題　也許從來不會是單選題
一定有許多的疑問？　　　　　　　　答案　更可能根本不會出現
到底是要問　還是不問？　　　　　　最後　說不定
究竟問了　有沒有答案？　　　　　　答案的存在與否
得到的答案　是不是自己想要的？　　也不是那麼重要
　　　　　　　　　　　　　　　　　讓我們用一點心來瞧瞧
或許問與不問　都是因為一時興起　　這個有情世界.......

即將出版